人邮教育 **智慧商业**
创新型人才培养系列教材

U0683924

商务礼仪与沟通

·微课版·

周　密◎主编

李　理　王　庆◎副主编

人民邮电出版社

北京

图书在版编目（CIP）数据

商务礼仪与沟通：微课版 / 周密主编. -- 北京：
人民邮电出版社，2025. -- （智慧商业创新型人才培养系
列教材）. -- ISBN 978-7-115-67163-9

Ⅰ. F718；F715

中国国家版本馆 CIP 数据核字第 2025XW2524 号

内 容 提 要

本书分为商务礼仪篇、商务沟通篇两大部分，具体包括 12 个项目——认识商务礼仪、个人形象
礼仪、商务会面礼仪、日常事务礼仪、商务宴请礼仪、认识商务沟通、沟通策略、口头沟通、非语
言沟通、倾听、书面沟通、跨文化沟通。本书将理论与实践相结合，重在培养学生解决商务活动中
实际问题的能力。

为了便于教师教学及学生学习，各项目均设置了明确的学习目标，以及"案例引入""情境任务"
"知识解析""课堂互动""素养课堂"等栏目。此外，书中还以二维码的形式穿插了"小故事""小
游戏""案例研讨""自我测评""拓展阅读""项目自测"等内容，提高了本书的实用性、趣味性和
拓展性。

本书可作为高等职业院校、本科院校商务礼仪与沟通类课程的教材，也适合用作社会培训教材
及职场人士的自学参考书。

◆ 主　　编　周　密
　　副主编　李　理　王　庆
　　责任编辑　姚雨佳
　　责任印制　王　郁　彭志环

◆ 人民邮电出版社出版发行　　北京市丰台区成寿寺路 11 号
　　邮编　100164　电子邮件　315@ptpress.com.cn
　　网址　https://www.ptpress.com.cn
　　三河市祥达印刷包装有限公司印刷

◆ 开本：787×1092　1/16
　　印张：13.5　　　　　　　　　2025 年 7 月第 1 版
　　字数：272 千字　　　　　　　2025 年 7 月河北第 1 次印刷

定价：49.80 元

读者服务热线：(010)81055256　印装质量热线：(010)81055316
反盗版热线：(010)81055315

前　言

　　礼仪是个人内在修养的外在表现，是协调关系的行为规范，更是赢得他人认可与尊重的核心要素；沟通是信息传递的主要方式，是建立和维护人际关系的基础，更是达成目标的重要手段。在现代商务活动中，尊礼仪、善沟通，不仅体现出个人的自身素质，也折射出其所在企业的企业文化与管理水平。

　　商务礼仪与沟通是一门跨学科课程，涉及管理学、组织行为学、心理学、语言学等多方面的知识，特别注重实践性和应用性。课程建设需要体现内容的前沿性和时代性、教学形式的先进性和互动性，从而实现学生的探究性和个性化学习，最终培养学生解决复杂问题的综合能力。因此，本书的编写尝试打破原来的学科知识体系，以工作过程为导向，采用项目教学的方式组织内容。

　　本书围绕商务礼仪与商务沟通两大模块，按照"知原理、懂策略、掌技能、提素质"的逻辑顺序，设计了 12 个项目，其中包含 29 项具体任务。为了便于展开教学，各项目均设置了明确的学习目标，以及"案例引入""情境任务""知识解析""课堂互动""素养课堂"等栏目。此外，书中还以二维码的形式穿插了"小故事""小游戏""案例研讨""自我测评""拓展阅读""项目自测"等内容，提高了本书的实用性、趣味性和拓展性。学生通过学习，能正确认识商务礼仪与沟通，掌握各项礼仪规范，有效提升沟通能力。

　　本书在超星学习通上，建设有示范教学包"商务礼仪与沟通"，提供课件、微课、试题等丰富的教学资源，使用本书的教师可登录学习通，利用示范教学包开展混合式教学。另外，用书教师也可以登录人邮教育社区（www.ryjiaoyu.com）搜索本书，下载配套教学资源。

本书的参考学时为 72 学时，建议授课教师采用理论与实践一体化的教学模式。各项目的参考学时见学时分配表。

学时分配表

项目	课程内容	参考学时
项目一	认识商务礼仪：内化于心，外化于行	6
项目二	个人形象礼仪：塑造职业形象，做内外皆美的商务人士	6
项目三	商务会面礼仪：规范言行，建立良好第一印象	3
项目四	日常事务礼仪：律己敬人，掌握社交分寸	3
项目五	商务宴请礼仪：遵守惯例，展示文明形象	6
项目六	认识商务沟通：探究原理，知而后行	9
项目七	沟通策略：快速识别行为风格，提高沟通影响力	6
项目八	口头沟通：练就好口才，提升表达力	9
项目九	非语言沟通：既能察言，又要观色	3
项目十	倾听：修炼倾听技能，让沟通事半功倍	3
项目十一	书面沟通：规范商务文书，树立专业形象	9
项目十二	跨文化沟通：知己知彼，打造国际影响力	9
学时总计		72

本书由周密担任主编，由李理、王庆担任副主编。在本书的编写过程中，编者参考和引用了部分国内外相关的研究成果与文献资料，在此谨向所有作者表示诚挚的谢意！

由于编者水平和经验有限，书中难免有欠妥之处，恳请读者批评指正。

编　者

2025 年 3 月

目　录

商务礼仪篇

商务沟通篇

商务礼仪篇

项目一 认识商务礼仪：内化于心，外化于行

学习目标

知识目标

- 了解中华礼仪的起源与发展。
- 掌握商务礼仪的主要特征、基本原则和功能。

能力目标

- 能在商务交往中时刻关注自己的言行，做到律己敬人。
- 能将中华礼仪思想内涵转化为修身实践，做一个知礼、守礼、尊礼、行礼的中国人。

素质目标

- 树立律己敬人的礼仪意识，在商务活动中懂得尊重他人，构建得体的礼仪氛围。
- 增强对"礼仪之邦"美誉的高度认同感和民族自豪感。

📝 案例引入

礼貌，是人生的起点

有一批大学应届毕业生，被导师带到某国家实验室参观实习。他们坐在会议室里，等待实验室李主任的到来。这时，有位实验室的服务人员来给大家倒水，同学们表情漠然地看着她忙活，其中一个还问："有矿泉水吗？天太热了。"服务人员回答说："真抱歉，刚刚用完。"同学们顿时有了怨声。只有轮到一个叫李阳的学生时，他轻声地说："谢谢，大热天的，辛苦了。"服务人员抬头看了他一眼，满含惊讶，因为这是她当时听到的唯一一句感谢话。

这时候，李主任走进来和大家打招呼，可能大家已经等得不耐烦了，竟没有一个人回应，李主任也感到有点尴尬。李阳左右看了看，犹犹豫豫地鼓了几下掌，同学们这才稀稀拉拉地跟着拍起手来，掌声不齐，显得有些零乱。

李主任挥了挥手说："欢迎同学们到这里来参观。平时这些事一般由办公室的人员负责接待，因为我和你们的导师是老同学，非常要好，所以这次由我来给大家讲解相关情况。我看同学们好像都没有带笔记本。这样吧，秘书，请你去拿一些我们实验室印的纪念手册，送给同学们留个纪念。"

接下来，更尴尬的事情发生了，大家都坐在那里，一个个很随意地用一只手接过李主任双手递过来的纪念手册。李主任的脸色越来越难看，走到李阳面前时，已经快要没有耐心了。就在这时，李阳礼貌地站起来，身体微倾，双手接过纪念手册，恭恭敬敬地说了一声："谢谢您！"李主任听到此言，不觉眼前一亮，用手拍了拍李阳的肩膀问："你叫什么名字？"李阳很礼貌地回答了自己的姓名，李主任点头微笑着回到自己的座位上。

两个月后，在毕业生的去向表上，李阳的去向栏里赫然写着这个实验室的名字。有几位颇感不满的同学找到导师问："李阳的学习成绩最多算是中等，凭什么选他而没选我们？"

导师看了看这几张趾高气扬的脸，笑道："李阳是人家实验室点名要的。其实，你们的机会不仅是完全一样的，而且你们的成绩还比李阳好，但是除了学习之外，你们需要学的东西还有很多，礼貌便是重要的一课。"

礼貌其实是很容易做到的事情，也是很珍贵的素质。礼貌无须花费一文钱，却能赢得许多。李阳就是凭借自己的礼貌获得了一份理想的工作。

评析：有礼貌的人做事有理、有力、有节，知道体恤别人的难处，懂得妥协的艺术。一个有礼貌的人，朋友会越来越多；相反，一个没有礼貌的人，人们碰到他也会走开，这样他的朋友会越来越少，成事也就变得困难了。因此，礼貌既是人生的起点，也是职场的起点。

（资料来源：浙江工人日报）

任务一：走进中华传统礼仪文化

情境任务

节日礼仪是中华传统礼仪的重要组成部分。春节家人团聚，清明祭祀先祖，重阳敬老祈寿……

请以小组为单位，选择一个中国传统节日（如春节、清明节、端午节、中秋节、重阳节等），通过互联网搜集资料，整理节日的起源及文化内涵，并设计一项有文化意义的节日活动。

知识解析

一、中华礼仪的起源与发展

在五千多年的文明历程中，中华民族讲礼仪、重言行，形成了一套完备的礼仪规范，中国也素来被世人称赞为"礼仪之邦"。著名史学家钱穆先生认为，"礼"是中国传统思想的核心。中国自古就讲究以"礼"治国，"礼"在中国的地位是至关重要的。其实，"礼仪"包含两个概念，"礼"是内核，"仪"是形式，二者互为表里。在五千多年的历史演变过程中，我国不仅有一套宏大的内在的"礼"的思想，还有一套与之对应的外在的"仪"的规范，二者形成了完整的伦理道德、行为规范，进而内化为中华民族的自觉意识，形成了一种礼仪文化。随着历史的发展，到了当代中国，中华优秀传统礼仪文化并没有被历史的长河淹没，而是不断地演化，与时俱进，逐渐演化为完善的当代中国礼仪体系，并继续在我们的日常生活中扮演着重要的角色。

一般认为，礼仪的起源可以追溯到原始社会人类对神灵的崇拜和祭祀。当时的人类认识自然、改造自然的能力比较低下，无法解释大自然中的很多现象，刮风下雨、日升月落、火山地震、山洪海啸、开花结果等，都被视为神灵的杰作。人们希望得到神灵的庇护，于是在向神灵祈求庇护的过程中，逐渐演变出一些祭祀行为，这些行为便成了礼仪的起源。东汉许慎的《说文解字》中将"礼"解释为"礼，履也，所以事神致福也"，可见"礼"的本义，就是击鼓奏乐，奉献美玉、美酒，敬拜神灵。

礼仪的发展大致经历了以下几个发展阶段。

（一）礼仪的萌芽时期：原始社会中晚期

礼仪起源于原始社会，原始社会中晚期出现了礼仪。那个时候的礼仪较为简单和虔诚，还不具有阶级性，内容包括：明确血缘关系的婚嫁礼仪；区别部族内部尊卑等级的礼制；为祭天敬神而确定的一些祭典仪式；在人们的相互交往中表示礼节和表示恭敬的动作。

（二）礼仪的形成时期：夏、商、周三代

随着私有制、阶级和国家的出现，"礼"从原始的祭拜仪式发展成为一套约束人们行为的伦理道德观念，被打上了阶级烙印。周武王死后，年幼的成王继位，周武王的弟弟姬旦（即周公）辅政。传说中周公在"分邦建国"的基础上"制礼作乐"，他主持建立了一整套有关"礼""乐"的完善制度，被称为《周礼》。可以说，西周的"礼"，是维护等级制度的政治准则、道德规范和各项典章制度的总称。"乐"则是配合各贵族进行礼仪活动而制作的舞乐。舞乐的规模，必须同贵族的级别保持一致。周公还制定了一系列严格的君臣、父子、兄弟、亲疏、尊卑、贵贱的礼仪制度，以调整中央和地方、王侯与臣民的关系，加强中央政权的统治。

《周礼》使夏、商、周三代以来的传统之礼得到了极大程度的理论提升。上到天子治国，下到百姓日常生活，礼仪渗透了人们生活的方方面面，人们做任何事情都要合乎礼仪。

（三）礼仪的发展时期：春秋战国时期

春秋战国时期，奴隶社会向封建社会过渡，在此期间，诸侯割据，各诸侯纷纷摆脱礼法的约束，社会进入了"礼崩乐坏"的时期。此时，孔子、孟子、荀子等儒学先驱奔走呼号，主张恢复"周礼"，并发展和革新了以往的礼仪理论。

孔子通过总结、清理和反思夏、商、周三代的文化遗产，继承和发展了古老的"礼"，赋予其新的思想内涵，创造性地建立起一套以"礼"为核心价值观念的儒家思想体系。孔子曾教育其儿子孔鲤："不学礼，无以立。"在孔子看来，"礼"是人生在世的根本，不学礼、不知礼，就难以在世上安身立命。

孟子也非常重视"礼"，他将人伦关系概括为5种，即"父子""君臣""夫妇""长幼""朋友"。这5种人伦关系均遵循一定的原则，即父子有亲、君臣有义、夫妇有别、长幼有序、朋友有信。

荀子认为，礼之本源有三，即"礼有三本：天地者，生之本也；先祖者，类之本也；君师者，治之本也。""故礼，上事天，下事地，尊先祖，而隆君师，是礼之三本也。"荀子强调了礼仪文化遵循的三大伦理原则，即与天地协调的自然伦理、以祖先纪念情感为中心的家庭伦理、推崇君师为政教的政治伦理，这三者是"礼"的核心内涵，也是传统礼仪文化的根本性质。

🔧 **课堂互动**

以下各项传统文化活动和节日，分别体现了"礼之三本"（祭天地、尊先祖、隆君师）中的哪一项或哪几项？

1. 泰山封禅　2. 黄帝陵祭祖　3. 祭孔大典　4. 婚礼拜堂

5. 春节　6. 清明节　7. 端午节　8. 教师节

（四）礼仪的强化时期：秦汉到清末

公元前221年，秦始皇建立了中国历史上第一个中央集权的封建王朝，秦朝制定的集权制度，成为后来延续两千余年的封建体制的基础。西汉思想家董仲舒把封建专制制度的理论系统化，提出了"唯天子受命于天，天下受命于天子"的"天人感应"之说。他把儒家礼仪具体概括为"三纲五常"："三纲"即"君为臣纲、父为子纲、夫为妻纲"，"五常"即"仁、义、礼、智、信"。汉武帝采纳了董仲舒"罢黜百家，独尊儒术"的建议，儒家学说成为中国传统文化的主要意识形态，礼仪制度也随之影响了中华文明的各个层面。

宋代理学的发展，把礼仪由维护封建社会统治的正统思想推向了家礼教育的新的高峰。这个时期，司马光的《涑水家仪》和朱熹的《朱子家礼》相继问世，礼仪教育迅速向中国社会的基本单位——家庭渗透，其中尤以"三从""四德"最为突出，成为规范社会成员的日常生活的行为标准。

明朝时期，儒家推动社会活动礼仪和家礼向纵深方向发展，制定了祭祖、祭天、祈年等社会活动的仪式仪程，规范了"君臣之礼""尊卑之礼""交友之礼"，家礼则详细规范了家庭内及亲属间各种相互关系的礼节、礼仪。"忠、贞、节、烈、孝"等礼仪名目日益增多，礼仪内容日臻完善。

满族入关后，被汉族同化，在此过程中不断接受汉族礼制并加以复杂化。清朝后期，随着列强的入侵，中国沦为半殖民地半封建社会，封建礼仪的根基渐渐松动。随着一些西方礼仪传入中国，礼仪的内容和形式逐渐变成大杂烩。

在我国长达2000多年的封建社会里，尽管在不同的朝代，礼仪具有不同的社会政治、经济、文化特征，但却有一个共同点，就是一直为统治阶级所用，是维护封建社会等级秩序的工具。

（五）现代礼仪时期：辛亥革命以后

辛亥革命推翻了封建帝制，开启了中国的民主革命，中国的传统礼仪规范、制度，受到了强烈冲击。

中华人民共和国成立以后，随着社会制度的彻底变革，礼仪建设进入一个崭新的历史时期。符合时代要求的礼仪被继承、完善、流传，不符合时代要求的礼仪逐渐被抛弃，同时吸收了一些国际上通用的礼仪形式。

改革开放以来，随着中国与世界的交往日趋频繁，西方一些先进的礼仪、礼节陆续传入我国，与我国传统礼仪一道融入了社会生活的各个方面。中西方文化有机交融，逐渐形成了一套为大众所认可的、符合国际惯例的现代商务礼仪规范系统。

二、中华传统礼仪文化的特点

在我国数千年的社会发展进程中，随着社会生产力、经济关系与思想意识文化的发展和变迁，儒家学说所倡导的传统"礼"文化虽不断地受到冲击和挑

中华传统礼仪
文化的特点

战，但是从总体上说，它是古代各种制度的理论基础和价值标准，也是历代所追求的理想制度模式。受儒家思想的影响，中华传统礼仪文化呈现出以下几个特点。

（一）讲求和谐

中华传统礼仪文化讲求人与人、人与自然、人与社会之间的和谐关系，强调个体应尊重他人，注重亲情、友情和社会关系的维系。礼仪文化中的仪式和规范都是为了维护和谐，凝聚情感，建立有序的社会秩序。中华传统礼仪文化还倡导人与自然的和谐相处。孟子曰："尽其心者，知其性也。知其性，则知天矣。"孟子认为人与天相通，通过"尽心""养性"便可达到"上下与天地同流"，即"天人合一"的理想境界。《中庸》云："君子之道，造端乎夫妇，及其至也，察乎天地。"西汉董仲舒进一步提出"天人之际，合而为一"，强调要尊重自然规律，主张实现"天人合一"的理想境界，实现社会大同。

（二）注重家庭伦理

在传统宗法制度下，家庭以血缘关系为纽带，构成宗族社会的基础，形成了中国特有的"家国同构"模式。中华传统礼仪文化倡导"修身齐家治国平天下"，认为家庭是社会的缩影，家庭的和谐可促进社会的稳定。中华传统礼仪文化非常重视家庭伦理和家族观念。家庭被视为社会的基本单位和个体成长的重要环境，父母不仅要供养子女，更要教给他们道德准则和行为规范，子女则应孝顺父母，听从他们的教导，尊重他们的意愿。提倡"父慈子孝，兄友弟恭"，尊敬长辈、孝顺父母、关心兄弟姐妹等都是中华传统礼仪文化中的重要价值观。鼓励家庭成员进行聚会和庆典活动，以加深家庭成员之间的情感，加强家庭的凝聚力。例如，春节是中国最重要的传统节日之一，节日期间，人们往往会与家人团聚，拜祭祖先，走亲访友。

（三）崇尚道德准则

中华文化在历史上建构了一个非常成熟的文教系统，通过道德教化、礼乐教化等深深影响着社会的治理。儒家文化强调以德为先、德礼并重，力图通过其特有的德治方式影响人们的价值判断和家国情怀。中国古代的礼仪制度和规范，主要突出社会秩序和道德行为的引导，特别是在冠、婚、丧、祭、射、乡、朝、聘等礼仪形式中，规定了大量的道德规范和要求。这些传统的礼仪制度和规范的推动，实现了在社会层面的教化。儒家文化历来颂扬的"孔颜乐处"，就是立于礼，以道德为立人之本，主张在道德中去感受人生的充实、高尚和幸福。待人处事方面，强调自觉努力地承担和履行自己应尽的社会职责和道德义务，例如，为君要仁、为臣须忠、为父须慈、为子须孝、为夫当正、为妻当贤、为兄当友、为弟当恭、为友要诚、为官应廉等。

（四）强调身份等级

中国古代封建社会强调上尊下卑的严格等级区分，礼仪规范常常与身份和等级相关。不同身份和阶层的人，有不同的礼仪规范和待遇。以官服为例，不同级别的官员所穿的官服，无论质地、颜色、样式，还是刺绣的图案和佩饰，都必须与其官阶相符，所以"见其服而知贵贱，望其章而知其势"，让人一看就知道其权势地位。在衣着颜色方面，紫、红、绿、青，只能是贵族官僚才能使用，庶民只能用白、黑等色。然而值得注意的是，随着社会的发展与时代的变迁，当代中国是人民当家作主的现代社会，强调家庭、社会和谐的社会伦理，而不是上尊下卑的严格等级区分。

三、中华传统礼仪文化的思想内涵

传统的礼仪规范虽不再是当代国人社交的通行惯例，但不可否认，包含着至高的道德准则和精神期许的礼仪文化，仍深刻在我们的骨子里，影响着我们的生活。由于传统礼仪文化根植于中国历史土壤之中，难免有尊卑等级观念、封建迷信色彩等消极因素，我们应该本着"取其精华、去其糟粕"的原则，继承并弘扬优秀传统礼仪文化的思想内涵，内外兼修，提高自身道德修养。

中华传统礼仪文化的思想内涵

（一）尊敬

《礼记》首篇《曲礼》开篇即言"毋不敬"，这就开宗明义地提示我们，"礼主于敬""五礼皆须敬"，也就是说礼的核心在于"敬"。《论语》提出："居上不宽，为礼不敬，临丧不哀，吾何以观之哉？"也就是说，在礼仪的场合，如果没有庄敬的态度，就不值得一看了。孟子说得更具体："君子以仁存心，以礼存心。仁者爱人，有礼者敬人。爱人者，人恒爱之；敬人者，人恒敬之。"只有尊敬他人，才能赢得他人的尊敬。历史上有诸多典故，如"曾子避席""程门立雪""张良拾履"等，都从不同角度体现了中华传统礼仪文化中"尊敬"的内涵。

小故事

程门立雪

（二）谦和

"谦和"是指人们在言谈举止中保持谦逊和气的态度。这种态度是对他人的尊重和谦虚的表现，也体现了中华文化中重视和谐的价值观。《礼记·曲礼》说："夫礼者，自卑而尊人。"其中的"自卑"，即自我谦卑，强调以谦逊恭敬的心来待人接物。中国的"和"文化，源远流长、内涵丰富。"和"，一方面是指平衡融洽，即和谐；另一方面，"和"承认矛盾和多样性的存在，不仅不排斥差异和矛盾，反而始终相信多样性、矛盾性会朝着统一和谐的方向发展，即和而不同。尊老爱幼、夫妻和睦、邻里团结，谅解宽容、与人为善，这是人与人之间的"和"；社会各阶层、各群体平等和谐，兼容而不冲突、协作而不对立、制衡而不掣肘、有序而不混乱，这是社会分工和社会内部的"和"。"以和为贵""与人为善""己所不欲、勿施于人"等理念在中国代代相传，深深植根于中国人的精神中，体现在中国人的行为中。《尚书·虞书·尧典》提出："克明俊德，以亲九族。九族既睦，平章百姓。百姓昭明，协和万邦。"谦和文化赋予中华民族爱好和平的基因，成为中华民族对外交往的原则。

小故事

六尺巷

（三）诚信

"诚信"强调诚实守信、言行一致。《论语》提出："人而无信，不知其可也。"这句话指出诚信是人在社会关系中安身立命的基础。"季布一诺千金""曾子杀猪践诺"，这些典故都体现了诚信的道德观和价值追求。中华传统礼仪文化认为，诚信是商业成功的基础，这一理念贯穿于古代商人的经营实践，无论是晋商、徽商还是粤商，都以诚信为本，注重信誉。诚信还是维护社会秩序的重要手段。法家思想把诚信与法令结合起来，认为"赏罚不信，则禁令不行"，法律法令的实施要公平合理、取信于民，才能成为维护社会秩序的有效工具。例如，商鞅在变法时，通过立木取信于民，树立了法律的权威。今天，诚信作为社会主义核心价值观的重要内容，也体现着中华优秀传统文化的创新性发展。

> 小故事
> 诚信经营
> 方能长久

（四）慎独

慎独也是中华传统礼仪文化中非常重要的观念。人们通常关注自己在公众面前的道德行为、道德涵养，"慎独"则要求，人在和自己相处、不被他人关注时，同样要修养德性、提升品格。《中庸》讲："是故君子戒慎乎其所不睹，恐惧乎其所不闻。莫见乎隐，莫显乎微，故君子慎其独也。"汉代郑玄解释道，"慎独者，慎其闲居之所为"，即人独处的时候，也要自我警醒、约束，让行为符合道义。宋代朱熹在解释"慎其独"时指出："独者，人所不知而己所独知之地也。言幽暗之中，细微之事，迹虽未形而几则已动，人虽不知而己独知之，则是天下之事无有著见明显而过于此者。是以君子既常戒惧，而于此尤加谨焉，所以遏人欲于将萌，而不使其滋长于隐微之中，以至离道之远也。"这就是要求人在意念萌动之时，及时检查自己是否符合天命所赋的道德本心，时刻防止违背本心和道德的念头出现。注重个人内心意念萌动时的道德持守，是慎独的重要内涵。

> 小故事
> 杨震暮夜却金

课堂互动

请谈一谈，作为当代大学生，在日常生活中应当如何将中华优秀传统礼仪文化的思想内涵转化为修身实践。

任务二：认识现代商务礼仪

情境任务

公司招聘了一批销售人员，人力资源部安排新员工进行岗前培训，但是，新员工在培训中对人力资源部制定的培训课程计划提出了一些意见。有人认为应该把营销知识和技能作为培训内容，没有必要学习商务礼仪课程，或者简单学一下就行了；有人提出以前学习过社交礼仪，再学商务礼仪就重复了。

假设你是公司人力资源部经理，你打算如何与新员工沟通，引起他们对商务礼仪课程的重视。

知识解析

一、礼仪的内涵

何为礼仪？古人说："礼出于俗，俗化为礼。"今天约定俗成的礼仪规范，源于我们在人际交往中最易让人接受的做法。也就是说，礼仪是人们为了维护正常的社会秩序，在人际交往中逐渐形成的一系列行为规范。站在不同的角度，可以对礼仪的概念做出不同的界定：从交际的角度看，礼仪是以一定的、约定俗成的程序和方式来表现的律己敬人的具体行为，是人际交往的艺术；从个人修养的角度看，礼仪是一个人内在修养和素质的外在表现；从传播的角度看，礼仪是人际交往中进行有效沟通的技巧。了解上述各种对礼仪的诠释，可以进一步加深对礼仪内涵的理解。

从字面上理解，"礼"就是尊重他人、尊重自己的一种观念，"仪"就是表达尊重的具体形式。"礼仪"的本质就是尊重。礼仪是衡量一个人道德水平高低和有无教养的尺度。礼仪不仅是一种形式，还是一个人、一个集体乃至一个国家精神文明的象征。礼仪不同于法律规范。法律只调整人们的外在行为，而礼仪的调整范围显然更广，它不仅调整人们的外在行为，还影响内在意识。法律具有强制性，由国家强制力来保障实施，而礼仪只是一种自我约束和舆论约束，并非强制性约束。如果一个人不遵守礼仪，往往会失礼于人，闹出笑话，有时还会造成非常严重的后果。

礼貌、礼节、仪式、仪表等都是礼仪的具体表现形式。礼貌是人们在日常交往中表现出的谦虚、恭敬和友好的品质，是礼仪的核心，表现为为人处世的态度。礼节是一种规则和形式，属于外在的行为规范，是礼貌在语言、行为、仪表上的具体体现。仪式是为了体现礼貌和尊重而在一定场合举行的具有专门程序的行礼活动，是一种比较正规、隆重的礼仪形式。仪表即人的外表，包括人的仪容、服饰、姿态、风度等，端庄的仪表既是对他人的尊重，也是自尊、自重和自爱的表现。

二、商务礼仪的内涵

现代社会，商务活动越来越频繁。有人把商务礼仪看作商务人员社交的金钥匙，有人说商务礼仪是商务活动中的通行证，还有人说商务礼仪能间接地决定商务活动的结果。总之，商务人员礼仪运用是否规范，不仅影响个人形象，也影响其所代表的企业形象，进而影响商务活动。

（一）商务礼仪的概念

商务礼仪是指在商务活动中，为了塑造个人和组织的良好形象，而应当遵守的表达相互尊重、建立良好商业关系的行为规范。商务礼仪与一般的人际交往礼仪不同，它体现在商务活动的各个环节之中。

商务礼仪具体包括以下两个方面的内容：一是律己之规，主要包括对商务人员自身的言谈话语、举止行为、仪容仪表、穿着打扮等方面的规范，要求商务人员严于律己、维护自尊，并且事事有规矩、时时守规矩、处处讲规矩；二是敬人之道，主要包括商务人员在其面对交往对象时进行交际与应酬的基本技巧，具体涉及商务人员所从事的商务交往的各个方面。

（二）商务礼仪的主要特征

商务礼仪是现代礼仪的重要组成部分，它是一般礼仪在商务活动中的具体运用和体现。区别于一般礼仪，商务礼仪的主要特征表现为以下两个方面。

1. 商务礼仪具有更强的规范性

规范者，标准也，没有规矩不成方圆。商务礼仪的规范性，实际上就是强调商务礼仪是商务人员待人接物的标准做法。商务礼仪的规范不同于具有强制性的法律规范，它是一种自我约束和舆论约束，虽不具有强制性，但是如果在商务活动中不遵守礼仪规范，失礼于人，有时会导致商务活动的失败，造成比较严重的后果。

2. 商务礼仪具有更强的对象性

所谓对象性，就是在商务交往活动中要注意区分对象，因人而异，根据不同的交往对象，采取不同的交往方式。商务礼仪的对象比一般礼仪更明确，与商务组织的经济效益联系更密切。商务交往多数情况下体现的是利益关系、合作关系，因而在交往过程中一定要区分对象。遵循商务礼仪规范，核心是处处体现出对他人的尊敬与友善。

三、商务礼仪的基本原则

学习、应用商务礼仪，有必要掌握一些具有普遍性、共同性、指导性的商务礼仪规律，这些规律就是商务礼仪的基本原则。在进行商务活动时，应遵循以下基本原则。

（一）尊重原则

尊重是礼仪的核心，是人际交往的基本原则。古人云："仁者爱人，有礼者敬人。爱人者，人恒爱之，敬人者，人恒敬之。"礼仪归根结底是为了表示对他人的尊重。人与人之间只有相互尊重，才能保持和谐的人际关系。在商务交往活动中，只有尊重对方，才能保持和谐愉快的商务关系。不论什么国家、民族、地区，不论什么时间、场合，不论什么礼仪形式，都应体现"尊重"的原则。尊重包括自尊和敬人两个方面。尊重首先是自尊，一个人只有尊重自己，注意自身的修养和个人形象，保持自己的人格和尊严，才能得到他人的尊重。尊重还包括尊敬他人，在商务交往中，我们要常存敬人之心，把对交往对象的重视、恭敬、友善放在第一位，不可伤害他人的个人尊严，更不能侮辱对方的人格。

（二）平等原则

平等原则是现代礼仪的基础，也是现代礼仪有别于传统礼仪的主要原则。平等原则，是指以礼待人，有来有往，既不能盛气凌人，也不能卑躬屈膝。在具体运用礼仪时，允许因人而异，根据不同的交往对象，采取不同的交往方法。但是，在尊重交往对象、以礼相待这一点上，对任何交往对象都必须一视同仁，给予同等程度的礼遇。不允许因为和交往对象在年龄、性别、种族、文化、身份、财富及关系的亲疏远近等方面有所不同，就厚此薄彼，给予不同待遇。

（三）真诚原则

真诚，指的是真心真意的友善表现、实事求是的客观态度。在商务交往中，我们应当待人以诚、表里如一，而不能口是心非、弄虚作假。如果只是把运用礼仪作为一种伪装，那么总有被识破的时候。商务活动往往不是短期行为，人们在商务交往中越来越注重双方的长远利益。只有恪守真诚的原则，才能够得到对方的信任，建立长期的合作关系。

（四）宽容原则

所谓宽容，是指能设身处地地为他人着想，谅解他人的过失，不计较个人的得失，有较强的容忍意识和自控能力。在商务交往中，双方由于各自的立场、利益不同，难免会出现分歧。要容许他人与自己有不同的观点、看法及行为，不必要求他人与自己完全保持一致。要尊重他人的选择，懂得换位思考、求同存异，以争取更长久的合作和更长远的利益。

（五）从俗原则

俗话说："十里不同风，百里不同俗。"由于国情、民族、文化背景的不同，不同的人的习惯存在着差异。这种差异是客观存在的，不以人的意志为转移。承认差异，尊重对方所特有的习俗，勿触犯对方的禁忌，有助于表达亲善友好之意，易于相互理解和沟通。在商务交往活动中，我们要正确认识文化的差异性。要真正做到尊重对方，就必须了解和尊重对方所特有的风俗习惯，既不能少见多怪、妄加非议，也不能自高自大、唯我独尊。必要时要遵守入乡随俗的原则，与当地人的习惯做法保持一致，切勿随意批评、否定他人的风俗习惯。

小故事

赠送礼品的禁忌

（六）适度原则

所谓适度，是指在商务活动中应用礼仪要把握分寸、恰到好处、适可而止。虽说"礼多人不怪"，但在交往中过多应用礼仪，交往对象不得不疲于应对，容易产生厌烦之感。适度应用礼仪，主要表现在4个方面：一是待人接物要适度，要彬彬有礼，不能低三下四；二是感情表达要适度，要热情大方，不能轻浮谄媚；三是语言谈吐要适度，要坦率真诚，不能言过其实；四是动作举止要适度，要优雅得体，不能粗俗无礼。

四、商务礼仪的功能

在商务活动中，恰当地运用礼仪，不仅体现了个人的自身素质，也折射出所在企业的企业文化和管理境界。从某种意义上说，商务礼仪已经成为建立企业文化和现代企业制度的一个重要方面，它主要具有以下功能。

（一）提升个人修养

商务礼仪往往是衡量一个人的文明程度的准绳，不仅能反映一个人的交际技巧和应变能力，而且还能反映一个人的气质风度、阅历见识、道德情操和精神风貌。通过学习商务礼仪，人们能够给自己树立起道德信念和礼貌修养准则，从而获得一种内在的力量。在这种力量的推动下，人们会不断提高自我约束的能力，在与他人进行商务交往时，也会自觉按礼仪规范去做，而无须别人的提示与监督。通过遵循商务礼仪规范，如得体的着装、端庄的仪表、得体的言行等，人们能够在商务场合中给他人留下积极的印象，这也使得个人的内在美通过礼仪的外在形式很好地表现出来，有助于显示出个人的职业素养和专业能力。

（二）塑造良好形象

商务礼仪可以帮助建立和展示一个人或组织的良好形象。商务人士通过遵循适当的礼节和行为准则，展示出专业素养和职业道德，可以给他人留下积极的印象。一个人讲究礼仪，就会在众人面前树立良好的个人形象；一个企业的成员讲究礼仪，就会为企业树立良好的形象，赢得公众的赞誉。良好的企业形象是企业的无形资产，无疑可以为企业带来直接的经济利益。现在市场竞争除了产品竞争外，还有形象竞争。一个拥有良好信誉和形象的企业，更容易获得社会各方的信任和支持，更容易在竞争激烈的市场中处于优势地位。所以商务人士时刻注意礼仪，既是个人专业素质的体现，也是树立和巩固企业良好形象的需要。

小故事

被"吐"掉的大单

（三）促进有效沟通

商务礼仪给我们提供了明确的行为准则和沟通规范，有助于进行有效的沟通。商务礼仪要求我们常存敬人之心，以尊重的方式与对方沟通，真诚待人，并以包容的态度倾听对方的意见，容许他人与自己有不同的观点。通过遵循礼仪规范，我们可以更好地控制情绪，避免争吵和使用攻击性的言辞，以合作和解决问题的方式来处理冲突。商务礼仪还告诉我们，不同文化有不同的表达方式和价值观念，了解并尊重对方的文化，可以减少误解，促进跨文化沟通。总之，商务礼仪使得沟通更加顺畅、有效，能够帮助我们营造和谐友善的商务氛围，以实现双赢。

🔧 课堂互动

> 小蔡是某电商企业的客服。一天，她接到了一个投诉电话，这位客户非常生气。客户说，他在"6·18"大促当天，从企业商城下单买了一台豆浆机，10天过去了，竟然还没有发货。
>
> 如果你是小蔡，你认为在与客户电话沟通的过程中，应遵循哪些礼仪规范，才更容易平息客户的怒气呢？

📖🔍 **素养课堂**

中国华服日，领略"衣冠上国"的传统服饰之美

每年农历三月初三，是中国华服日。相传，农历三月初三是中华民族始祖黄帝的诞辰，也是古代节日上巳。因此，将每年的农历三月初三定为"中国华服日"，旨在不忘根本，继续前进。

"华服"是汉服的别称之一，狭义指汉民族传统服饰，广义涵盖汉民族服饰影响下的其他民族服饰体系。

"华夏"是中国的古称，同时也是汉民族的别称，这一名称的由来与汉服有关。《尚书正义》注："冕服采章曰华，大国曰夏。"《春秋左传正义·定公十年》书："中国有礼仪之大，故称夏；有服章之美，谓之华。"中国自古就被称为"衣冠上国""礼仪之邦"。

如今，无论是在人来人往的商业区还是在书声琅琅的校园，都能看到汉服的身影，甚至一些人开始在日常生活中穿汉服。

穿汉服、听京剧、买博物馆文创、看国风节目……越来越多的新时代年轻人正以各种方式表达自己对传统文化的喜爱，这些都是当代青年文化自信的体现。

思考：请结合以上材料，谈谈你对"中国有礼仪之大，故称夏；有服章之美，谓之华。"这句话的理解。

拓展阅读

周公制礼
作乐，周朝
成了孔子
最向往的时代

项目自测1

项目二 个人形象礼仪：塑造职业形象，做内外皆美的商务人士

学习目标

知识目标

- 掌握商务场合的礼仪着装规范。
- 掌握仪容修饰的原则。
- 掌握站姿、坐姿、走姿、蹲姿等基本规范。

能力目标

- 能遵守商务场合的礼仪着装规范。
- 能进行适合工作环境的个人仪容修饰。
- 能展示大方得体的仪态。

素质目标

- 提升审美品位，有针对性地修饰和美化仪容。
- 提高内在修养和外在气质。

案例引入

尴尬的王小姐

经理派王小姐到南方某城市参加商品交易洽谈会。王小姐认为这是领导的信任，更是见世面、长本领的好机会。为了成功完成这次任务，王小姐进行了精心、细致的准备。

当各种业务准备完毕后，她开始为选择以什么形象参加会议犯愁了。经过认真的思考，她塑造的形象是：身着浅红色吊带上装和白色丝织裙裤，脚穿白色漆皮鞋，一头乌黑的长发飘逸地披散在肩上，浑身散发着浓郁的香水味道。王小姐认为这样既能突出女性特点，又具有时尚感。她相信自己的形象一定能赢得客户的青睐。

结果，出席会议的那天，王小姐看到参会的人们顿时觉得很尴尬，男士个个西装革履，女士穿的都是职业装，唯独王小姐穿的不是职业装。整场会议下来，王小姐的神情特别不自然。

评析： 从以上案例可以看出，王小姐的尴尬是因为其个人形象与所处的场合不协调。个人形象是商务人士获得成功的重要条件，不仅代表了个人品位，还代表着单位的形象，代表着对别人的尊重。在社交场合，个人形象就是一封无言的介绍信，向交往对象传递着各种信息，能透射其文化修养、审美情趣、精神风貌及对待工作和他人的态度。因此，注重个人形象礼仪，这对任何一个商务人士来说都是非常重要的。

（资料来源：王常红，孟文燕，秦承敏. 商务礼仪与职场处世[M]. 大连：东北财经大学出版社，2021. ）

任务一：服饰礼仪

情境任务

以小组为单位，完成"我的造型我做主"的服装展示活动，具体流程如下：

1. 选择两位同学作为服装展示模特；
2. 确定两位同学适合的色彩与风格；
3. 为两位同学搭配出分别适配工作、社交、休闲三大场合的服装与配饰；
4. 采用PPT汇报与模特现场走秀相结合的方式进行课堂展示。

知识解析

一、商务人士的着装原则

在商务活动中，商务人士的个人形象十分重要。人们首先会通过商务人士的服饰和仪容仪态，判断其职业素质与修养品位。个人形象历来被视为展示个人素质与修养的第一名片。尤其是服饰，可真实地传递出一个人的性格、气质、爱好和追求。雅致、端庄的服饰表示对他人的尊敬，穿着邋遢不洁则是一种不礼貌的行为。因此，商务人士在工作中，对有关着装的礼仪规范，务必严格遵守，不可忽视。

美国行为学专家迈克尔·阿盖尔曾经做过一个实验：他本人以不同的服饰打扮出现在某市的同一地点。当他西装革履、风度翩翩地出现时，所有向他问路、问时间的人，大多是彬彬有礼的人；当他破衣烂衫、蓬头垢面地出现时，接近他的多半是流浪汉、无业游民等。可见，服饰在人际交往中具有重要的作用。在选择服饰及进行搭配时，应遵循以下基本原则。

（一）TPO 原则

T、P、O 3个字母分别代表Time（时间）、Place（地点）、Occasion（场合）。TPO原则是国际上通行的着装标准，要求人们在选择着装、考虑其具体款式时首先应当兼顾时间、地点、场合，并力求使自己的着装及其具体款式与时间、地点、场合协调一致。遵循TPO原则，商务人士能够在各种场合中展现出得体、专业且符合情境的形象，有助于建立良好的职业形象和人际关系。

1. 时间

时间主要是指着装应考虑时代性、季节性、早晚性。时代性是指服饰应顺应时代发展的主流和节奏，不可太超前，也不可太滞后。季节性是指服饰穿戴应考虑春、夏、秋、冬四季的气候环境，冬天要穿保暖、御寒的服装，夏天要穿透气、凉爽的服装，不可冬服夏穿，夏衣冬穿。早晚性是指服饰应根据每天早、中、晚的气温变化而调整，另外还要遵守不同时间段的着装规则，比如白天工作时间和晚上娱乐时间，着装的款式应有所不同。

2. 地点

从地点上讲，无论是室内或室外、闹市或乡村、国内或国外，还是单位或家中，在不同的地点，着装的款式理当有所不同，切不可"以不变应万变"。例如，穿泳装出现在海滨、浴场，是人们司空见惯的；但若是穿着泳装去上班、逛街，则显得不合时宜。

3. 场合

场合原则要求着装的选择应与所处的场合相协调。在人际交往中，场合是不断变化的，应依据不同场合选择适当的服饰。比如，与顾客会谈、参加正式会议等，衣着应庄重考究；听音乐会或看芭蕾舞，则应按惯例着正装；出席正式宴会时，男士应穿正装，女士应穿中国的传统旗袍或西方的晚礼服；而在朋友聚会、郊游等场合，着装应轻便舒适。

小故事

着装不对的
小王

（二）三色原则

所谓三色原则，即在正式场合的着装和配饰，色彩应当以少为宜，不要超过3个色系，否则会显得杂乱无章，给人以花哨、低俗之感。女士上班时间应穿工作制服、套装、套裙、连衣裙，首饰佩戴遵循"以少为佳"的原则，不超过3件。男士西服套装一般为单色、深色、无图案。标准的西服套装色彩是蓝色、灰色、棕色、黑色；衬衣的色彩宜白色、灰色；皮鞋、袜子、公文包的色彩宜选深色，并以黑色为首选。

（三）体形协调原则

体形协调原则即用色彩、线条、款式修饰体形，其方法很多，下面针对6种体形介绍一些基本方法。

1. 高大形

如果过于高大或高且瘦，应选择线条流畅的服装，但不宜用垂直线条；避免窄小、紧身的衣服；从腰间将颜色组合打破，腰带要用明色或对比色。

2. 矮小形

矮小形人士需要穿有垂直线条的服饰，避免穿有水平线条、宽折边和方正的肩线的服饰等；选择合体的服装，避免穿宽松的款式；选用单色组合，鞋、袜、裤或裙最好选择同一颜色；腰带和衣裤（裙）避免使用对比色。

3. 瘦体形

瘦体形人士应选择质地较粗硬的面料，设计上加以多层次技术处理，增加视觉宽度；不穿有垂直线条的服饰，尽量穿刚好合体的衣服，不要太窄、太紧；避免选择暗色衣服，因为较浅的颜色可以在视觉上使身形增宽。

4. 方体形

方体形人士应选择剪裁流畅、柔和，带有流线型线条的衣服；避免穿有任何不完整的直线条或水平线条的衣服；不要选择贴身或宽大的服装；选择淡雅的颜色；运用对比色，将焦点提到面部附近；选用暗色、狭窄型腰带。

5. 窄肩、宽臀形

窄肩、宽臀形人士上半身的服装可以选用水平条纹，下半身则可以选用竖条纹；服装要使胸部和肩部显得丰满，且与臀宽比例得当，如选择不太紧身、剪裁宽松的衣服效果比较好；腰部以下宜用颜色比较暗的色彩；可以在颈部附近用鲜艳的色彩和补充色形成一个色彩焦点。

6. 宽肩、窄臀形

宽肩、窄臀形人士应选择垂直的线条和装饰；对腰部以下进行装饰，提升丰满度；腰部以上避免使用夸张的设计，以免增加鼓胀感；焦点应该放在臀部或腿部；上衣宜选择比较暗的颜色。

（四）个性化原则

个性化原则是指在符合基本着装规范和礼仪的前提下，鼓励个人根据自己的喜好、气质、身材等特点选择和搭配服饰，扬长避短，显现独特的个人风格和魅力，以一种自信的态度展现真实的自我。

个性化着装也应该与自身所处的环境和角色相适应，不能过于突兀或不合时宜，要在尊重整体氛围和他人感受的基础上展示个性。相反，一味讲求个性，讲求独特，不仅体现不出个性，还会损害个人及企业的形象。

二、男士西装礼仪

西装，又称西服、洋服，它起源于欧洲，目前是全世界流行的一种服装。西装有正式西装与休闲西装的区别。一般来说，正式西装适合在正式场合穿，面料多为毛料，色彩多为深色，款式则讲究庄重、典雅，并且基本上都是套装。休闲西装适合在非正式场合穿，面料可以是棉、麻、丝、皮、化纤等，色彩丰富，多为浅色或流行色，款式强调宽松、舒适，有时甚至以标新立异见长，休闲西装基本上是单件的。

男士西装礼仪

正式西装造型得体大方，是较为正式的商务场合男士着装的首选。本部分所介绍的西装礼仪，特指正式西装。

（一）西装穿着的注意事项

男士要把西装穿得得体，需严格遵守相关的礼仪规范，以下是西装穿着的注意事项。

1. 遵循三一定律

三一定律是指男士穿着西装时，身上有3个要件的颜色必须协调统一，这3个要件分别是鞋、皮带与公文包。这一原则有助于整体造型的协调统一，展现出严谨、稳重的形象。例如，如果选择了黑色的皮鞋，那么皮带和公文包也应选择黑色；若皮鞋是棕色的，皮带和公文包也应为棕色。

2. 遵循三色原则

三色原则是指在正式场合穿西装时，全身的颜色不宜超过3个色系，包括西装、衬衫、领带、皮鞋、袜子等。其主要目的是避免色彩过多造成的杂乱和不协调感，保持整体形象的简洁、协调和稳重。例如，如果西装是深蓝色的，衬衫可以选择白色，搭配同一色系的浅蓝色领带、黑色的皮鞋和黑色的袜子。

3. 避免三大禁忌

三大禁忌是指在正式场合穿西装时，经常出现以下3个错误。

- 其一，不拆袖子上的商标。西装上衣左边袖子上的袖口处，通常会缝有一块商标，有时还缝有一块纯羊毛标志。穿西装之前，切勿忘记将它们拆除。拆除商标等于对外宣告：该套西装已被启用。

- 其二，在非常正式的场合穿夹克打领带。领带和西装是配套的，如果是行业内部活动，穿夹克打领带是允许的。但是在正式场合，夹克等同于休闲装，与领带搭配会显得不伦不类，所以在正式场合，尤其是对外商务交往中，穿夹克打领带是绝对不能被接受的。

- 其三，穿白色袜子或尼龙丝袜。商务场合穿西装、皮鞋时，应搭配深色棉袜，黑色最佳。这是因为西装一般是深色的，皮鞋一般是黑色的，从美学或者协调的角度来讲，袜子跟皮鞋一个颜色最好看。尼龙丝袜不吸湿、不透气，容易产生异味，妨碍交际，最好不要穿。另外，商务男士还应注意袜子的长度，坐着的时候，袜子应遮盖裤脚和鞋子之间的部分，避免坐下谈话时露出皮肤或腿毛。

（二）西装的选择

要想使西装为自己增色，就要精心选择。一般而言，要挑选一身品位高雅、适用于商务交往时穿的正式西装，需要关注以下几个方面的细节。

1. 面料

一般情况下，毛料应为西装的首选面料。具体而言，纯毛、纯羊绒的面料，以及高比例含毛、含羊绒的毛涤混纺面料，皆可用作西装的面料。而不透气、不散热、发光发亮的各类化纤面料制成的西装，则尽量不要选择。以高档毛料制作的西装，大多具有轻、薄、软、挺的四大特性：一是轻，西装不笨重，穿在身上无负担；二是薄，西装面料单薄而不过分厚重；三是软，穿起来柔软舒适，既合身，又不会给人以束缚挤压之感；四是挺，西装外表挺阔雅观，不发皱，不松垮，不起泡。

2. 色彩

平时，商界男士往往将西装视作自己在商务活动中所穿的制服。因此，西装的色彩必须显得庄重、得体，而不能过于轻浮和随便。根据此项要求，商界男士在商务交往中穿的西装的上衣应当与裤子同色，首推藏蓝色。在世界各地，藏蓝色的西装往往是每一位商界男士所必备的。除此之外，还可以选择灰色或棕色的西装。黑色的西装亦可予以考虑，但它更适于在庄严肃穆的礼仪性活动中穿着。平日穿西装，最好选择深色西装、白色衬衫、黑色鞋袜；与此同时，领带的色彩最好与西装的色彩保持一致。

按照惯例，商界男士在正式场合不宜穿色彩过于浅淡、鲜艳或发光发亮的西装，也不宜穿朦胧色、过渡色及多色彩的西装。越是正规的场合，越讲究穿单色的西装。

3. 图案

商界男士所推崇的是成熟、稳重、大气，所以其在正式场合露面时穿着的西装一般以无图案者为好。不要选择绘有花、鸟、虫、鱼、人等图案的西装，更不要自行在西装上绘制或绣图案等。

通常，上乘西装的特征之一，便是没有任何图案。不过商界男士可选择以"牙签呢"缝制的竖条纹的西装。竖条纹的西装，通常以条纹细密者为佳，以条纹粗阔者为劣。在着装考究的欧洲国家，商界男士体面的西装，往往就是深灰色的、条纹细密的竖条纹西装。用"格子呢"缝制的西装，一般被认为难登大雅之堂。只有在非正式场合里，商界男士才可以穿它。

4. 款式

西装的款式应简洁大方，基本款式有单排扣和双排扣两种。商务西装以单排两粒扣、单排三粒扣为主，两粒扣显得较为稳重，三粒扣显得年轻。目前国际流行的西装款式主要有欧式、英式、美式和日式4种风格。

① 欧式西装

欧式西装面料以黑、蓝精纺毛织物为主，质地要求细密厚实。就整体造型来看，欧式西装的上衣呈倒梯形，多为双排两粒扣式或双排六粒扣式，而且纽扣的位置较低。欧式西装的衣领较宽，强调肩部与后摆，不甚重视腰部，垫肩与袖笼较高，腰身中等，后摆无开衩。欧式西装造型优雅、规矩，给人以挺拔之感，并略带浪漫情怀。欧式西装对着装者的身材要求比较严格，身材过于矮小和比较肥胖的男士，不太适合这种西装款式。

② 英式西装

英式西装面料一般为纯毛织物，以深蓝和黑色为主，配以白衬衣和黑领结，整体上显得威严、庄重、高贵，地位高的人士在正式场合常选择英式西装。英式西装不刻意强调肩宽，而讲究穿着自然、贴身。它多为单排扣式，衣领呈"V"形，较窄，腰部略收，垫肩较薄，后摆两侧开衩。英式西装对身材要求不是特别严格，适合普通身形的人。

③ 美式西装

美式西装特别重视机能性，面料较薄，具有一定的伸缩性；在造型外观上方方正正，宽松舒适，较欧式西装稍短一些。肩部往往不加垫肩，因而被称为"肩部自然"式西装。领子为宽度适中的"V"形，腰部宽大，后摆中间开衩，多为单排扣式。美式西装胸部不过分收紧，保持自然形态，适宜日常办公穿着。美式西装适合身材高大魁梧、略胖的男性。

④ 日式西装

日式西装上衣的外形是"H"形，不过分强调肩部与腰部；垫肩不高，领子较短、较窄，不过分地收腰，后摆也不开衩，多为单排扣式。日式西装比较适合肩不是很宽、不高不壮的男性。

上述4种西装各有特点：欧式西装洒脱大气，英式西装剪裁得体，美式西装宽大飘逸，日式西装贴身庄重。一般来说，欧式西装要求穿着者高大魁梧，美式西装穿起来略显散漫。比较而言，英式西装与日式西装往往更适合中国人在比较正式的商务场合穿。

5. 尺寸

西装大小要合身，宽松应适度。一套西装，无论其品牌名气多大，只要它的尺寸不适合自己，就不要选择这套西装。在商务活动中，一位男士所穿的西装无论是过大还是过小、过肥还是过瘦，都会损害其个人形象。

（三）西装的穿着礼仪

一套合体的西装，可以使穿着者显得潇洒、精神、风度翩翩、极有魅力，因此，西装深得各国各界人士的喜爱。西装的穿着十分讲究，除了挺括、干净外，还需要关注以下几个方面。

1. 西装必须合体

西装上衣要求衣长在臀围线以上1.5厘米左右，过长显得拖沓，过短则显得不够正式。肩线应自然贴合肩部，肩宽以探出肩角2厘米左右为宜。手臂下垂时西装袖长应到手腕处，衬衫袖口应露出西装袖口1～2厘米。西装上衣的腰围应合身，系上纽扣后，上衣与腹部之间应容下一个拳头。西装领子应紧贴衬衫领口，且低于衬衫领口1～2厘米。

西裤立裆的长度以裤腰上的袢带正好通过胯骨上边为宜。裤腰应合身，以系上纽扣后能伸入一个手掌为标准。裤长以裤脚刚好碰到鞋面最为合适。西裤臀部应平整、自然，既不能紧绷，也不能松垮无型。

2. 搭配正装衬衫

正装衬衫以高支精纺的纯棉、纯毛制品为主。以棉、毛为主要成分的混纺衬衫，亦可酌情选择。正装衬衫必须为单一色彩。在正规的商务应酬中，白色衬衫可谓商界男士的不二选择。除此之外，蓝色、灰色、棕色、黑色，有时也可加以考虑。正装衬衫一般以无任何图案为佳。较细的竖条纹衬衫在一般的商务活动中可以穿，但是，不要同时穿竖条纹的西装。

正装衬衫必须为长袖衬衫，短袖衬衫大多具有休闲性质。若非制服，则正式场合切勿单穿短袖衬衫。以其袖口而论，衬衫有单层袖口与双层袖口之别。有双层袖口的衬衫又称法式衬衫，穿法式衬衫时可以使用装饰性袖扣。

选择正装衬衫时，要使之大小合身，与西装搭配满足"五指标准"。所谓"五指"是指：衬衫的领子要高于西装领子"两指宽"；衬衫的袖口要露出西装袖口"两指宽"；衬衫领口与脖颈之间有"一指宽"。

在商务场合，须同时穿西装和衬衫。商界男士在自己的办公室里，可以暂时脱下西装上衣，但要是以这种形象外出办事，就有失体统了。不穿西装上衣，直接穿着衬衫、打着领带去参加正式商务活动，是不符合礼仪规范的。

3. 系好纽扣

一般而言，站立之时，特别是在大庭广众之下起身而立之后，西装上衣的纽扣应当随即系上，以示庄重。就座之后，西装上衣的纽扣则需要解开，以防其扭曲走样。

通常系西装上衣的纽扣时，单排扣上衣与双排扣上衣有各不相同的具体要求。系单排两粒扣式的西装上衣的纽扣时，讲究"扣上不扣下"，即只系上边那粒纽扣。系单排三粒扣式的西装上衣的纽扣时，正确的做法有二：要么只系中间那粒纽扣，要么系上面两粒纽扣。在正式场合，双排扣式西装上衣的纽扣一律都要系上。

打领带时要系好衬衫的第一粒纽扣，否则松松垮垮，给人极不正规的感觉；相反，不打领带时，要解开这粒纽扣，否则会让人觉得你忘记了打领带。另外，打领带时衬衫袖口的扣子一定要全部系上，而且绝对不能把袖口挽起来。

4. 打好领带

领带是西装的重要装饰品，一条打得漂亮的领带，在穿西装的人身上会起到画龙点睛的作用。凡是正式商务场合，穿西装必须打领带。领带的质地一定要优良，领带以丝质的为上乘。领带的色彩可以根据西装的色彩进行搭配，以蓝、灰、棕、黑、紫红为主，颜色不宜过多、花俏。适用于商务活动佩戴的领带，主要是单色无图案的领带，或者以条纹、圆点、方格等规则的几何形状为主要图案的领带。

领带戴得漂亮与否，关键在于领带结打得如何。打领带结的基本要求是，挺括、端正，在外观上呈倒三角形。领带打好后，必须令其长短适度。标准的长度，是领带打好之后，其下端正好垂到皮带扣的上端。

领带打好后要将其置于适当的位置。穿好衬衫与西装上衣后，应将领带置于二者之间，并令其自然下垂。在衬衫与西装上衣之间加穿西装背心、羊毛衫或羊绒衫时，应将领带置于西装背心、羊毛衫、羊绒衫与衬衫之间。

依照惯例，打领带时可不用任何配饰。如果要用领带夹，不宜令其处于他人视野之内，只宜夹在领带打好后的黄金分割点上，即衬衫第4粒与第5粒纽扣之间。

小故事

领带的起源

5. 搭配好鞋袜

与西装搭配的鞋子，应是皮鞋，否则会显得不伦不类。一般来说，牛皮鞋与西装最配，羊皮鞋、猪皮鞋都不太合适。磨砂皮鞋、翻毛皮鞋大多属于休闲皮鞋，也不适合与西装搭配。皮鞋的款式理当庄重而得体，4对或5对鞋眼的系带式牛皮鞋是最佳之选。皮鞋的颜色要与服装颜色相搭配，黑色皮鞋可以配任何颜色的西装，白色、米黄色等其他颜色的皮鞋均为休闲皮鞋，一般在休闲、旅游时穿。皮鞋要上油擦亮，不留灰尘和污迹。

穿西装一定要穿与西裤、皮鞋颜色相同或较深的袜子，以深色、单色为宜，最好是黑色。绝对不能穿与西装、皮鞋的色彩对比鲜明的白色袜子，也不要穿彩袜或其他浅色的袜子。另外，袜子质地一般以纯棉为宜，有些质量较好的以棉、毛为主要成分的混纺袜子，可以选用，但是最好不要选择尼龙袜、丝袜。袜子长度最好高及小腿肚，不然坐下后露出皮肉，非常不雅观。

6. 选择好配饰

商务场合，男士的配饰宜精不宜多，讲究的是质量和品位。起画龙点睛作用的主要是皮带、公文包、手表、戒指等。

① 皮带。在正式场合着装时，男士应遵守三一定律，即皮带、公文包的颜色要与皮鞋的

颜色一致。皮带上应当没有任何图案，宜为光面，环扣一般应为金属制品，并且多为金色、银色或黑色。除商标之外，皮带环扣上不宜出现其他文字、图案。男士皮带宽3厘米较为适宜，皮带的长度应为系好之后长过皮带环扣10厘米左右。皮带上不宜挂诸如手机、钥匙、打火机等物品。

② 公文包。公文包面料以真皮为宜，并以牛皮、羊皮制品最佳。在常规情况下，黑色、棕色的公文包是普遍选择。公文包的颜色要与皮鞋、皮带的颜色一致，因为这样看上去和谐。标准的公文包，是手提式的长方形公文包。

③ 手表。正式商务场合，男士如果佩戴手表，宜佩戴款式简单的机械表。金色、银色、黑色的手表，是理想的选择。手表上除数字、商标、品牌外，不应出现其他图案。电子手表在着正装的商务场合，不宜佩戴。

④ 戒指。结婚戒指是男士在商务场合能够佩戴的首饰。

三、女士套裙礼仪

女士服装比起男士服装更加丰富多彩、新颖别致。女士在正式商务场合的着装以裙装为佳。在适合商界女士的裙式服装之中，套裙是名列首位的。套裙，是西装套裙的简称，其上身为女士西装，下身则是配套的半身裙。将潇洒、刚毅的西装上衣与柔美、雅致的凸显女性特征的裙子组合到一起，二者便刚柔相济，相得益彰，套裙也就因此脱颖而出了。穿着职业套裙的女士，更能显露出干练的气质和独特的魅力。因此，套裙被视为商界女士最正规的职业装之一。

女士套裙礼仪

（一）套裙的选择

1. 面料

套裙的上衣、裙子的面料应为同一种。面料应选纯天然质地的上乘面料，外观上讲究匀称、平整、滑润、光洁、丰厚、柔润、悬垂、挺阔，不仅要求手感好，而且应当不起皱、不起毛、不起球。一般情况下，可以选择纯羊毛面料，也可以选择高档的府绸、麻纱、毛涤以及一些高档化纤面料。

在任何情况下，都不宜选择真皮或仿皮套裙，尤其是在对外交往中切勿穿着黑色皮裙。

2. 色彩

套裙色彩宜以冷色调为主，体现出着装者的典雅、端庄与稳重。标准而完美的套裙色彩，不仅要兼顾着装者的肤色、形体、身高、年龄与性格，更要与着装者从事的商务活动的具体环境协调一致。一般情况下，加入了一定灰色调的色彩，如藏青、炭黑、烟灰、雪青、茶褐，往往都是商界女士可予考虑的。套裙的上衣与裙子的颜色可以是相同的，也可以采用上浅下深或上深下浅等两种不相同的色彩，使之形成鲜明的对比，给他人留下深刻的印象。

3. 图案

按照惯例，正式场合所穿的西装套裙可以不带任何图案，简洁大方；也可以选择以格子、圆点、条纹为主要图案的套裙，但不宜有花卉、宠物、人物、文字等图案。

4. 尺寸

一般来说，套裙上衣与裙子的长短没有明确而具体的规定。传统观点认为，"裙短则不雅，裙长则无神"。裙长以裙子下摆恰好抵达着装者小腿上最为丰满之处为宜。目前，套裙之中的裙子，以是否过膝盖为标准，可分为"膝上式""及膝式""过膝式"3种。"膝上式"最短不能短于膝盖以上10厘米，"过膝式"最长不可超过小腿中部。年长的女士或出席重要的场合，建议选择"及膝式"或"过膝式"。

5. 款式

套裙款式的变化主要体现在上衣和裙子方面。上衣的变化主要体现在衣领方面，除常见的平驳领、枪驳领、一字领、圆形领之外，青果领、披肩领、燕子领也并不罕见。除此以外，纽扣也可有变化，如无扣式、单排式、双排式、明扣式、暗扣式等。在纽扣的数量上，少则1粒，多则10粒以上。有的纽扣发挥实际作用，有的纽扣则只起装饰作用。

裙子的式样主要有两类：一类是西装裙、一步裙等；另一类是百褶裙、旗袍裙、A字裙等。这些都是受欢迎的式样。

6. 版型

套裙的版型，是指套裙的外观与轮廓。从总体上来讲，套裙的版型可以分为H型、X型、A型、Y型4种类型。

- H型：上衣较为宽松，裙子多为筒式，给人以直上直下、浑然一体之感。它可以让着装者显得优雅、含蓄，也可以为身材肥胖者修饰身形。

- X型：上衣较紧身，裙子大都是喇叭式。上宽下松，突出腰部线条，可以令着装者看上去婀娜多姿、楚楚动人。

- A型：上衣为紧身式，裙子则为宽松式。这种上紧下松的造型，既能体现着装者上身的身材优势，又能适当掩盖其下身的身材劣势，能够在总体造型上显得松紧有致，富于变化和动感。

- Y型：上衣为松身式，裙子多为紧身式。上松下紧，意在掩盖着装者上身的短处，同时表现出其下身的长处，令其看上去亭亭玉立、端庄大方。

（二）套裙的穿着礼仪

要让套裙烘托出职业女性的庄重、优雅，穿着时要注意以下几点。

1. 穿着到位

商界女士在正式场合穿套裙时，上衣的领子要翻好，衣袋的盖子要拉出来盖住衣袋。不允许将上衣披在身上，或者搭在身上。上衣的衣扣全部系上，不允许将其部分或全部解开，更不允许当着别人的面随便将上衣脱下来。裙子要穿得端端正正，上下对齐之处务必对齐。商界女士在正式场合露面之前，一定要抽出一点时间仔细地检查一下自己所穿的衣裙的纽扣是否系好、拉锁是否拉好。在大庭广众之下，如果上衣的纽扣没有系好、裙子的拉锁忘记拉上或稍稍滑开一些，都会有损着装者的形象。

2. 协调妆饰

商务穿着打扮，讲究着装、妆容与佩饰风格统一、相辅相成。因此，在穿套裙时，商界女士必须具有全局意识，统一考虑套裙与妆容、佩饰。妆容的色彩应与套裙色彩协调，避免过于浓艳。商界女士在穿套裙时，佩饰要做到少而精致，通常不超过3种。商务场合不可以佩戴价值过于昂贵的珠宝，也不可以选择造型过于夸张的首饰。

3. 兼顾举止

套裙能够体现女性的柔美曲线，这就要求商界女士举止优雅、注意个人仪态。当穿上套裙后，要站得又稳又正，不可以双腿分开或东倒西歪。就座以后，务必注意姿态，双腿不要分开，或是翘起一条腿来并抖动；更不可以脚尖挑鞋直晃，甚至当众脱鞋。走路时，不要奔跑，步子要轻而稳。

（三）套裙的搭配

穿着套裙时能否展现出自身端庄文雅的气质，与衬衫、鞋袜、首饰的搭配密切相关。

1. 衬衫

与套裙搭配的衬衫从面料上讲，要求轻薄而柔软，面料可以是真丝、麻纱、府绸、罗布、花瑶、涤棉等。颜色要求则主要是雅致而端庄，并且不失女性的妩媚。除了作为基本色的白色之外，其他各种色彩，包括流行色在内，只要不是过于鲜艳，并且与所穿套裙的色彩不相互排斥，均可。图案可以是一些简单的线条、细格或是圆点。同时还要注意，应使衬衫的色彩与所穿套裙的色彩搭配，可以外深内浅或外浅内深，形成两者之间的深浅对比。与套裙配套的衬衫不必过于精美，领形等细节部位也不宜十分新奇夸张。衬衫要款式简洁，不要有过多的花边和皱褶。

穿着衬衫时，衬衫下摆必须掖入裙腰之内，不得任其悬垂于外，或是将其在腰间打结。纽扣要一一系好，纽扣不得随意解开，以免在他人面前显示不雅之态。专门搭配套裙的衬衫在公共场合不宜直接外穿，按照礼仪规范，不可在外人面前脱下上衣，直接以衬衫面对对方。

2. 鞋袜

鞋袜是套裙搭配中的重要部分，每一位爱惜自身形象的商界女士切不可对其马虎大意。

商界女士所穿的用以与套裙配套的鞋子，宜为高跟或半高跟的船型皮鞋，并以牛皮、羊皮制品为宜。系带式皮鞋、丁字式皮鞋、皮靴、皮凉鞋等，都不宜在正式场合搭配套裙，露出脚趾和脚后跟的凉鞋和皮拖鞋更不适合商务场合。黑色的高跟或半高跟船鞋是商界女士必备的基本款式，几乎可以搭配任何颜色和款式的套装，也可使鞋子的颜色与包的颜色保持一致，并且与衣服的颜色相协调。鞋子的图案与装饰均不宜过多，免得喧宾夺主。越是正式场合，鞋子的款式越要求简洁和传统。

穿套裙时所穿的袜子，一般是高筒袜或连裤袜。中筒袜、低筒袜不宜与套裙同时穿着，因为袜口暴露在外，是一种公认的既缺乏服饰品位又失礼的表现。商界女士在穿套裙时不仅应自觉避免这种情形，而且还应当在穿开衩裙时注意，即使在走动之时，也不应当让袜口偶尔现于裙衩之处。

丝袜适用的颜色是透明的素色。素色的好处在于低调，且品位上乘，易于与服饰颜色搭配，有肉色、黑色、浅灰、浅棕等常规选择。多色袜、彩色袜，以及白色、红色、蓝色、绿色、紫色等色彩的袜子，都是不适宜的。穿套裙时，需有意识地注意鞋、袜、裙三者之间的色彩是否协调。鞋、裙的色彩必须深于袜子的色彩或几乎与其同色。若是一位女士在穿白色套裙、白色皮鞋时穿上一双黑袜子，就会给人"乌鸦腿"之感。

丝袜容易划破，如果有破洞、跳丝，要立即更换，不要打了补丁再穿。可以在包里准备一两双丝袜，以备替换。

3．首饰

商务场合佩戴首饰的基本原则是"符合身份，以少为佳"。有的女士一次佩戴太多的首饰，如项链、耳坠、戒指、手链，甚至再加上一枚胸针，整个人看起来既累赘又缺乏品位。佩戴首饰切忌过分炫耀、刻意堆砌，一般不超过3种，每种不多于两件。佩戴两种或两种以上的首饰，应"同质同色"，即质地、色彩相同。

在商务场合，色彩鲜艳亮丽、造型新潮夸张的首饰，容易让人产生不信任感；而保守传统、做工精细的高档次首饰，则会给人稳重的印象。首饰的佩戴要和服装相协调，还应考虑季节、场合、环境等因素，例如春秋季可以选戴耳环、别针，夏季选择项链和手链，冬季则不宜选用太多的首饰。

小故事

女职员的着装

任务二：仪容礼仪

情境任务

服务型企业一般有每天上班前召开晨会的惯例，请以小组为单位，模拟晨会的仪容检查环节，对照仪容考核评价表（见表2-1、表2-2），小组内成员互相评分，最终评选出本组的"仪容修饰之星"。

表2-1　女士仪容考核评价表

	评价内容	分值	得分
女士仪容	化淡妆，妆容得体优雅	1	
	头发干净，无头屑	1	
	头发梳理得干净、整齐	1	
	不染过分鲜艳的发色	1	
	不佩戴艳色或带有卡通、动物、花卉图案的发饰	1	
	手部干净，指甲修剪整齐	1	
	不涂鲜艳的指甲油	1	
	牙齿干净、无杂物	1	
	口气清新	1	
	不喷过浓的香水	1	
	总分	10	

表2-2　男士仪容考核评价表

	评价内容	分值	得分
男士仪容	面部清爽干净，胡须修剪整齐	1	
	头发干净，无头屑	1	
	发型整齐得体	1	
	短发，头发前不覆额、侧不掩耳、后不及领	1	
	不染彩发	1	
	手部干净，指甲修剪整齐	1	
	牙齿干净、无杂物	1	
	口气清新	1	
	身体无汗臭等异味	1	
	鼻毛修理干净	1	
	总分	10	

知识解析

一、仪容概述

仪容指的是人的容貌长相。商务场合的仪容礼仪，不仅反映了个人的精神面貌和内在气质，也代表了企业的形象，展示出企业文化。商务场合仪容礼仪的基本要求是干净整洁、端庄大方。

（一）仪容美的内涵

仪容美具有丰富的内涵，具体包括自然美、修饰美和内在美。

1. 自然美

自然美指的是一个人在未经刻意修饰和雕琢的情况下，所展现出的天生的容貌美感。自然美的人通常具有和谐的五官、健康的肤色、有光泽的头发和良好的精神状态。自然美具有独特性和不可复制性，是每个人独特魅力的源头。

2. 修饰美

修饰美是对自然美的提升和补充。天生丽质的人毕竟是少数，人们可以靠发式造型、化妆修饰等手段，弥补和掩盖在容貌方面的不足，突出优点，使个人形象得以美化。修饰美就是指依照规范与个人条件，对仪容进行必要的修饰，扬长避短，设计、塑造出美好的个人形象，让人们在人际交往中表现得更自尊自信、更潇洒自如。需要注意的是，修饰美需要基于对自然美的尊重和理解，不能过度掩盖或扭曲原本的特征，而是要起到锦上添花的作用。

3. 内在美

内在美是仪容美的核心。个人的内在品德、修养、气质、性格等会通过表情、眼神、姿态等外在表现反映出来，从而赋予仪容独特的魅力。当一个人拥有丰富的内涵、善良的心灵和积极的心态时，其外在的仪容也会显得更加生动、有魅力。

例如，一位拥有自然美的女性，通过恰到好处的妆容和得体的服饰修饰，展现出外在的精致。而她的善良、聪慧和自信等内在品质，又让她的笑容更加温暖、眼神更加明亮，从而使她的整体美更加动人且持久。反过来，如果只注重自然美而忽略修饰美，可能会在某些场合显得不够得体；只追求修饰美而缺乏内在美，美则会显得空洞和肤浅。

总之，自然美是起点，修饰美是增色，内在美是升华，三者相互融合、相辅相成，共同塑造出一个完整、真实且富有魅力的人。

（二）仪容修饰的原则

仪容修饰能够给人健康自然、鲜明和谐、富有个性的深刻印象。仪容修饰应遵循以下原则。

1. 仪容应整洁

商务人士要保持整齐、洁净、清爽，要做到勤洗澡、勤换衣、勤洗脸，脖颈、手都要保持干净，身体无异味，并经常注意去除眼角、口角及鼻孔的分泌物。男士要定期修面，注意不蓄胡须、鼻毛不外现。

2. 仪容应卫生

注意口腔卫生，早晚刷牙，饭后漱口，保持牙齿洁白、口无异味。商务人士在重要应酬之前忌食蒜、葱、韭菜、腐乳等让口腔发出刺鼻气味的食物。当然，为了消除不良气味，当着交往对象的面嚼口香糖也是不礼貌的行为。

3. 仪容应端庄

仪容既要修饰，又要保持简洁、庄重、大方，给人以美感，赢得他人的信任。例如，商务场合，女士妆容要做到整体协调，眼妆和唇妆不要过于浓重；长发可以扎起来或盘起来，显得利落干练；指甲不宜过长，同时要避免涂颜色过于鲜艳、夸张的指甲油。

二、化妆的礼仪

化妆，是一种通过使用美容用品或美容手段来修饰自己的仪容、美化自我形象的行为。简单地说，化妆就是有意识、有步骤地为自己美化容颜。

在商务交往中，进行适当的化妆是必要的，这既是自尊的表现，也意味着对交往对象较为重视。化妆与否绝非个人私事，而是被交往对象作为一个尺度来判定商务人士对其的尊重程度。在涉外商务交往中，这一点表现得更为明显。

（一）化妆的原则

商界女士要化出理想的妆容，体现女性端庄、美丽、温柔、大方的独特气质，化妆时需遵循以下几个原则。

1. 美化

化妆，意在使人变得更加美丽，因此在化妆时要注意适度矫正、修饰得法，使人在化妆后避短藏拙。商界女士应巧妙地通过化妆突出优势、弥补缺陷，以美化自身形象。在化妆时，不要自行其是、任意发挥、寻求新奇，有意无意将自己老化、丑化、怪异化。

2. 自然

化妆的最高境界是"妆成有却无"，即没有人工美化的痕迹，好似天然如此。商界女士妆面应洁净、自然、生动，妆容讲究精致，以适应与他人近距离接触和交流，保持良好的工作形象。职业妆切忌艳俗。

3. 得法

化妆须学习，难以无师自通。比如，工作时化妆宜淡；社交时化妆可以稍浓；口红与腮红最好为同一色调；等等。

4. 协调

高水平的化妆强调的是整体效果。所以在化妆时，应努力使妆面协调、全身协调、场合协调、身份协调，力求取得完美的整体效果，以体现出自己慧眼独具、品位不俗。

（二）化妆的礼仪规范

化妆的礼仪规范可以概括为以下内容。

1. 勿当众化妆

化妆，应事先化好，或在专用的化妆间进行。化妆属于个人隐私，原则上只能在家中进行。特殊情况下，需要在其他场合临时补妆，也应选择隐蔽之处。在许多场合，一般都设有专门的化妆间，为有必要随时化妆或补妆的人所预备。

2. 勿使化妆妨碍于人

商务场合忌化过于浓重的妆容、使用气味过于刺激的化妆品等。有人将自己的妆化得过浓过重，这种过量的化妆，就是对他人的妨碍。

3. 勿出现残缺妆面

如果化了彩妆，要有始有终，努力维护妆面的完整性。用餐、饮水、休息、出汗之后，要时常检查，发现妆面出现残缺时，应及时避人补妆，否则会给人留下邋遢、不精致、不严谨的印象。

4. 勿借用化妆品

借用他人的化妆品，尤其是口红，既不卫生，也不礼貌。为了自己和他人的健康，应尽量避免借用化妆品，敏感性皮肤的人尤其要注意。

5. 勿评论他人妆容

化妆是个人之事，且每个人的审美观未必一样，所以对他人妆容不应自以为是地加以评论。

(三) 不同脸形的化妆要点

1. 长形脸

长形脸的人，在化妆时应在视觉上增加面部的宽度。

- 粉底：若双颊下陷或者额部窄小，应在双颊和额部涂浅色调的粉底，使之显得丰满。
- 腮红：应注意离鼻子稍远些，在视觉上起拉宽面部的效果。涂抹时，可从颧骨的最高处向太阳穴下方向外、向上抹。
- 眉毛：修眉毛时应令其成弧形，眉毛的位置不宜太高，眉毛尾部切忌高翘。

2. 圆形脸

圆形脸的人可将脸形化为椭圆形。

- 粉底：用来在两颊营造阴影，可将圆脸化得"瘦"一点。选用暗色调粉底，沿额头靠近发际处起向下窄窄地涂抹，至颧骨下可加大涂抹的面积，营造阴影，突出鼻子、嘴唇、下颌等部位。
- 腮红：可从颧骨处涂全卜脸颊，注意不能简单地在颧骨突出部位涂抹。
- 唇膏：可将上嘴唇涂成弓形，不能涂成圆形，以免有圆上加圆之感。
- 眉毛：修成自然的弧形，不可太平直或太有棱角，也不可过于弯曲。

3. 方形脸

方形脸的人以面颊部骨骼突出为特点，因此在化妆时要设法加以掩蔽，增强柔和感。

- 粉底：可用暗色调粉底在颧骨最宽处营造阴影，减弱方正感。下颌角宜用大面积的暗色调粉底营造阴影，以改变面部轮廓。

- 腮红：宜涂抹得与眼部平行，切忌涂在颧骨突出处，可抹在颧骨稍下处并往外揉开。
- 唇膏：可涂得丰满一些，强调柔和感。
- 眉毛：应修得稍宽一些，眉形可稍弯曲，不宜有棱角。

4. 三角形脸

三角形脸的特点是额部较窄而下颌较宽，整个脸部呈上窄下宽状。化妆时应将下部宽角"削"去，把脸形化为椭圆形。

- 粉底：可在下颌处用较深色调的粉底进行涂抹，以修饰脸形。
- 腮红：可由外眼角处起向下抹涂，在视觉上令脸部上半部分拉宽一些。
- 眉毛：宜保持自然状态，不可太平直或太弯曲。

5. 倒三角形脸

倒三角形脸的特点是额部较宽大而两腮较窄小，呈上宽下窄状。人们常说的"瓜子脸""心形脸"，即指这种脸形。其化妆的诀窍与三角形脸相似，但需要修饰的部分则正好相反。

- 粉底：可用较深色调的粉底涂在过宽的额头两侧，而用较浅的粉底涂抹在两颊及下颌处，形成掩饰上部、突出下部的效果。
- 腮红：应涂在颧骨突出处，而后向上、向外揉开。
- 唇膏：宜用色调稍亮些的唇膏加强柔和感，唇形宜稍宽厚。
- 眉毛：应顺着眼部轮廓修成自然的眉形，眉尾不可上翘，描画时从眉心到眉尾宜由深渐浅。

⚙ 课堂互动

在商务场合，"淡妆浓抹总相宜"这句话是否合适？请说明理由。

三、美发的礼仪

正常情况下，人们观察一个人往往是"从头开始"的，因此，个人形象的塑造要"从头做起"。美发，一般是指对人们的头发所进行的护理与修饰，使其更美观大方，适合自身特点。美发的礼仪，指的就是有关人们的头发的护理与修饰的礼仪规范，是仪容礼仪之中不可或缺的一个重要的组成部分。美发的礼仪主要分为护发与发型两个部分。

（一）护发

商务人士的头发应保持健康、秀美、干净、清爽、卫生、整齐的状态。要真正达到以上要求，就必须重视头发的清洗。所有人的头发都会不断地吸附灰尘，甚至产生不雅的气味。保持头发干净、清洁的基本方法是按时进行认真清洗。

真正要养护好头发，关键是要从营养调理方面着手，避免烟、酒、辛辣刺激之物。例如，欲减少头屑，应少吃油性大的食物，多吃含碘丰富的食物；欲使头发乌黑发亮，则适宜多吃蛋白质丰富和富含维生素、微量元素的食物，尤其是要多吃核桃一类的坚果、黑芝麻一类的"黑色食品"。

（二）发型

头发的造型是仪容美的重要部分。合适的发型会使人容光焕发、风度翩翩。

女性发型如果设计得好，可以使人显得端庄文雅、美观大方，而且能起到修饰脸形、协调体形的作用。发型必须根据自己的脸形来设计。椭圆形脸是东方女性的普遍脸形，可选任意发式。圆形脸的人应将头发梳高，并设法遮住两颊。长形脸的人看起来面部消瘦，设计发型时应适当遮住前额，并设法使双颊显得宽些。方形脸的人应设法掩饰棱角，使脸形显得稍圆润。额部窄的脸形应增加额头两侧头发的厚度。

发型一定程度上能体现一个人的性格、修养和气质。短发可以体现青年人朝气蓬勃的精神面貌。长形脸的人不宜留太短的头发，方形脸的人可以留些鬓发，瘦高的人应留长一点的发型，矮胖的人和瘦小的人的头发不宜过长。

对商务人士来讲，发型的基本要求是：经过修饰之后的头发，必须以庄重、简约、典雅、大方为主要风格。为了显示出商务人士的精明干练，同时也为了方便其工作，通常提倡发型以短为宜。具体而论，对商界男士而言，在理短发时要求头发前不覆额、侧不掩耳、后不及领，并且面不留须。对商界女士而言，一般要求头发长度不超过肩部，如果头发较长，建议将其盘起来或者束起来；长发女士着套裙时，应将头发盘起。

> 案例研讨
>
> 小丹面试时的妆容

任务三：仪态礼仪

🔍 任务描述

学生4～6人一组，组内相互指导和练习标准的站姿、坐姿、走姿、蹲姿。每组推选一名代表，在课堂上进行仪态礼仪风采展示，最终评选出本班的"仪态礼仪之星"。

📡 知识解析

仪态是指人在社交活动中的姿势和风度，包括人的体态、动作、表情等。仪态是映现个人涵养的一面镜子，也是构成个人外在美的主要因素。在人际交往中，人们除了用语言表达思想感情外，还常用身体姿态表现内心活动。用优美的姿态表达礼仪，比用语言更能让受礼者感到真实、美好和生动。下面重点介绍站姿、坐姿、走姿、蹲姿、手势和表情。

一、站姿

站立是生活中常见的一种动作。正确、规范的站姿能够给人留下精力充沛、积极进取、充满自信的良好印象。在人际交往中，站姿是一个人仪态的核心，"站有站相"是对个人礼仪修养的基本要求，良好的站姿能衬托出美好的气质和风度。如果站姿不够标准，其他姿势就谈不上优美。

（一）站姿的基本规范

站立时，应注意两脚跟相靠，两脚跟夹角为45°～60°，身体重心主要落于脚掌上；两脚并拢立直，髋部上提；腹肌、臀大肌微微收缩并向上挺，臀、腹部收紧，髋部两侧略向中间用力；后背挺直，胸略向前上方挺起；两肩放松，气下沉，自然呼吸；两手臂放松，自然下垂于体侧，虎口向前，手指自然弯曲；脖颈挺直，头顶上悬，下颌微收，平视前方。由于性别的差异，在站姿仪态方面，男女的要求不同。

1. 男性站姿

男性的站姿要稳健、挺拔，以显出男性刚健、强壮、英武、潇洒的风采。收腹、抬头，双肩放松齐平，双臂在身体两侧自然下垂，掌心向内自然轻触裤缝。双脚可稍许分开，以肩部宽度为限。

2. 女性站姿

女性的站姿要柔美，以体现女性轻盈、娴静、典雅的韵味。女性的站姿为前腹式，四指并拢，虎口张开，拇指交叉，右手握放在左手四指的部位上，轻贴在腹前，体现女性线条的流畅美。脚跟并拢，脚尖分开呈"V"字形或"丁"字形。

（二）不良的站姿

站立时应避免身体僵直、胸部过分挺起、弯腰驼背、腹部鼓起。不论男女，站立时切忌歪头、缩颈、耸肩、含胸、塌腰、撅臀；腿位不雅（双腿分开过宽、双腿扭在一起、双腿弯曲、一腿高抬）；双手叉腰或交叉抱于胸前；双手插入衣袋中或身体晃动，耸肩驼背、脚打拍子；身体东倒西歪，或倚靠在某一物体上。站立时也不要下意识地做小动作，如玩弄衣带、发辫，咬手指甲，等等。这些动作不但显得拘谨，给人缺乏自信和教养的感觉，也有失庄重。

⚙️ **课堂互动**

站姿练习

1. 贴墙站立。后脑勺、双肩、臀部、小腿肚、脚后跟都紧贴墙壁，保持10分钟。

2. 头顶书本。将一本书放置于头顶，使其保持水平，颈部自然挺直，下颌向内收，上身挺直，目光平视，头、躯干自然保持平稳，坚持10分钟。

3. 两人一组，背靠背站立。相互将后脑勺、双肩、臀部、小腿肚、脚后跟贴紧，在肩部、小腿处各放一张卡片，不能让卡片掉下来。

二、坐姿

坐姿是人们在社交应酬中采用最多的姿势，规范的坐姿能够展现出自信练达、积极热情、尊重他人的良好的个人风范。

（一）坐姿的基本规范

坐姿的基本要求是：端庄、大方、文雅、得体；上身挺直，头部端正；双目平视，两肩齐平；下颌微收，双手自然搭放。

入座时需要注意的礼仪有：讲究入座顺序，礼让尊长。若与他人一起入座时，应礼貌地邀请对方首先就座，或与对方同时就座。入座时，要注意方位，分清座次的尊卑，主动把上座让给尊长。

入座时，应以轻盈和缓的步伐，从容自如地走到座位前，然后转身轻而稳地落座，并坐在椅子的2/3处。女士入座时，若着裙装，应用手将裙子稍微拢一下，不要等坐下后，再重新站起来整理衣裙。

离座动作要缓慢轻稳，不能猛起猛出，不能发出声响。离座时，右脚向后半步，找到支撑点，然后起立；起立后左脚与右脚并齐，再从容移步。离座时应"左入左出"，即从椅子的左边入座，从椅子的左边离座。

商务场合，标准的男式坐姿是：坐正，双腿分开不宽于肩部，两小腿垂直于地面，两手分别放在双腿上。

商务场合，标准的女士坐姿是：腰部挺直，膝部并拢，两小腿垂直于地面，双手叠放在大腿上。在标准式基础上，女士还可以通过改变小腿的摆放方式来调整坐姿，如小腿并拢斜放于同侧、一腿前伸一腿后屈等。

（二）不良的坐姿

不良的坐姿有：入座时猛起猛坐，弄得座椅乱响；坐定后，弯腰弓背，身体左右晃动；两膝分开，脚尖朝内，脚跟朝外呈"八"字形；双腿过度分开，伸得很远；双膝并拢，小腿分开超过肩宽，呈"人"字形；把脚架在椅子或沙发扶手上，或藏在座椅下；架"二郎腿"或"4"字形腿；前俯后仰、躺靠椅背、晃动膝盖等；上身前倾后仰，或弯腰弓背；双手或端臂，或抱膝盖，或抱小腿，或置于臀部下面；坐着时随意挪动椅子。

课堂互动

坐姿练习

1. 单人练习入座、离座及不同的坐姿（从椅子左侧入座、离座）。

2. 两人一组，选择一种坐姿，面对面练习，相互指出对方的不足。

三、走姿

步调稳健、轻松敏捷的走姿会给人动态之美，表现出朝气蓬勃、积极向上的良好精神状态。

（一）走姿的基本规范

正确的走姿应以端正的站姿为基础，挺胸、抬头、颈直、收腹、立腰，双目前视、下颌微收，表情自然平和；迈步时，应注意脚尖向前方伸直，脚跟先着地，然后脚掌着地。男士两臂摆动要有力，双肩平整，走出的轨迹应在不超过肩宽的两条线上，以显示自信、稳重；女士走路时，应尽量保持一种轻盈的体态，应腰部用力，步幅不宜过大，要有韵律感，以显示优雅。走姿的注意事项如下。

1. 步幅适中

所谓步幅，是指行进时前、后两脚之间的距离。两脚交替前进时，步幅的大小通常因性别、身高、着装等不同而有所差异，步幅一般以前脚的脚后跟与后脚的脚尖相距一脚长为宜；男士走路时，步幅可稍大一些。通常情况下，男性的步幅约25厘米，女性的步幅约20厘米。

2. 步速适中

要保持步态的优美，行进的速度应保持均匀，在正常情况下，步速应自然舒缓，显得成熟、自信。男、女在步速上有一定差别，一般来说，男性矫健、稳重、刚毅、洒脱，具有阳刚之美，女性轻盈、柔软、玲珑、贤淑，具有阴柔之美。

3. 身体协调

行进时，膝盖和脚腕要富于弹性，腰部应成为身体重心移动的轴线，双手的摆动应以肩关节为轴，上臂带动前臂，前后自然摆动，摆幅以30°～35°为宜，保持身体各部位之间动作的和谐，保持一定的韵律，显得自然优美。

4. 造型优美

行走时应做到昂首挺胸，步伐轻松而矫健。行走时，应面对前方、两眼平视、挺胸收腹、直起腰背、伸直腿部，使自己的全身从正面看犹如一条直线。

（二）不良的走姿

在走姿中，应避免大甩双臂、摇头晃肩、扭腰摆臀、左顾右盼、忽左忽右；迈"外八字步"和"内八字步"；行走时双手插入裤袋；步幅太大或太小；上、下楼梯时，弯腰驼背、手撑大腿，或一步踏两三级楼梯。

课堂互动

走姿练习

1. 摆臂训练。以肩为轴，双臂前后自然摆动，注意摆臂幅度，避免双肩过硬或双臂左右摆动。

2. 步幅训练。每组同学排成队，沿直线前行，避免走"内八字步"或"外八字步"及步幅过大或过小。

四、蹲姿

蹲姿不像站姿、坐姿、走姿那样使用频繁，其是在比较特殊的情况下所采用的一种暂时性体态，是由站立姿势转变为两腿弯曲和身体高度下降的姿势。

蹲姿的基本规范是：屈膝并腿，一脚在前、一脚在后向下蹲去；两腿紧靠，前脚全着地，后脚前脚掌着地；以前脚为身体的主要支点；臀部向下，上身向前微倾。男士使用蹲姿时，两腿之间可以有适当的距离。

在公共场合使用蹲姿时，应避免过度地弯曲上身和翘起臀部，否则容易露出内衣；下蹲时，速度切勿过快；与他人同时下蹲时，不可忽视双方的距离，以防双方迎头相撞；女士使用蹲姿时，不可将双腿分开。

五、手势

手势作为仪态的重要组成部分，是商务人士在工作、交往过程中不可缺少的肢体动作，是极富表现力的一种体态语言。它主要通过手和手指的活动来传递信息，它作为信息的传递方式不仅远远早于书面语言，甚至早于有声语言。规范手势的使用，可以增强感情的表达，提高工作效率和增强服务效果，为职业形象增辉。

（一）手势的基本规范

在介绍某人、为某人引路指示方向、请某人做事时，应该五指伸直并拢，注意将拇指并严；腕关节伸直，手与前臂成直线；掌心斜向上方，手掌与地面成45°；身体稍前倾，肩下压，手应位于头和腰之间。运用手势时，一定要先目视来宾，面带微笑，体现出对宾客的尊重，然后再将对方的目光引导至自己手势指向的方向。

（二）引领手势的基本形式

1. 横摆式手势

表示"请进""请"的意思时，经常采用横摆式手势。此时，手臂与肘关节持平。以右手为例，不要将手臂摆到体侧或体后，同时将身体和头部微微由左向右倾斜，视线也随之移动；双脚并拢或成右丁字步，左臂自然垂放或放在身前，目视客人，面带微笑。

2. 直臂式手势

指示方向时，可采用直臂式手势。以右手为例，具体动作要求如下：五指并拢伸直，屈肘由身前向右斜前方抬起，直到约与肩同高时，再向要指示的方向伸出前臂，身体微向右倾。与横摆式不同的是，直臂式手臂高度与肩基本同高。

3. 曲臂式手势

当一只手扶着门把手或电梯门，或一手拿着东西，同时又要做出"请"或指示方向的手势时，可采用曲臂式手势。以右手为例，具体动作要求如下：五指伸直并拢，从身体的右前方由下向上抬起，抬至上臂与身体成45°时，以肘关节为轴，手臂由体侧向体前的左侧摆动，摆到距离身体约20厘米处停住，掌心向上，手指指向左方，头部随着客人的移动从右转向左方。

4. 斜摆式手势

斜摆式手势是请宾客就座或下楼时经常使用的手势，表示"请坐""小心台阶"。五指伸直并拢，手先从身体的一侧抬起，到高于腰部后，再向下摆去，使前臂与上臂成一条斜线。

课堂互动

引领手势练习

两人一组，一人做引领者，一人当客人。引领者引领客人到会议室就座，行进途中要运用横摆式、直臂式、曲臂式、斜摆式等手势来引领指示方向。

六、表情

表情是仪态的重要组成部分，在千变万化的表情中，微笑和眼神是最具有礼仪功能和表现力的。

（一）微笑

微笑是世界上最动人的语言之一。微笑能照亮所有看到它的人，像穿过乌云的太阳，带给人们温暖。微笑同样也是商务领域最流行、最通用的语言之一。相逢一笑，能够拉近彼此间的距离，增进友谊，化解矛盾。微笑是自信的象征，是礼貌的表示，是友好的反映，更是快乐心情的表露。每一位商务人士都要善于运用微笑。

微笑虽美，但也不可乱用，应注意以下3项礼仪要求。

1. 诚挚大方

微笑一定要诚挚、自然、大方，切不可故作笑颜、假意逢迎。故作笑颜会给人一种虚伪感，效果会适得其反。

2. 恰如其分

微笑一定要用得恰如其分，不可过度、过频。尤其是异性之间更应注意，否则会引起对方的反感，甚至造成误会。商务人士在工作中要拿捏好微笑的度。微笑有一度微笑、二度微笑、三度微笑之分。

- 一度微笑：嘴角微微翘起，通常不露牙齿，自然微笑，表示友好情绪，适用于初次见面或不太熟悉的人之间。

- 二度微笑：嘴角明显上扬，两颊肌肉较明显舒展，通常露出4～6颗牙齿，具有亲切之感，适用于朋友、同事之间的日常交往。

- 三度微笑：嘴角大幅上扬，两颊肌肉明显向两侧推展，露出6～8颗牙齿。这种微笑比较灿烂，适用于表达高兴、愉快的心情，以及表达亲密、亲近的情绪，或表示非常感谢。

3. 修正不雅笑姿

微笑使人感到体贴和亲近，尤其是女性的微笑，犹如桃花初绽，涟漪乍起，给人温馨甜美的感觉。商务人士要保持端庄优雅的笑姿，修正不雅笑姿。如扯起一端嘴角的微笑，易让人感觉虚伪；哼着鼻子的冷笑，使人感到阴沉；缩着头捂着嘴笑，给人留下不大方的印象。

小故事

12次微笑

（二）眼神

俗话说"眼睛是心灵的窗户"，眼睛是人体传递信息最有效的器官之一，能够传递明显、准确的交际信号。信息的交流要以目光的交流为起点，正确地运用目光，能恰当地表现出内心的情感。

在人际交往中，恰到好处的目光应该是自然、稳重、柔和的，不能死盯着对方某一部位，也不能不停地在对方身上扫视。在许多文化背景中，长时间地注视或上下打量对方，都是失礼的行为。标准注视时间是交谈时间的30%～60%。超过60%属于超时型注视，这一般是失礼的。低于30%属于低时型注视，表明个人内心自卑，或企图掩饰，或对对方和话题都不感兴趣。

交往对象之间的关系有亲疏之分，目光注视的范围相应有所不同。一般来说，目光的注视区域主要有以下3种。

1. 公务注视区域

公务注视区域，也称为"正视三角区"，这是人们在进行业务洽谈、商务谈判、布置任务等谈话时采用的注视区间，其范围一般是：以两眼为底线、以前额上部为顶点所连接成的三角区域。注视这一部位能营造严肃认真、居高临下的效果，所以在贸易谈判时，希望掌握谈话主动权和控制权的一方通常会注视此范围。

2. 社交注视区域

社交注视区域，也称"亲和三角区"。这一区域主要是指对方两眼以下、下颌以上所形成的倒三角区域。注视这一区域会显得亲切友好，有利于创造良好的社交氛围。在这样的氛围下，谈话者会感到轻松自在，能自由地发表观点和见解。社交注视区域适用于大多数社交场合。

3. 亲密注视区域

案例研讨

体态不雅，
赖账挨打

亲密注视区域，也称"亲密三角区"。具有亲密关系的人在交谈时会注视对方双眼至胸部的三角区域。如果关系更进一步，注视的范围会扩大为对方的眼睛至胯部的区域，比如情侣间的对视。

素养课堂

南开四十字镜箴

"面必净，发必理。衣必整，纽必结。头容正，肩容平。胸容宽，背容直。气质勿傲勿暴勿怠，颜色宜和宜静宜庄。"这是著名的南开四十字镜箴。这是由著名教育家、南开体系创建人张伯苓订立的。南开体系的各所学校在重要通道处都设有大镜子，提醒过往的师生随时注意仪容仪表，这些镜子上都镌刻有这段镜箴。镜箴要求南开学子拥有整洁合适、积极向上的仪容仪表及平和、宽仁的处世态度，提醒学生修身养性，提高自身的道德情操。每逢开学时节，新生们都会被要求背诵镜箴，不忘张伯苓校长的谆谆教诲。

思考：请从个人形象礼仪的角度，谈谈你对四十字镜箴的理解。

拓展阅读

常用的礼服

项目自测2

项目三 商务会面礼仪：规范言行，建立良好第一印象

学习目标

知识目标

• 掌握商务会面时的称呼、握手、介绍、递接名片的基本礼仪知识。

能力目标

• 能准确地与商务交往对象打招呼。
• 能按规范与商务交往对象握手。
• 能按规范进行自我介绍、介绍他人及介绍集体。
• 能按规范递送和接收名片。

素质目标

• 树立礼仪意识，规范日常行为，养成文明习惯。
• 树立文化自信，激发爱国主义情感。

案例引入

如此会面

某企业的李经理为了采购新的生产线，决定前往其中一个供应商处实地考察。李经理在约定的时间到达供应商处，拜访营销部王经理。到达办公室后，王经理正在收拾杂物。李经理自报家门后，王经理非常热情地伸出沾满灰尘的手与李经理握手，而后伸出右手食指指着旁边的沙发，说："请坐。"李经理从公文包里拿出自己的名片，双手递交给王经理，说："王经理，这是我的名片，还请多多关照。"王经理用右手接过名片，随手放到自己的办公桌上，而后从裤子口袋里拿出自己的名片，单手递给李经理，说："这是我的名片。"接着他坐在沙发上跷起了二郎腿，而且两腿不停地抖动。20多分钟后会谈结束，李经理告辞，并且暗下决定，不在这家供应商处采购生产线。

评析： 会面是人与人交往的开始，初次见面时恰当的礼节是商务人士给交往对象留下良好的第一印象的重要因素，是商务活动取得成功的重要保证。显然，案例中的王经理在这次会面中，违反了商务会面的基本礼仪，给对方留下了糟糕的印象，从而影响了商务合作。

任务一：称呼与握手礼仪

情境任务

假设你是一家公司的销售代表，在一场商务会议中遇到了多位熟悉的业务伙伴，你热情地走上前与大家打招呼，并握手致意。

请分组模拟以上情境，要做到准确称呼他人，握手时还要注意力度和方式，以展示你的自信和礼貌。

知识解析

一、称呼礼仪

称呼指的是人们在日常交往之中，所采用的称谓语。在人际交往中，选择正确、适当的称呼，反映了自身的教养、对对方尊敬的程度，甚至还体现了双方关系发展所达到的程度和社会的风尚，因此称呼不能随便乱用。

恰当地使用称呼，是商务交往顺利进行的第一步。商务活动中的称呼要庄重、正式、规范。一句得体的称呼，既能引起对方的注意，也能拉近双方的距离。

（一）常用称呼

1. 职务性称呼

以对方的行政职务相称，以示身份有别、敬意有加，这是常见的一种称呼方法。这种称呼具体来说分3种情况。

- 只称职务，如董事长、总经理。
- 在职务前加姓氏，如李市长、张董事长、王校长。
- 在职务前加姓名，适用于正式的场合，如张××市长。

2. 职称性称呼

对于有专业技术职称的人，可用职称相称。

- 只称职称，如教授、工程师。
- 在职称前加姓氏，如吴教授、刘工程师（可简称"刘工"）。
- 在职称前加姓名，适用于正式场合，如杨××教授、谢××工程师。

3. 学衔性称呼

在一些学术场合，可以学衔作为称呼，以示对对方学术水平的认可。如可单独称"博士"，也可在这类称呼前冠以姓氏或姓名。

4. 行业性称呼

在工作中，若不了解交往对象的具体职务、职称、学衔，不妨直接以其所在行业的职业性称呼相称，如老师、律师、教练、会计、医生、乘务员等。在这类称呼前，也可加上姓氏或姓名。

5. 姓名性称呼

称呼姓名，一般限于同事、熟人之间，大致有以下3种情况。

- 直呼其名。
- 只称其姓，在姓前加上"老""大""小"等前缀。
- 只称其名，不称其姓，如上司称呼下级、长辈称呼晚辈，在亲友、同学、邻里之间，也可使用这种称呼。

6. 泛尊称

泛尊称指的是"先生""女士""小姐""同志"等可以广泛使用的尊称。如果知道对方的姓氏，可以在这些泛尊称的前面加上对方的姓，如"张先生""李女士"等。

（二）称呼的礼仪规范

1. 读准对方的姓氏或姓名

把别人的名字叫错是很不礼貌的事情，而中国的一些姓氏，如仇、华、查等，很容易被误读。为了避免这种情况的发生，对于不认识的字，事先要有所准备；如果临时遇到，要谦虚请教。

2. 职务就高不就低

所谓职务就高不就低，意思是称呼别人的职务时，尽量往"高"里叫，而不要把别人的职务叫"低"了。特别是那些带有"副"字头衔的职务，比如将李副总称为"李总"，将张副经理称为"张经理"。

3. 称呼要入乡随俗

有些称呼具有一定的地域性，比如，北京人爱称人"师傅"，山东人爱称人"伙计"，中国人把配偶、孩子经常称为"爱人""小鬼"。但是，在部分南方人听来，"师傅"一般表示"出家人"，"伙计"一般表示"打工仔"。而外国人可能将"爱人"理解为进行"婚外恋"的"第三者"，将"小鬼"理解为"鬼怪""精灵"，可见其中差异太大了。因此，我们要入乡随俗，尽量避免使用引起对方误会的称呼。

4. 不知如何称呼时，可用"您好"开头

有时候，我们搞不清楚应该如何称呼对方，这时一定不要说"喂"，用"您好"开头是一种技巧。比如，坐飞机时，你想向空姐要一杯白开水，直接称呼对方"空姐"显然不合适，这时候你可以直接用"您好"来开启你们之间的对话。

小故事

"五里"的教训

（三）称呼礼仪的技巧

称呼礼仪除要遵循礼貌、恰当的原则外，还要注意以下几个技巧。

1. 记住对方的姓名

在交际中，最明显、最简单、最重要、最能得到好感的方法，就是记住对方的姓名。商务场合，记住并准确地称呼对方的姓名，会让对方感到亲切自然，易缩短双方的心理距离。否则，即使对有过交往的熟人，如果将不同的姓名张冠李戴，双方也会因此生疏起来。

小故事

记住他人的姓名是一种能力

2. 把握好称呼的分寸

考虑如何称呼时，对于陌生人，要采用循序渐进的方法，而对于熟悉的人，一定要掌握好称呼的分寸。当我们遇到不熟悉的人时，千万不要急着和对方称兄道弟，"哥""姐"的称呼此时并不恰当。当与对方打交道的次数增多了，越熟悉越要彼此尊重，不要因熟悉而忽略了对对方的称呼。需注意的是，在正式商务场合，如果对方是有职务的，一定要称呼对方的"姓+职务"，尤其在有其他人在场的情况下。记住，不要认为已经是熟人了，就可以随意称呼他人。

二、握手礼仪

握手是人们在日常的社会交往中常见的礼节，是沟通思想、交流感情、增进友谊的重要方式，是现代交际和应酬的礼仪之一。关于握手礼的起源有多种说法。其中一种说法认为，握手礼起源于远古时代。那时人们主要以打猎为

握手礼仪

生，手中常持有棍棒或石块作为防卫武器，当人们相遇并且希望表达友好之意时，必须先放下手中的武器，然后相互触碰对方的手心，用这个动作说明："我手中没有武器，我愿意向你表示友好，与你成为朋友。"随着时间的推移，这种表示友好的方式被沿袭下来，成为今天的握手礼，并被世界上大多数国家所接受。总之，握手礼作为一种和平的象征，表示交际双方希望传达亲善和友好。

握手既可以作为见面、告辞、和解时的礼节，也可以用于表示祝贺、感谢或相互鼓励。

（一）握手的正确方式

1. 起身站立

在他人面前起身站立，含有对对方的恭敬之意。因此，在与别人握手时，均应起身站立，上身稍前倾，两腿立正，以示尊重。

2. 使用右手

右手四指并齐、拇指张开向受礼者伸出，在齐腰的高度与对方相握，礼毕即松开。用左手与别人握手，被认为是不礼貌的，即便是习惯使用左手的人，也必须用右手来握手，这是国际上普遍适用的原则。

3. 手位正确

同别人握手时，手位应当力求正确无误。标准的做法是：握手的双方相互握住对方右手除拇指之外的其他四根手指。仅仅握住对方手指的指尖，或者握住对方的整个手掌，或者握对方的手腕，都是失当的。很多男士在与女士握手时只握四指，以示尊重，但这种握手方式已不符合如今的礼仪规范。

4. 时间恰当

握手的时间不宜过长或过短，两手交握3～4秒，上下晃动2次是较为合适的。一触即把手收回，有失大方；握着他人的手不放则会引起对方的尴尬。

5. 力量适度

握手的力度能够反映出人的性格。太大的力度会显得人鲁莽有余、稳重不足；力度太小又显得有气无力、缺乏生机。因此，建议将握手的力度把握在使对方感觉到自己稍有用力即可。

6. 神态友好

与别人握手时，两眼凝视对方，面带微笑，可表达出你的温和友善。在握手的过程中，假如你的眼神游离不定，他人会对你的心理稳定性产生怀疑，甚至认为你不够尊重自己。

7. 稍做寒暄

与别人握手时，可与对方交谈片刻，要么是问候对方，要么是叙家常。如果一言不发，可能导致冷场。

（二）握手的顺序

握手时最重要的是要知道应当由谁先伸手。比如，两个陌生人被介绍认识时，需不需要握手，由那位在介绍中占优先地位的人来决定，即"位尊者有决定权"，遵照"先高后低、先长后幼、先主后宾、先女后男"的原则。双方握手时，应由地位较高者先伸出手，地位较低者若先伸出手，则是失礼的表现。具体而言，长辈与晚辈握手时，应由长辈先伸手；老师与学生握手时，应由老师先伸手；女士与男士握手时，应由女士先伸手；职务高者与职务低者握手时，应由职务高者先伸手。

当客人与主人握手时，情况则较为特殊。客人抵达时，应由主人先伸手，表示对客人的欢迎；而当客人告辞时，则应由客人先伸手，请主人就此留步。

需注意的是，在平常的社交场合，女士与男士握手时，应由女士先伸手。但在商务活动中，性别被放在次要的位置，讲求的是男女平等，以便平等互利地进行商务交流。如果男士与女士存在上下级关系，那么男士作为上级先伸手，也是符合礼仪规范的。

如果一个人需要与数人一一握手，其合乎礼仪的顺序有二：一是由尊而卑依次进行，适用于握手对象地位尊卑较为明显之时；二是由近而远依次进行，适用于握手对象地位的尊卑不甚明显或者难以区分之时。

课堂互动

1. 如果甲公司一位女职员去乙公司见一位男经理，请问谁先伸手？
2. 如果甲公司一位女职员在舞会上遇见乙公司的一位男经理，请问谁先伸手？

（三）握手的禁忌

1. 忌戴着手套

在社交活动中，只有女士可以戴着薄纱手套与别人握手。

2. 忌戴着墨镜

戴着墨镜与别人打交道，通常被视为具有拉开距离之意。唯有眼部患病或存在缺陷者，才可以那么做。

3. 忌以手插兜

与别人握手时，另外一只手不仅应当空着，而且应当在身体的一侧自然垂放。要是一手插入衣兜之内与人握手，容易给人造成过分随便的印象。

4. 忌掌心向下

伸出手与人相握时，假如掌心向下，通常会给人居高临下之感；如果掌心向上，表示待人谦恭；如果掌心垂直于地面，则表示待人平等。

5. 忌滥用双手

只有在与亲朋故旧相见时，方可以双手与对方相握。与初识者握手时，尤其当对方为异性时，以双手与其相握是不合适的。

6. 忌跨着门槛

在握手时，双方不要一边握手一边走动，尤其是不要跨着门槛、一只脚在门内一只脚在门外与别人握手。

7. 忌交叉握手

交叉握手是指在多人同时握手时，由于站立位置或握手顺序不当，两人的手臂交叉。交叉握手是严重的失礼行为，为避免这一情况出现，在多人握手时，应按照一定的顺序一一握手。

任务二：介绍与名片礼仪

情境任务

假设你是一家公司的销售经理，你所在的行业正在举办一场商务联谊活动，旨在促进各公司之间的交流与合作。你在活动期间，积极寻找机会认识其他与会人员，通过简短而有吸引力的介绍，引起他人注意，并询问他们的姓名及所属公司，然后互相交换名片。在适当的时候你要将对方介绍给在场的同事。

请分组模拟以上情境，在介绍时，要注意介绍的方式和顺序，并保持自信和礼貌。交换名片时，需要遵守相应的礼仪规范，体现出良好的专业素养。

知识解析

一、介绍礼仪

介绍是指通过自己主动沟通或通过第三人从中沟通，从而使交往双方相互认识、建立联系的一种社交方式。介绍是人际沟通的出发点，按照介绍者的不同，介绍通常分为自我介绍、他人介绍和集体介绍3种基本类型。

介绍礼仪

（一）自我介绍

自我介绍，是指在社会交往及商务场合中，由自己担任介绍者的角色，将自己的基本情况介绍给其他人，使对方认识自己的行为过程。一般来说，商务聚会、求职等场合需要做自我介绍。

1. 自我介绍的相关礼仪

自我介绍直接关系给别人的第一印象，具有首因效应，即人与人第一次交往中给人留下

的印象，在对方的头脑中形成并占据主导地位的效应。自我介绍时应注意以下几点。

① 自信大方

一般人对有自信心的人容易产生好感。相反，如果你在自我介绍时胆怯、紧张、不敢抬头、目光斜视等，可能会使对方对你有所保留，使彼此之间的沟通产生阻碍。不过，也不要在自我介绍时，自吹自擂、夸大其词，这容易引起他人的反感。因此，在进行自我介绍时，用语一般要留有余地，"很""最""第一"等词要慎用。"工作能力特别强""非常优秀"等说法自己还是不说为妙，留待别人评价，效果往往会更好。

② 注意时机

在以下场合，有必要进行适当的自我介绍：在社交场合，与不相识者相处时；打算介入陌生人组成的交际圈时；初次前往他人的居所、办公室登门拜访时；前往陌生单位进行业务联系时；有求于人，而对方对自己不甚了解或一无所知时；与他人不期而遇，并且有必要与之接触时；因业务需要，在公共场合进行业务推广时；初次利用大众传媒向社会公众进行自我推荐、自我宣传时；应聘求职时……一般来说，干扰较少时、对方有兴趣时、初次见面时，都适合进行自我介绍。

③ 巧解名字

自我介绍时，精彩的名字介绍能让别人记忆深刻。因此，在介绍自己的名字时可以适当使用技巧或方法，如采用适当的自嘲或幽默介绍法，常常会收到意想不到的效果。比如，"我叫鲁星，'山东明星'""我叫苏丹晓，不是苏丹红，前两个字都一样，只是最后一个字是'拂晓'的'晓'"。总之，名字有多种介绍技巧，如何诠释得好，需要多多琢磨。每个人都可以不断挖掘让他人记住自己名字的最佳方式。

小故事

自嘲式的
自我介绍

2. 自我介绍的方式及内容

在商务会面中，常见的自我介绍的方式及内容包括以下几种。

① 应酬式自我介绍

应酬式自我介绍适用于公共商务场合（如旅途、宴会或舞会等）中的一般性接触，对方属于泛泛之交或已打过照面的人，进行自我介绍是为了让对方确认自己的身份。此种自我介绍内容要少而精，一般只要告知对方自己的姓名就行了。例如，"你好，我叫张三。"

② 工作式自我介绍

工作式自我介绍适用于工作场所，以工作为自我介绍的中心，因工作而交际，因工作而交友，故又被称为公务式自我介绍。其所介绍的内容包括本人姓名、供职的单位及部门、担任的职务或从事的具体工作等。例如，"你好，我叫张三，是××公司的人力资源部经理。"

③ 交流式自我介绍

交流式自我介绍适用于商务活动，是一种刻意寻求与交往对象进行交流与沟通，希望对方认识自己、了解自己、与自己建立联系的自我介绍，故也叫商务式自我介绍或沟通式自我介绍。其介绍的内容包括姓名、工作、籍贯、学历、兴趣以及与交往对象的某些熟人的关系等，以使对方对自己留下深刻的印象。例如，"你好，我叫张三，在××公司工作，我和你们部门的李四是老乡，我们都是湖南人。"

④ 礼仪式自我介绍

礼仪式自我介绍适用于讲座、报告、演出、庆典、仪式等正规而隆重的场合，是一种对交往对象表示友好、敬意的自我介绍。其介绍的内容包括姓名、单位、职务等，在其中还应加入一些适宜的谦辞、敬语，以示自己礼待交往的对象。例如，"女士们，先生们，大家好！我叫张三，是××公司的人力资源部经理。我谨代表本公司热烈欢迎各位来宾莅临指导，谢谢大家。"

⑤ 问答式自我介绍

问答式自我介绍适用于应试、应聘和公务交往。其介绍的内容主要根据对方的问题来定，问什么答什么，有问有答。

🔧 课堂互动

自我介绍

请同学们为自己准备一份自我介绍，并在课堂上展示，展示结束后同学们选出印象最深刻的自我介绍。自我介绍的要求如下。

1. 时间在一分钟以内；

2. 脱稿、熟练、流利、自然；

3. 普通话标准、音量适中；

4. 服装得体、动作大方、表情丰富；

5. 内容生动、形式活泼、别具一格；

6. 介绍流程清晰（可自选、自定）：称谓—问候—名字—班级—籍贯—个性—爱好—其他—祝福—致谢。

（二）他人介绍

他人介绍是指经第三者为彼此不相识的双方引见、介绍的一种双向的介绍方式；也有单向的介绍方式，即只将被介绍者中的某一方介绍给另一方。他人介绍架起了陌生人间相互了解的桥梁。

1. 他人介绍中的介绍者

通常由具有以下身份者在他人介绍中充当介绍者。

① 商务活动中的东道主。

② 商务活动中地位、身份较高者。

③ 商务交往中的专职人员。

④ 家庭聚会中的女主人。

⑤ 熟悉被介绍双方的人。

⑥ 应被介绍者一方或双方要求的人。

2. 介绍他人时的姿势

作为介绍者，无论介绍哪一方，手势动作都应文雅。介绍他人时应用右手，掌心朝上，四指并拢，拇指张开，胳膊略向外伸，指向被介绍的一方，并向另一方点头微笑，手臂与身体呈50°～60°。在介绍一方时，应微笑着用自己的视线把另一方的注意力引导过来。介绍时态度应热情友好，语言清晰明快。

3. 介绍他人的时机

① 在办公地点或家中接待来访而又彼此不相识的客人。

② 陪同上司、长者、来宾、同事、家人时，遇见其不相识者，而对方又跟自己打了招呼。

③ 陪同亲友或同事前去拜访其不相识者。

④ 打算推介某人加入某一交际圈。

⑤ 接受介绍他人的邀请。

4. 介绍他人的顺序

介绍他人时，介绍的先后顺序有讲究，必须遵守"位尊者有优先知情权"的原则，即介绍他人前，要确定双方地位的尊卑，然后先介绍地位较低者，后介绍地位较高者，这样可使地位较高者优先了解地位较低者的情况，是对地位较高者的尊重。

具体情况如下：介绍年长者与年幼者相识时，先介绍年幼者，后介绍年长者；介绍职位高者与职位低者相识时，先介绍职位低者，后介绍职位高者；介绍女士与男士相识时，先介绍男士，后介绍女士；介绍已婚者与未婚者相识时，先介绍未婚者，后介绍已婚者；介绍同事、朋友与家人相识时，先介绍家人，后介绍同事、朋友；介绍客人与主人相识时，先介绍主人，后介绍客人；介绍先到者与后到者相识时，先介绍后到者，后介绍先到者。

5. 介绍的方式及内容

常用的介绍方式有以下4种。

① 标准式

标准式即将双方的单位、职务、专业与姓名一并道来，适用于正式场合。例如，"我来给两位介绍一下。这位是A公司人力资源部经理张三，这位是B公司的销售部经理李四。"

②简介式

简介式即只提及双方的姓名或者姓氏，其他内容则留待被介绍者自己介绍，适用于一般场合。例如，"我来介绍一下，这是老王，这是小张。"

③强调式

强调式即为了加深被介绍者双方之间的印象，而对其中的一方或者双方的某一方面的情况加以特别介绍，适用于各种场合。例如，"这位是A公司人力资源部经理张三。这位是B公司销售部经理李四，他可是管理方面的专业人士，是××学校的工商管理硕士，还是全市的十佳杰出青年。"

④引见式

介绍者只需要将双方引导到一起，不需要表达任何实质性内容，适用于一般场合。例如，"两位可都是××学校毕业的，还是同级的校友呢，你们互相认识一下吧。"

6. 他人介绍时的应对

① 介绍者在介绍被介绍者之前，要征求一下被介绍双方的意见。在开始介绍时还应再打一下招呼，切勿开口就介绍，使被介绍者措手不及。

② 当介绍者开始介绍被介绍者时，被介绍双方应正面站立，面带微笑，大方地注视介绍者或对方，神态庄重、专注。

③ 介绍完毕，被介绍双方应依照合乎礼仪的顺序进行握手，并彼此问候。必要时，还可进行进一步的自我介绍。

📑⚙ 课堂互动

自我介绍与他人介绍

　　4人一组，每组选定一个场景，如办公室、会议室、演讲现场、宴会现场等公共场合，进行自我介绍与他人介绍时情境的模拟。

　　具体要求如下。

　　1. 每组成员拟定角色，依据介绍的礼仪规范分别模拟自我介绍与他人介绍。

　　2. 各组互评，指出介绍过程中是否存在不妥之处。

（三）集体介绍

集体介绍是他人介绍的一种特殊形式。它指的是由介绍者为两个集体之间或者个人与集体之间所做的介绍。

1. 集体介绍的基本顺序

①集体间相互介绍时，应按"先卑后尊"的规则进行介绍。

② 在介绍其中一方时，则应当按由尊至卑的顺序进行介绍。

2. 集体介绍的具体规则

集体介绍可比照上文基本顺序进行，如果难以参照，则可参考下述具体规则进行介绍。

① 少数礼让多数。当被介绍的双方地位、身份大致相似，或者难以确定其地位、身份时，应当使人数较少的一方礼让人数较多的一方，即先介绍人数较少的一方，后介绍人数较多的一方。

② 当被介绍双方的地位、身份存在明显的差异，地位、身份明显高者为一个人或人数少的一方时，应先向其介绍人数多的一方，再介绍地位、身份高的一方。

③ 被介绍双方均为多人时，应先介绍位卑的一方，后介绍位尊的一方；先介绍主方，后介绍客方。介绍各方人员时，则应由尊至卑，依次介绍。

④ 当被介绍者是多方时，应根据合乎礼仪的顺序，确定各方的尊卑，由尊至卑，按顺序介绍各方。如果需要介绍各方成员时，也应按由尊至卑的顺序依次介绍。

二、名片礼仪

名片是商务人士重要的交际工具，是个人身份的代表。名片不仅是社交场合的联络卡，也代表着商务人士的职业形象。虽然现在已有越来越多的社交媒体或多或少地起到了名片的作用，名片的使用也有所减少，但是在商务交往中，名片依旧不可或缺。一张小小的名片，一个交换名片的动作，能透露出内在的修养与内涵。因此，名片的递送、接收等也要合乎礼仪规范。

（一）携带名片

我们在参加正式的商务活动之前，都应随身携带自己的名片，以备交往之用。携带名片应注意3点。

1. 足量适用

参加社交活动时携带的名片一定要数量充足，确保够用。所带名片要分门别类，有时还需要根据不同交往对象，携带不同的名片。

2. 完好无损

名片要保持干净整洁，切不可出现折痕、破损、污损、涂改的情况。

3. 放置到位

名片应统一置于名片夹、公文包或上衣口袋之内，在办公室时可置于名片架或办公桌内。切不可随便将名片放在钱包、裤袋之内。放置名片的位置要固定，以免需要名片时东找西寻，显得毫无准备而失礼于人。

（二）递送名片

将本人的名片递送给他人时，通常要注意以下几个要点。

1. 观察意愿

除非自己想主动与人结识，否则名片务必要在交往双方均有结识对方并欲建立联系的意愿的前提下递送。这种意愿往往会通过"幸会""认识你很高兴"等谦语以及表情、体态等非语言符号体现出来。如果双方或一方并没有这种意愿，则无须发送名片，否则会有故意炫耀之嫌。

2. 把握时机

递送名片要掌握适宜的时机，只有在确有必要时递送名片，才会令名片发挥功效。递送名片一般应选择初识之际或分别之时，不宜过早或过迟。不要在用餐、看剧、跳舞之时递送名片，也不要在大庭广众之下向多位陌生人递送名片。

一般来说，遇到以下情况需要将自己的名片递送他人，或与对方交换名片。

① 希望认识对方。

② 被介绍给对方。

③ 对方向自己索要名片。

④ 对方提议交换名片。

⑤ 打算获得对方的名片。

⑥ 初次登门拜访对方。

⑦ 通知对方自己的信息变更情况。

3. 讲究顺序

双方交换名片时，应当遵守"尊者居后"的原则，即首先由位低者向位高者递送名片，再由后者递送名片给前者。但在多人之间递送名片时，不宜以地位高低决定递送顺序，切勿跳跃式递送，甚至遗漏其中某些人。最佳方法是由近至远、按顺时针或逆时针依次递送。

4. 表现恭敬

将名片递送给他人时，态度要恭敬。递名片时，应起身站立，走上前去，上身稍稍前倾，双手捏着名片的两个上角，举至胸前，把名片信息正对着对方，递送过去。这样做，会让对方感到自己很受尊敬。

5. 语言提示

将自己的名片递送给别人时，一言不发是极不礼貌的。按照常规，在递送本人名片的同时，应当面含微笑，并略道谦恭之语，可以说"请多关照""请多指教""希望今后保持联系"等。

（三）接收名片

接收他人递送过来的名片时，也应遵守相关的礼仪规范。

1. 态度谦和

接收他人名片时，不论有多忙，都要暂停手中的事情，并起身站立相迎，面含微笑，双手接过名片。

2. 认真阅读

接过名片后，先向对方致谢，然后要将名片上的信息从头至尾默读一遍，遇有显示对方职务、头衔时不妨轻读出声，以示尊重和敬佩。若对对方名片上的内容有不明之处，可当场请教对方。

3. 精心存放

接收他人名片后，切勿将其随意乱丢乱放、乱揉乱折，而应将其谨慎地置于名片夹、公文包、办公桌或上衣口袋之内，且应与本人名片区别放置。

4. 有来有往

接收了他人的名片后，应当即刻回给对方一张自己的名片。没有名片、名片用完了或者忘了带名片时，应向对方做出合理解释并致以歉意，切莫毫无反应。

（四）索取名片

依照惯例，通常情况下最好不要直接开口向他人索取名片。但若想主动结识对方或者有其他原因有必要向对方索取名片时，可采取以下方法。

1. 互换法

互换法即以名片换名片。在主动递上自己的名片后，对方按常理会回给自己一张他的名片。如果担心对方不回送，可在递上名片时明言："能否有幸与您交换一下名片？"

2. 谦恭法

谦恭法要讲究对象，一般向有地位、有身份的人或者长辈索取名片时，可采取这种方法。

3. 平等法

和与自己年龄、职位等相当者交往并想获取对方的名片时，可直接询问："不知以后如何与你联系？"这样做即便遭到对方的拒绝，也不至于令自己过分尴尬。

案例研讨

无心之失

📖🔍 **素养课堂**

行作揖礼，展民族风采

"文明古国，礼仪之邦"，中华民族自古以来素以礼仪著称于世。作揖礼，作为中国传统的见面行礼方式之一，躬身一揖，体现着中国人自谦而敬人的品格特质。

作揖礼看似简单，其实背后有着深厚的文化内涵和丰富的细节。请同学们4人一组，搜集资料，学习中国古代的作揖礼，并在课堂上进行分组展示。

思考： 作揖礼背后蕴含了哪些中华传统礼仪文化思想？作揖礼如何体现中国人"自谦而敬人"的品格特质？

<table>
<tr><td>拓展阅读
中国传统称谓
礼仪文化</td><td>项目自测3</td></tr>
</table>

项目四 日常事务礼仪：律己敬人，掌握社交分寸

学习目标

知识目标

· 了解商务活动中接待礼仪、拜访礼仪的基本知识。

· 掌握商务接待中的礼宾次序、座次礼仪。

· 掌握商务拜访的正确步骤及方法。

能力目标

· 能在商务接待中引领宾客、合理安排礼宾次序。

· 能进行有成效的商务拜访，给客户留下好印象，推进商务活动顺利开展。

素质目标

· 树立积极乐观、与人为善的价值观。

· 培养良好的社交行为，构建融洽的社交关系。

案例引入

不可不重视的乘车礼仪

某公司的王先生年轻肯干，很快引起了总经理的注意，总经理拟提拔他为营销部经理。为慎重起见，总经理决定对王先生再进行一次考查。恰巧总经理要去省城参加一个商品交易会，需要带两名助手，总经理选择了公关部的杜经理和王先生。王先生非常看重这次机会，也想趁机好好表现一下。

出发前，由于司机小李乘火车先行到省城安排一些事务，尚未回来，所以他们临时改为搭乘董事长驾驶的轿车一同前往。上车时，王先生很麻利地打开了前车门，坐在驾车的董事长旁边的位置上。董事长看了他一眼，但王先生并没有在意。

出发后，董事长很少说话，总经理好像也没有说话的兴致，似乎在闭目养神。为了活跃气氛，王先生说："董事长驾车的技术不错，有机会也教教我们，如果都能自己开车，办事效率肯定会更高。"董事长专注地开车，不置可否，总经理也无应和，王先生感到无趣，便也不再说话。一路上，除了董事长向总经理询问了几件事，总经理简单地回答后，车内再也无人说话。到达省城后，王先生悄悄地问杜经理："董事长和总经理好像都有点不太高兴。"杜经理告诉他原委，他才恍然大悟："噢，原来如此。"

会后从省城返回，轿车改由司机小李驾驶，杜经理由于还有些事需要处理，需在省城多住一天，同车返回的还是4人。王先生想，这次不能再犯类似的错误了。于是，他打开前车门，请总经理上车。总经理坚持要与董事长一起坐在后排，王先生诚恳地说："总经理您如果不坐前面，就是不肯原谅来时我的失礼之处。"并坚持让总经理坐在前排才肯上车。

回到公司后，同事们知道王先生这次是同董事长、总经理一起出差，猜测公司肯定提拔王先生，都纷纷向他祝贺，然而，提拔之事却一直没有人提及。

评析：乘车礼仪是日常事务规范的一部分，它反映了一个人的教养和对他人的尊重，遵守乘车礼仪有助于建立良好的个人形象。遵循乘车礼仪，可以传递出明确的身份和地位信息，有助于在特定场合维护秩序和层级关系。案例中的王先生，显然不懂得乘车礼仪，也因此失去了升职的机会。

（资料来源：王常红，孟文燕，秦承敏. 商务礼仪与职场处世[M]. 大连：东北财经大学出版社，2021. ）

任务一：商务接待礼仪

情境任务

假设你是一家初创科技公司的总经理助理，你的上司告诉你，有一位重要的潜在投资者，下周将到公司参观，并与公司进行商务洽谈。你的任务是安排和执行商务接待，确保投资者有愉快的体验，向其展示公司的潜力和价值。

请以小组为单位，拟定一份详细的接待方案。接待方案要求具体有序、分工明确、责任到人。

知识解析

商务接待是指建立在商业谈判或者商业合作基础上的迎来送往等具有服务性质的工作。商务接待是最常见的商务活动之一，在商务接待中，恰到好处地运用商务接待礼仪，能够体现自身的礼仪素养，并给来宾留下良好的印象，有助于商务交往的顺利进行。

一、充分准备

充分准备在商务接待中是非常必要的。事先规划好接待流程和日程安排，可以提高商务接待的效率，节省时间。精心准备的接待，可以展示公司对客户的尊重，有助于树立良好的公司形象，为成功的商务合作奠定坚实的基础。

（一）掌握来宾信息

迎接来宾前，首先要了解来宾的基本信息，如单位、姓名、职务、性别、同行人数、到达时间和方式、来访目的、是否需要接送、是否用餐、是否留宿等。上述信息了解得越多、越具体，接待工作就能准备得越充分。

（二）明确接待规格

明确接待规格是接待活动中非常重要的一环。接待规格主要从场面的安排及主要陪同人员职位的角度进行区分，主要有同规格接待、高规格接待和低规格接待3种（见表4-1）。如果遇到特殊情况需做出解释，比如，相关接待人员因故不能出面；或身份不能完全对等时，应当由职务相当者出面接待，并向对方做出解释。

表4-1　接待规格

同规格接待	根据来访者的级别，安排相对应级别的人员接待，即主要陪同人员应与来访者职位相当。同规格接待是常用的接待方式
高规格接待	上级领导派人过来了解情况、传达意见或建议，或相关公司来商谈重要事情，或接待公司重要客户，主要陪同人员要比来访者的职位高，这是高规格接待。高规格接待表明对被接待一方的重视和友好
低规格接待	低规格接待指主要陪同人员比来访者的职位低的接待。比如，上级领导或主管部门领导或总公司领导到基层或子公司视察，接待者在级别上比来访者职位低，只能进行低规格接待

（三）布置接待环境

接待环境包括前台、会客室、办公室、走廊、楼梯等地方。接待环境应安静、整洁、明亮、舒适、无异味。可适当摆放花卉或绿色植物，使来宾一进门就有清静雅洁、身心愉悦的感觉。如果需要标语，则应提前张贴标语或准备好电子标语。

（四）安排接待人员

接待人员代表公司的形象，要求具有一定的文化素养、品貌端庄、举止大方、口齿清楚。接待来宾时一般应穿职业装，做到仪表整洁美观。如果接待重要客户或高级团体，对接待人员要进行培训，明确各接待人员的职责和分工，确保他们了解接待流程、客户信息和公司政策等。

（五）准备好相关材料

根据商务接待的目的和客户的需求，准备好充足的文件资料。如果是项目合作谈判，需要准备项目介绍书、合同草案、市场调研报告等。这些文件应该内容准确、格式规范、翻译精准（如果涉及跨国交流），并且要提前打印、装订好，按照会议流程和客户数量准备足够的份数。同时，还可以准备一些公司宣传册、产品样本等辅助资料，帮助客户更好地了解公司和产品。

二、迎客礼仪

在商务交往中，对事先约好的来宾，主人一方一般应派人恭候或组织欢迎仪式，欢迎来宾的到来。迎候来宾一般采用同规格接待，即迎宾人员与来宾的身份和人数相当。

（一）迎宾准备

对如约而来的客人，接待人员要表示热情、友好。对贵宾或远道而来的客人，接待人员要提前到达机场、码头、车站或其他约定地点迎候，以示尊重。

1. 确定迎宾地点

对于不同的来宾，迎宾地点往往有所不同。具体迎宾地点的选择要看对方的身份、双方的关系和自身的条件等。与公司有重要关系且身份较高的商务伙伴，确定需要举行迎宾仪式的，应该是在来宾乘坐的交通工具的停靠站，如机场、码头、火车站等地迎候；一般来宾则可在其临时下榻之处，如宾馆、饭店等地迎候；本地来宾可在主人的办公地点门外，如公司大楼门口、办公室门口、会客厅门口等地迎候。确定迎宾地点和仪式后，要尽快、准确地将相应信息告知来宾，以便其有所准备；迎宾仪式中如果安排了来宾讲话环节，也应事先准确告知来宾，以便其做好发言准备。

2. 确定迎宾时间

迎宾时间要事先由双方约定清楚，在主随客便的前提下，首先确认来宾正式到达的具体时间，然后向对方表示将派人前往迎候。到机场、车站、码头迎接重要来宾时，应预先核实飞机、车、船抵达的时间。迎宾人员必须在来宾下机、下车、下船之前到达机场、车站、码头等候来宾。对于一般来宾，则应估算好对方抵达宾馆、饭店或本公司迎宾地点的时间，迎宾人员应提前10～15分钟抵达迎宾地点，千万不能迟到或不到，否则会给来宾留下不良印象。

3. 准备接站标识

在往来人员众多的交通工具停靠站迎接素不相识的来宾时，要准备接站标识。接站标识以接站牌为佳，接站牌要正规、整洁，字迹要大而清晰，写上"迎接××先生""欢迎××单位来宾光临""××单位来宾接待处"等。注意，不要用白纸写黑字。

4. 安排接待车辆

根据来宾和迎宾人员的人数，以及行李数量安排好车辆。乘车座位安排应适当宽松，正常情况下，附加座一般不安排坐人。如果来宾行李数量较多，应该安排专门的行李车。如果有多辆迎宾车，出发前应明确行车顺序，并通知有关人员，以免行进中发生错位。

小故事

接待不周

（二）迎宾步骤

来宾抵达后，若宾主双方早已认识，双方直接行见面礼；若是初次见面，一般由迎宾人员或我方接待人员中身份最高者先将我方迎宾人员一一介绍给来宾，再由来宾中身份最高者将来宾按照一定顺序介绍给我方。

1. 问候来宾

接到来宾后，迎宾人员应当主动伸手与来宾热情相握，表示欢迎。握手时注视对方，微笑致意，并与之略做寒暄。比如，对初次见面者，可以说"您好，欢迎光临"，然后做简短的自我介绍。对熟识的客户，可以说"很高兴再次相见"等。

2. 代提行李

代提行李是一种重要的迎宾礼仪，它可以展示迎宾人员的礼貌和尊重，同时也可以让来宾感受到迎宾人员的热情和关怀。当来宾到达时，要主动代来宾提拿所带箱包、行李，但不要代背女宾随身小包。有些来宾可能更喜欢自己提拿行李，或者只需要帮助提拿部分行李，在这种情况下，应尊重来宾的意愿，不要强行提拿。

3. 引导乘车

提前准备好交通工具，引领来宾乘坐已准备好的车辆。特别要注意座次的礼仪，一般来说，座位的尊卑以座位的舒适程度和上下车的方便程度为标准。上车时，接待人员应主动帮来宾打开车门。下车时，接待人员应先下车，为来宾打开车门，请来宾下车。乘车时不要沉默不语，可以向来宾介绍本地风土人情、特色景观，或者告知来宾接下来的日程安排，并听取来宾意见。

（三）乘车礼仪

不管是接客还是送客，都需要用车。车内座位有尊卑之分，一般来说，轿车的尊卑顺序是：右高左低，后高前低。在实际的操作中，因车型不同和驾车者的变化，尊位又有所变化。

1. 乘坐双排五座的小轿车

如果是专职司机驾驶车辆，座次一般以后排右侧位置为尊，左侧次之，即与司机成对角线的后排位置为1号位，应安排主宾坐在此位置。因为这个位置相对比较安全，具有较好的视野，也方便上下车。后排左座为2号位，可安排给身份排名第二的客人。前排的副驾驶座为工作人员或接待人员的座位，因为坐在这个位置可以更方便地与司机交流、协助司机导航、接听电话、处理行程中的相关事务等，更好地为后排客人提供服务。专职司机驾车时的座次如图4-1所示。

如果是主人驾车，则上位为主人右侧的副驾驶座。主宾应坐在这个座位上，表示对主人的尊重，也可以与主人更方便地交谈。主人驾车时的座次如图4-2所示。

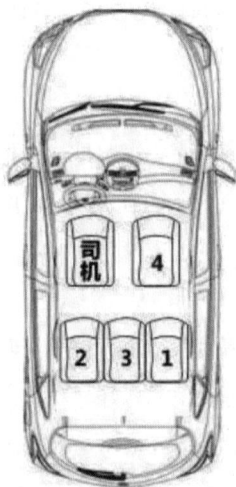

图4-1　专职司机驾车时的座次　　　图4-2　主人驾车时的座次

2. 乘坐三排七座商务车

商务车专职司机驾车，座次规则是中排为上，前排为下，右尊左卑。中排右侧为1号位、左侧为2号位（有时为了增强安全性、隐秘性，可让主宾在司机后面就座，即左侧为1号位，右侧为2号位）；后排右侧为3号位、左侧为4号位、中间为5号位；前排右侧为6号位，主方的接待人员或礼宾人员一般坐6号位。商务车专职司机驾车时的座次如图4-3所示。

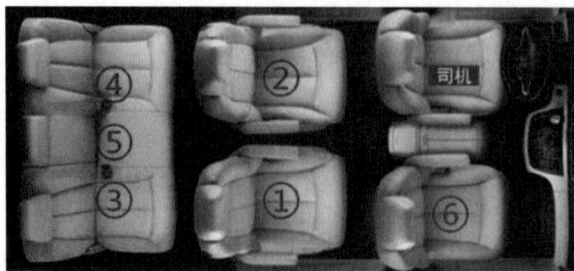

图4-3　商务车专职司机驾车时的座次

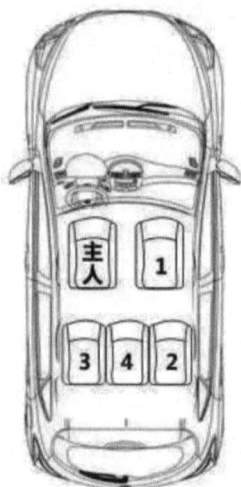

3. 乘坐中型客车

中型客车座次尊卑顺序一般是，前座尊于后座、右座尊于左座，距离前门越近，座次越尊。

（四）引导礼仪

引导礼仪是指在接待、陪同或引导来宾时遵循的一系列行为规范，旨在展示尊重、礼貌和专业。

1. 行进中

在宾主双方并排行进时，引导者应主动在外侧（靠近道路的一侧）行走，而请来宾行走于内侧（远离道路的一侧）。若3人并行时，通常中间的位次最高，内侧的位次居次，外侧的位次最低，宾主之位此时可酌情而定。在单行行进时，应由引导者行走在前，而使来宾行走于其后，以便由前者为后者带路。在引领中，礼貌的引导语伴以明确的引导手势，会让来宾感到贴心。如在进出门时，用横摆式或曲臂式手势示意，并配合说"请往里面走""请从这边出去"等。

2. 上下楼梯

上下楼梯时，上楼应该让来宾走在前面，引导者走在后面；下楼应该由引导者走在前面，来宾走在后面。上下楼梯时，引导者应该保证来宾的安全。注意，如果同行中的女士穿着短裙，上下楼梯均应让女士走在后面。

3. 出入电梯

如果是手扶电梯，引导者应请来宾先上电梯，自己随后跟上。所有人靠右侧站立，将左侧留给急行的人。快下电梯时，引导者可提醒来宾"小心脚下"。来宾下电梯后，引导者再下电梯，并继续引导。

如果出入的是无人操作的厢式电梯，引导者的标准做法是先入后出。因为一般来说，电梯外较电梯内安全，而且引导者先入后出，更方便操作电梯的开门键。具体做法是，在电梯门开后，引导者先进入电梯，并站在按键的位置，用一只手按住开门键，在来宾全部进入电梯后再关门；出电梯时，引导者按住电梯的开门键，待来宾都出电梯后，引导者再出来进行引导。

如果是有专人操作的厢式电梯，则引导者应后进先出。在实际应用引导礼仪时不能太教条，比如，在公共场合，电梯内人较多时，应请来宾先进，靠近电梯门的人先出。

4. 进入房间

到达会客室或办公室门前1～2米处，引导者应示意来宾停下，然后转身在门上轻敲数下，如果门是往内推的，则引导者推门先进，并在门侧后方扶门站立，用横摆式手势请来宾进入；如果门是往外拉的，则引导者拉开门并在门侧后方扶门，用曲臂式手势请来宾入内；如果是旋转门，引导者应迅速走过去，在另一边等候来宾。如果是与同级、同辈者同行，互相谦让一下非常有必要。引导者在引导时，无论进入哪一类型的门，都要做到"口""手"并用且运用到位，即运用手势的同时要说"您请""请走好""请小心"等提示语。此外，走在前面的人打开门后要为后面的人拉着门，后进的人应主动关门。

课堂互动

在引导来宾的过程中会遇到以下3种不同类型的门，应该如何处理进入的顺序呢？学生两人一组，分别扮演引导者和来宾，模拟引导进门的情景。

1. 引导进入朝里开的门。
2. 引导进入朝外开的门。
3. 引导进入旋转式的门。

三、会客礼仪

一般而言，在商务活动之中，会客的常规地点有办公室、会客室、接待室等。接待一般的来访者，可在自己的办公室进行。接待重要的客人，可选择专门用来待客的会客室。

（一）会客规范

会客过程中，关注细节、讲究礼仪规范，无疑会拉近彼此间的心理距离，建立和谐融洽的交往关系，取得事半功倍的效果。

1. 热情欢迎

当来宾到达时，应主动起身相迎，用眼神和微笑示意，并握手表示欢迎，向来宾展示友好和热情的态度。如果是初次见面，应进行简短的自我介绍。

2. 礼貌待客

在与来宾交流时，除了要使用常规礼貌用语外，先思后言、言而有据、随机应变、有幽默感等都是谈话不可缺少的技巧。从礼仪的角度来说，在与不太熟悉的客户交谈时，应当避免随意询问隐私问题。要对对方以礼相待，根据需要提供茶水、咖啡或饮料，确保饮品的品质和温度适宜，并随时补充。

3. 积极倾听

与来宾进行积极的沟通，倾听他们的观点和需求，并提供恰当的回应和建议。保持与来宾的目光接触，不要频频看表、打哈欠。尤其不要在招待重要来宾时，忙于处理其他事务，如打电话、发传真、批阅文件、寻找材料，或与其他同事交谈，等等。

（二）会客中的座次模式

中国民间在接待来宾时，一般会说"请上坐"，由此可见座次问题在接待工作中的重要性。处理这一问题时，一方面，注意把"上座"让给来宾就座；另一方面，在就座之时，为了表示对来宾的敬意，通常主人应请来宾先行就

会客中的座次
礼仪

座。会客时，座次一般有以下几种模式。

1. 相对式

相对式就座，一般指的是宾主双方面对面就座。这种就座模式显得主次分明，往往易于宾主双方公事公办，保持适当距离。商务谈判场合多采用相对式。

2. 并列式

并列式就座，通常指的是宾主双方并排就座，表示彼此地位相仿，关系密切。它多适用于礼节性会晤。国家领导人会见外宾时，常采用并列式。一般来说，主宾、主人应安排在面对正门的位置，主宾位于主人的右侧。其他宾客按一定次序在主宾一侧就座，主方陪同人员均坐在主人一侧。翻译和记录员应分别坐在主宾和主人之后。

3. 主席式

主席式就座，通常是指主人在同一时间、同一地点正式会见两方或两方以上的来宾。此时一般应由主人面对正门而坐，其他各方来宾则应在其对面背门而坐。这种就座模式犹如主人正在以主席的身份主持会议，故称主席式。主人也可坐在长桌或椭圆桌的尽头，请其他来宾就座于两侧。

4. 自由式

自由式就座，是指会晤之时不进行正式的座次排位，而由主宾各方的全体人员自由选座。这种就座模式适用于各类非正式会晤。

（三）排列座次的五大原则

会客中的座次，通常遵循"面门为上、以右为上、居中为上、前排为上、以远为上"的原则。

1. 面门为上

"面门为上"是指在安排座位时，以面对房门或正门的位置为尊位或上位。这一原则的形成主要基于以下原因。

- 从安全和心理角度来看，面门而坐能够更好地观察外界的情况，提前知晓人员的进出情况和环境的变化，从而获得一种心理上的安全感和掌控感。

- 在社交和商务场合中，面门的位置通常具有更好的视野，能够全面地观察房间内的情况，也容易与其他人员进行眼神交流和互动。

- 从服务角度考虑，面门而坐方便接受服务，如服务员上菜、递水等，同时也便于与服务人员进行沟通和提出需求。

2. 以右为上

商务场合排列座次，一般遵循"以右为上"的国际惯例，即将右侧的位置视为上位。并列式就座的标准做法是，宾主双方面对正门、并排就座。此时，以右侧为上，应请来宾就座；以左侧为下，应归主人自己就座。"左"和"右"指的是当事人之间的左和右，而不是第三者视角里的左和右。

需注意的是，中国传统习俗讲求"以左为上"，我们常说"左高右低"，因此在我国的政务场合中，一般遵循以左为上的原则。如何区分是政务场合还是商务场合呢？一方面，可以以对方的习惯作为判断标准，比如，作为私企，接待国企时应遵从国企的习惯。另一方面，可以根据业务内容来判断，与政府相关的事宜要遵从政务礼仪，与商务谈判、商务接待等相关的事宜要遵从商务礼仪。另外，在应用商务礼仪的过程中不可过于教条刻板，有时还应根据所在单位的情况等灵活变通。

3. 居中为上

"居中为上"是指在安排座位时，将处于中间位置的座位视为较为尊贵和重要的位置。从视觉和心理角度来看，中间位置往往具有更高的聚焦性和关注度，处于居中位置的人更容易被全体参与者看到，也能更好地与周围的人进行交流和互动，从而在心理上给人一种被重视和突出的感觉。另外，在空间布局上，中间位置通常被认为是最为平衡和稳定的位置，象征着权威和核心地位。

在商务场合中，居中为上原则常常有如下体现：在会议中，主持人、主要发言人或重要领导通常会被安排在居中的位置；在合影留念时，核心人物往往会站在居中的位置。

4. 前排为上

"前排为上"指的是在安排座位时，前排的位置被认为更具优势和更重要。

这一原则主要基于以下几个方面。首先，前排位置具有更好的视野和更高的关注度。在会议、讲座、演出等场合，坐在前排能够更清晰地看到演讲者、舞台表演或者展示的内容，获取信息更加直接和全面。其次，前排位置被认为更接近活动的核心或焦点。这使得坐在前排的人更容易被注意到，也显示出其在活动中的重要性和参与度较高。

5. 以远为上

"以远为上"是指在安排座位时，以距离房门或入口较远的位置为上位。因为较远的位置相对较为隐蔽，能够提供一定的隐私性和独立性，使坐在该位置的人感到更加舒适和自在。

课堂互动

1. 当出席领导是偶数时，领导位还需要居中安排吗？
2. 哪些场合以左为上，哪些场合以右为上？
3. 在会议室招待客人是否该安排客人在面门一侧落座呢？
4. 招待外宾和招待内宾的座次安排有区别吗？

四、送客礼仪

送客是接待工作最后的也是非常重要的一个环节。尽管接待和陪同都做得热情、周到，令客人满意，但假如送别时失礼，则前功尽弃。送客需注意以下礼仪规范。

（一）热情挽留

在一般情况下，不论宾主双方对会晤的时长有无约定，均须由客人提出告辞。主人首先提出来送客，或以自己的动作、表情暗示厌客之意，都是极其不礼貌的。当客人提出告辞时，主人通常应热情挽留，可告知对方自己"不忙"，或请对方"再坐一会儿"。

（二）起身在后

客人要走，应等客人起身后，再起身相送，不可客人一说要走，主人就站起来。主人通常在客人率先起身后方可起身相送，绝不能以动作、表情暗示厌客之意。

（三）伸手在后

与客人握手作别时，应由客人首先伸出手来与主人相握，表示"再见"。若主人先伸出手，则有逐客的嫌疑。

（四）相送一程

对一般的来客，主人应将其送至门口，说声"再见"即可；对经常来往的客人，主人应将其送至电梯、楼梯口；对初次来访的贵客，主人应将其送至楼下、汽车旁或院门外。

送别乘车离去的客人，主人一般应走至车前，帮客人拉开车门，待其上车后轻轻关门，挥手道别，目送车远去后再离开。

[小故事　大师送客的礼节]

任务二：商务拜访礼仪

情境任务

假设你是一家制造业公司的采购经理，负责寻找新的供应商以满足公司的原材料需求。你听说一家潜在的供应商具有良好的声誉和高质量的产品，并且希望进行商务拜访以进一步了解该供应商的能力和合作机会。你的任务是进行商务拜访并收集所需的信息。

请从拜访准备、拜访过程、拜访结束3个方面，谈谈你将如何完成这项商务拜访任务。

知识解析

在商务往来中，接待与拜访是相辅相成的，接待者作为主人，以礼宾之姿接待拜访者，而拜访者同样应做到礼貌拜访，客随主便，有礼有节。在拜访中体现良好的个人素质，可以向客户传递一种信息，即产品优质与服务卓越，而这种信息传递的结果就是客户信任度的明显提升。商务拜访通常有3种类型：一是为工作而进行的事务性拜访；二是因礼尚往来而进行的礼节性拜访；三是为沟通感情而进行的私人拜访。拜访工作要想达到预期效果，商务人士就必须遵守一定的礼仪规范。

一、拜访准备

商务拜访的准备工作是确保拜访者在拜访活动中能够充分展示出专业素养的关键步骤。具体需要注意以下礼仪规范。

（一）预约

在商务拜访前，请提前告知对方你想拜访，并确认对方的时间安排，尽量避免出现没有预约的情况。商务往来以公事为主，约定的具体时间通常应避开节假日、用餐时间、过早或过晚的时间，一般以对方上班后一小时至下班前一小时为宜。拜访地点往往由被拜访者决定，以办公室或双方都熟悉的场所为宜。

（二）了解对方的情况

在商务拜访之前，有必要了解对方的情况，如个人基本信息、公司概况、业务情况、最新动态、行业趋势等。前期搜集的相关资料越多，客户的画像就越清晰，面谈的切入点就越明确，以便拜访者能够有针对性地与客户交流和提出问题。另外，适当的称谓也是商务礼仪中重要的一点，如果要与重要的客户会面，却不知道如何称呼对方，可提前打电话请教对方的秘书。合适的称呼将为拜访者赢得良好的第一印象。

（三）选择合适的穿着

商务拜访要成功，就要根据商务拜访的场合和对方的行业文化，选择合适的穿着，以体现个人专业形象，同时向对方展示品牌文化和企业形象。一般来说，穿正式、整洁、得体的职业装，是较为安全的选择。

（四）准备礼物

在商务拜访中，有时候准备一份适当的礼物可以表达拜访者的感谢和尊重，并加强与对方的关系。选择礼物时要充分考虑对方的文化和习俗，避免选择不合适或冒犯性的礼物。建议选择一些实用性强且质量好的礼物，比如，高品质的茶叶、茶具，或专门定制的精美的办公用品，都是不错的选择。需要注意的是，礼物的选择应基于拜访者对对方的了解和关系，并遵循当地的礼仪和法律规定。在一些行业或组织中，接受礼物可能受到限制或禁止，因此在选择礼物时要谨慎并遵守相关规定。

小故事

以物表情
礼载于物

二、拜访过程

商务拜访过程中的礼仪对建立良好的商业关系、推动业务发展以及提升企业形象都具有至关重要的作用。在商务拜访的过程中，应注意以下礼仪规范。

（一）按时抵达

拜访他人可以早到却不能迟到，这是常识，也是拜访活动中最基本的礼仪之一。早到可以借富裕的时间整理拜访时需要用到的资料，并准点出现在约定好的地点。而迟到则是失礼的表现，不但是对被拜访者的不敬，也是对工作不负责任的表现，会给被拜访者留下不好的第一印象。

如果因故不能如期赴约，必须提前通知对方，以便被拜访者重新安排工作。通知时一定要说明失约的原因，态度诚恳地请对方原谅，必要时还需约定下次拜访的时间。

（二）耐心等候通报

到达约定地点后，如果没有直接见到被拜访者，拜访者不得擅自闯入，必须经过通报后再进入。一般情况下，前往大型企业拜访，首先要向接待人员交代自己的基本情况，待对方安排好以后，再与被拜访者见面。当然，生活中不免存在这样的情况——被拜访者身处某一宾馆，如果拜访者已经抵达宾馆，切勿直奔被拜访者所在房间，而应该由宾馆前台人员打电话通知被拜访者，经其同意以后再进入。

（三）注意会面礼节

见面后，打招呼是必不可少的。如果双方是初次见面，拜访者应主动向对方致意，递上名片，并做简单的自我介绍。对熟识的客户，可握手问候。行过见面礼以后，在被拜访者的引导之下，进入指定房间，待被拜访者落座以后，拜访者再坐在指定的座位上。

（四）重视礼仪与沟通

谈话切忌啰唆，简单的寒暄是必要的，但时间不宜过长。因为，被拜访者可能有很多重要的工作等待处理，没有很多时间接见拜访者，这就要求谈话要开门见山，在简单的寒暄后直接进入正题。

在交谈中，注意倾听对方的观点、需求和问题，并给予足够的关注。避免打断对方讲话，并在适当的时候提出问题或表达自己的观点。要始终保持礼貌、友好和专业的态度，避免出现粗鲁、冒犯或贬低他人的言辞和行为。

交谈中，还需注意自己的非语言沟通，包括面部表情、姿态和肢体语言等。要保持自信、开放和友好的姿态，并尽量与对方保持适当的眼神接触。

（五）把握拜访时间

拜访要有时间观念，围绕商定的主题，合理控制时长。一般在谈完正题之后，就应该适时告辞，不应久留。正式的工作访问，时间一般控制在半小时到一小时。如果双方在拜访前已经设定了拜访时间，则必须把握好时间。如果没有对拜访时间做具体要求，那么就要在最短的时间里讲清楚所有问题，然后起身告辞，以免耽误被拜访者处理其他事务。

在拜访过程中，要随时关注对方的反应。如果对方反复看表或时钟，或者对方站起来，总结谈话，并表示以后可以继续交流，则应适时结束拜访；如有需要，可约定下次拜访时间。

三、拜访结束

为了给拜访画上圆满的句号，让被拜访者对拜访者和拜访者所代表的企业留下积极、专业、有礼貌的深刻印象，商务拜访结束时的礼仪也不容忽视。拜访结束时，应遵循以下礼仪规范。

（一）总结重点

在告别之前，可以对商务拜访的主要议题进行简要总结。确保双方对讨论的重点和决策达成共识，并明确下一步的行动计划。

（二）表达感谢与期待

在商务拜访结束时，向对方表示真诚的感谢，同时表达对未来合作的期待和愿景。例如，"非常感谢您今天抽出宝贵的时间与我交流，这次拜访让我收获颇丰。期待我们未来能有更多的合作机会，共同开拓更广阔的市场。""感谢您的热情接待和详细介绍，我对我们未来的合作充满信心和期待，希望能尽快看到我们的合作落地生根、开花结果。"

（三）礼貌道别

起身告辞时，要主动伸手与对方握别。对方起身相送时，应说"请回""请您留步，不必远送"。待对方留步后，走几步，再回首挥手，致意"再见"。如果被拜访者送拜访者上车，上车后，拜访者要降下车窗再次向对方挥手道别，直到车辆启动离开一段距离后再升起车窗。

（四）跟进后续事宜

如果在拜访中达成了某些具体的合作意向或行动计划，要按照约定的时间和要求积极推进，保持沟通顺畅。对拜访中对方提出的问题和未解决的事项，应尽快进行研究和处理，并及时给予对方反馈和解决方案。总之，商务拜访后的跟进要及时、主动、有针对性，以巩固拜访成果，推动业务发展。

案例研讨

如此拜访

📖🔍 **素养课堂**

清介正立　以礼待人

南朝时期的陆慧晓，清正耿直，不交杂乱人员，虽然官居高位，但为人处世总是谦恭有礼。有一次，陆慧晓家乡的一个故人前来拜访。来人一身农夫装扮，门人以貌取人，将来人拒之门外。陆慧晓知道后说："这怎么行呢？家乡故人远道而来，我们怎能失礼不见？我不但要见，还要好好款待。"他急忙赶到大门口，热情地把家乡故人请了进来。《南史·陆慧晓传》中记载了他以礼待人的故事。

陆慧晓先后共做了5次辅政大臣，为人清廉肃慎，僚佐以下职务的人来访，也必定起身相送。有人对陆慧晓说："长史贵重，不宜妄自谦屈。"他回答说："我性恶人无礼，不容不以礼处人。"可见，陆慧晓既有君子教养，又显仁者风度。

（资料来源：史世海. 品读历史 感悟礼义[M]. 北京：北京工业大学出版社，
2016. ）

思考： 请结合以上案例，谈谈商务接待工作中，如何做到学礼、知礼、行礼、守礼。

拓展阅读

中国传统茶礼

项目自测4

项目五　商务宴请礼仪：遵守惯例，展示文明形象

学习目标

知识目标

• 了解商务宴请的形式，掌握宴请准备礼仪与赴宴礼仪。

• 掌握中、西餐的用餐礼仪。

• 掌握中、西餐的餐具礼仪。

能力目标

• 能运用商务宴请礼仪知识规范组织宴请活动。

• 能在参加商务宴请时时刻注意自己的言行举止，展示良好修养。

素质目标

• 养成务实求真、不铺张浪费的宴请作风。

• 在商务宴请活动中懂得尊重他人，营造得体的礼仪氛围。

• 树立文化自信。

📝 案例引入

一次成功的宴请

南茜在一家知名跨国公司的北京总部任总经理秘书。晚上公司要正式宴请国内最大的客户，答谢他们一年来给予的支持，南茜提前安排好了酒店和菜单。

下午回到办公室，南茜再次落实了酒店的宴会厅和菜单，为晚上的正式宴请做准备。宾主双方共有8位，南茜安排了桌卡，因为是熟人，又只有几位客人，所以没有送请柬，可是她还是不放心，就又拿起电话，找到了对方公关部李经理，详细说明了晚宴的地点和时间，又认真地询问了他们领导的饮食习惯。李经理说领导是山西人，不太喜欢海鲜，非常爱吃面食。南茜听后，又给酒店打电话，重新调整了晚宴的菜单。

南茜提前半个小时到酒店，了解晚宴安排的准备情况。到了酒店，南茜找到领班经理，再次讲了重点事项，又和他共同检查了宴会的准备情况。宴会厅分内外两间，外边是会客室，是主人接待客人小坐的地方，已经准备好了鲜花和茶点；里边是宴会的房间，中餐式宴会的圆桌上已经摆放好各种餐具。

南茜知道正对门口的位子是主人位，但为了慎重，她还是征求了领班经理的意见，从带来的桌卡中挑出印有己方领导名字的桌卡将之放在主人位上，再将对方领导的桌卡放在主人位的右边。想到客户公司的第二把手也很重要，南茜就将其桌卡放在主人位的左边。南茜又将市场总监的桌卡放在桌子的下首正位上，再将客户公司的两位业务主管的桌卡分别放在市场总监的桌卡的左右两边。为了便于沟通，南茜就将自己的桌卡与公关部李经理的桌卡放在了一起。

晚宴的一切准备工作就绪了，南茜看了看时间，离约定的时间还有15分钟，就来酒店的大堂内等候。总经理一行人提前10分钟到了酒店门口，南茜就在送他们到宴会厅的路程中简单地汇报了安排情况。南茜随即又返回酒店大堂，等待来宾。几乎分秒不差，她迎接的客人准时到达。

晚宴中，宾主双方笑逐颜开，客户不断夸奖菜的味道不错，正合他们的胃口。这时领班经理带领服务员端上了山西刀削面。客户看到后立即哈哈大笑起来，高兴地说道，你们的工作做得真细致。总经理也很高兴地说，这是南茜的功劳。

提示： 商务宴请往往代表着公司的形象和文化，在宴请中，遵循恰当的礼仪规范，能够展现出对合作伙伴的尊重和关注，从而为商务合作打下坚实的基础。案例中的南茜为了这次商务宴请，做了充分的准备工作，给领导和宾客都留下了很好的印象。

（资料来源：孙金明，王春凤，万欢. 商务礼仪实务：附微课视频[M]. 4版. 北京：人民邮电出版社，2022. ）

任务一：认识商务宴请

情境任务

假设你是一家贸易公司的销售代表，你计划宴请几位重要的商业合作伙伴，以期为未来的合作奠定良好的基础。请以小组为单位，拟定一份详细的宴请方案，具体包括宴请对象、宴请时间、宴请地点（选定合适的餐厅）以及菜单安排。

知识解析

在商务交往中，宴请是比较常见的待客方式。随着经济的发展，宴请成为人们联络感情、交流信息、协调关系的一种重要手段。商务宴请活动中，无论是活动的组织者还是参与者，都应对餐饮过程中的礼仪有所了解，遵守相关的礼仪规范，树立自己的良好形象。

认识商务宴请

一、商务宴请的形式

商务宴请种类复杂、名目繁多。常见的商务宴请形式主要有宴会、招待会、茶会和工作餐。宴请的形式主要根据宴请的目的、出席人员的身份和人数的多少而定。不同的宴请形式，在菜肴、时间、人数、着装等方面，通常会有不同的要求。

（一）宴会

宴会是十分正式的宴请，是举办者为了表达敬意、谢意而专门举行的招待活动。按举行的时间，宴会可分为早宴、午宴和晚宴。一般来说，晚上举行的宴会较之白天的宴会更为隆重。按宴会的规格，宴会可以分为国宴、正式宴会、便宴和家宴。一般情况下，国宴和正式宴会最为隆重，对服饰、座次安排、餐具、酒水等的规定都很严格，常用于外交场合。便宴的形式比较简单，可以不排座位，不做正式讲话，比较随意和亲切。家宴则是指在家中设宴招待客人，可以增强主客间的亲密感。

（二）招待会

招待会通常是指不配备正餐的宴请类型，如冷餐会、酒会等。招待会大多是在节庆日或者重要的公务活动中举行，并且具有一定的主题。招待会一般备有食品、酒水，但通常不排席位，也不会对出席者有太多的着装要求。来宾可以自由走动，便于广泛接触、交谈。举行招待会不仅可以节省费用，而且礼仪讲究也不多。在举行大型活动、招待为数众多的来宾时，举行招待会是比较明智的选择。

（三）茶会

茶会又称茶话会，是一种更为简便的招待形式。茶会通常设在较为宽敞的厅堂、会客厅、会议室。茶会通常设茶几和座椅，不排座次，客人可一边品茶一边交谈。如果是为主宾举行的茶会，在入座时，可有意地将主宾同主人安排在一起，其他人可随意就座。茶会以品茶为主，对茶叶和茶具的选择颇为讲究，茶叶要选质量上乘的，茶具要美观、卫生。也有茶会不用茶水而用咖啡的。举办茶会，还可准备茶点、水果和一些风味小吃。有时还可在席间安排一些短小的节目助兴，使茶会气氛更加喜庆、热烈。

（四）工作餐

工作餐通常是人们在工作进行中所用的便餐，它是近年来较为流行的一种非正式的简便宴请形式，按用餐时间可分为工作早餐、工作午餐与工作晚餐。工作餐讲究的是简单、方便、随意与适量。在接待来访的团队或个人时，如果活动日程安排繁多、安排其他类型宴请有困难的时候，往往可以采取这种宴请形式。工作餐因时间和内容等原因，往往不太讲究排场，菜肴也以方便、快捷、营养、卫生为宜，一般不喝烈性酒。

二、宴请准备礼仪

不论宴会人数多少、规格高低，宴会前都需做大量的准备工作。准备工作的好坏，直接关系宴会服务质量的高低，是宴会活动能否圆满完成的关键。

（一）宴请对象

根据宴请的目的，确定宴请的对象和范围。宴请者应预先做好计划，详细列出宴请宾客名单，保证做到不遗漏。在确定宴请的对象时，还要考虑到宾客之间的关系，避免出现一些不愉快或尴尬的场面。比如，不要邀请存在矛盾的宾客同时出席等。

如果是比较正式的宴请，应提前向宾客发送请柬，这既体现出主人对宴请的重视，也表现出对宾客的尊重。非正式的宴请可当面或通过电话向宾客提出邀请。发送邀请的时间不宜过早，也不宜过迟。一般应提前一至两周向宾客发出邀约，在宴会进行前夕，可再次用电话与宾客联系，提醒宾客宴会时间。

（二）宴请时间

宴请时间应选择对宾主双方都合适的日期，避免选择在节假日、对方有重要活动或有禁忌的日期进行宴请。宴请时，应先征询主宾的意见，在主宾同意后再邀请其他宾客。如果邀请的宾客是国际友人，还要注意避开他们忌讳的日期。

（三）宴请地点

宴请地点可依据宴请目的、规模、形式和经费来确定。通常应选择环境幽雅、卫生干净、服务优良、管理规范的饭店或宾馆。落实宴请地点时应注意以下几点。

①按宾客人数确定宴请地点。宾客多，在大宾馆；宾客少，则可在小酒楼。

②按宴请类型确定宴请地点。宴会可安排在饭店、宾馆里，冷餐会、酒会则可安排在大厅或花园中。

③宾主熟悉程度、关系亲疏也是选择宴会地点的依据。

④注意按宾客的意愿和地方特色选择宴请地点。

⑤ 可以选择负有盛名的老字号。

⑥ 尽可能选择举办者熟悉的、有声誉的饭店。

（四）菜单安排

菜单要结合商务宴请的形式和档次、时间和季节来拟定。菜品的安排不能以主人的爱好为准，应考虑宾客的喜好与禁忌，还要考虑经费，力求做到丰俭得当。拟定菜单一般要有主有次，主菜用于显示宴请的档次高低，还要略备一些家常菜，以迎合宾客口味。一般来说，正式宴会的菜单较复杂，自助餐、酒会的菜单相对简单一些。晚宴比午宴、早宴更隆重，所以菜的种类也应丰富一些。宴请前，要了解宾客的口味、年龄、风俗习惯、健康状况、饮食禁忌等状况，作为拟定菜单时的参考。

> 小故事
>
> APEC晚宴

课堂互动

> 如果你作为宾客去赴宴，主人热情地让你来点菜，你觉得此时你应该注意什么？

三、赴宴礼仪

赴宴是商务人士经常性的活动之一。对于赴宴，商务人士要注意相应的礼仪和细节。

（一）认真准备

在收到邀请后，应该尽快回复是否出席，以便对方安排。一旦告知对方出席，则不能随便更改。如果出现特殊情况不能出席，要尽早向主人解释并致歉。在答应前往宴会之前，要和主人确认活动的相关内容或要求，以防出现不必要的失误。在出席宴会前，通常要精心装扮，穿着大方得体。

（二）准时赴宴

赴宴应准时，既不可迟到，也不要过早到达，以免主人未做好准备，尴尬失礼。在宴会开始后才抵达，是对主人的不尊重，在宴会结束前便离开，也是失礼的行为。一般来说，客人提前10分钟到达较为合适；若是出席酒会，则在请柬中注明的时间内到达即可。

（三）礼貌入座

入座时，应听从主人或招待人员的安排，因为有的宴会主人早就将座位安排好了。如果座位没定，应注意正对门口的座位是上座，背对门口的座位是下座。应让身份高者、年长者以及女士先入座，自己再找适当的座位坐下。入座后坐姿要端正，脚踏在本人座位下，不要伸直双腿或两腿不停摇晃，也不要将手放在邻座椅背上。

（四）交谈得体

坐好后，如果桌上有茶水，可以饮用。不管是主人还是宾客，都要与同桌的宾客交谈，特别是左右邻座。如果不相识，可先进行自我介绍。在交谈时，音量要适中，话题的选择要轻松、有趣，不谈论敏感的话题，如私人生活、政治、不雅的笑话等，也不要对宴会和饭菜加以评论。

（五）文雅进餐

一般情况下，宴会主人会先致祝酒词。宾客此时要认真倾听，不能食用桌上的食物。待致辞完毕，主人会招呼所有人开始用餐，此时才能开始用餐。在进餐时，要注意个人举止，做到文明文雅：喝汤不要啜，吃东西不要发出声音；汤、菜太热可稍待凉后再吃，勿用嘴吹；小口进食，一次取菜不宜过多；嘴里有食物时，不要说话；剔牙时，要用手或餐巾挡住；等等。

小故事

"社会版"的分鱼

（六）学会敬酒

在宴请场合，主人一般有向宾客敬酒的习惯，宾客之间往往也会互相敬酒。敬酒时，要上身挺直，双脚站稳，双手持杯，目视对方，并向对方微微点头表示敬意。敬酒的态度要稳重、热情、大方。敬酒时要避免交叉碰杯。身份低或年轻者向身份高或年长者敬酒碰杯时，应稍欠身点头，杯沿比对方杯沿略低，以示尊重。宴会上互相敬酒可以活跃气氛，但切忌饮酒过量，失言失态。另外，应注意不要强行劝酒，这被认为是一种不礼貌的行为，在国际交往中尤其如此。

小故事

热情劝酒让人活受罪

（七）告辞致谢

用餐后要注意礼貌告别和表示感谢。在宴会结束之前，主人会发出离席的信号，让宾客有准备，随后主人会站起来，这也是提示所有人"主人即将离席"的意思。宴会结束后，宾主可以再次进入休息区小饮片刻或直接告别。在告别时，宾客要礼貌地向主人表示感谢。通常是男宾先与男主人告别，女宾先与女主人告别，然后再与其他人告别。注意不要在宴会中途退出，如确有急事需提前退出，应在向主人说明情况并致歉后再离开。

任务二：中餐礼仪

🔍 情境任务

假设你是一家贸易公司的销售代表，你计划在中餐厅宴请几位重要的商业合作伙伴。你需要熟悉中餐宴请的礼仪和习俗，以展示出你的个人修养和专业形象。

请分组进行情境模拟，具体包括：①在客人到达时，前往迎接，并热烈欢迎，再向客人介绍餐厅的特色和你对这次宴请的期望；②进入包间后，安排客人在合适的位置就座；③宴会过程中，注意用餐及敬酒礼仪；④在整个宴会过程中，积极参与谈话和互动；⑤在宴会接近结束时，向合作伙伴表达感谢，感谢他们的光临，同时表达对未来合作的期待。

中西餐的座次礼仪

知识解析

中餐是指一切具有中国特色的、依照传统方式制作的、为中国人日常生活之中所享用的餐食。虽然中国人对中餐习以为常，但仍然有许多人不了解中餐礼仪。在商务宴请中，尤其要讲究礼仪规范，这样才能悦己怡人，达到宴请的目的。

一、中餐座次礼仪

中餐的座次排序是一项重要的内容。越是正式的宴请，越应重视座次的安排。座次礼仪具体可以分为桌次排序规则和席位排序规则两种。

（一）桌次排序规则

在中餐宴会活动中，往往使用圆桌。如果有多张圆桌，便出现了桌次的尊卑问题。桌次排序规则主要有以下几点。

1. 以右为上

当宴会厅内餐桌有左右之分时，一般应以右侧一桌为上桌。比如，由两桌组成的小型宴会，桌次是以右为尊。这里所说的"右"和"左"，是由面对正门的位置来确定的，这种确定方法叫"面门定位"。

2. 以远为上

当餐桌距离宴会厅正门有远近之分时，通常以距其较远者为上桌，即"以远为上"。比如，由两桌组成的小型宴会，当两桌竖排时，桌次讲究以远为上，以近为下。这里所讲的"远"和"近"，是以到正门的距离为标准的。

3. 近高远低

由3桌或3桌以上的桌数组成的宴会，当主桌确定后，其他桌次均应据此而定。除了要注意"以右为上""以远为上"的规则外，还应兼顾其他各桌距离主桌的远近。一般距主桌近者桌次较高，距其远者桌次较低。这项规则被称为"主桌定位"。

在排列桌次的具体实践中，上述3条规则往往是同时运用的。在安排桌次时，所用餐桌的大小、形状要基本一致。除主桌可以略大外，其他餐桌都不要过大或过小。

为了确保在宴请时赴宴者能及时、准确地找到自己所在的桌次，可以在每张餐桌上摆放桌次牌，同时在请柬上注明对方所在的桌次，或在宴会厅入口悬挂宴会桌次排列示意图，现场还可安排引导员引导来宾按桌就座。

（二）席位排序规则

商务宴请时，不仅桌次有主次尊卑之分，每张餐桌上的具体席位也有主次尊卑之别。正式宴会一般都应事先安排好席位，并且要在入席前通知每一位出席者。席位排序主要有以下几种规则。

① 主人应面对正门而坐，并在主桌就座。

② 举行多桌宴请时，每桌都要有一位主方代表在座，也称各桌主人。各桌主人的位置一般和主桌主人同向，有时也可以面向主桌主人。

③ 各桌席位的尊卑，应根据其距离该桌主人的远近而定，以近为上，以远为下。

④ 各桌与该桌主人距离相同的席位，讲究以右为尊，即以该桌主人面向为准，其右为尊，其左为卑。

根据上述席位次序的排列方法，圆桌主位的排列可分为以下两种（以国际惯例"以右为尊"为例）。

① 每桌一个主位的席位排序方法。其特点是：每桌只有一名主人，主宾在其右侧就座，每桌只有一个谈话中心（见图5-1）。

② 每桌两个主位的席位排序方法。其特点是：主人夫妇就座于同一桌，以男主人为第一主人，以女主人为第二主人，主宾和主宾夫人分别在男女主人右侧就座。每桌从客观上形成了两个谈话中心（见图5-2）。

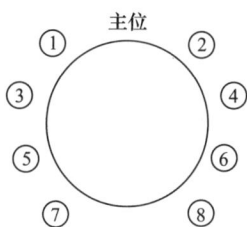

图5-1　单主位席位安排　　　图5-2　双主位席位安排

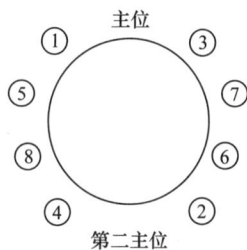

倘若主宾身份高于主人，为表示尊重，可安排其在主人席位上就座，主人坐在主宾的右侧。

二、中餐用餐礼仪

中华饮食文化源远流长。在讲究礼仪、民以食为天的中国，用餐礼仪是饮食文化的一个重要组成部分。

（一）中餐的上菜顺序

中餐的上菜顺序一般是先上冷盘，后上热菜，随后是主菜，然后是点心和汤，最后是水果。宴会上桌数再多，各桌也要同时上菜。上菜的方式大体有以下几种：一是端上大盘菜，由个人自取；二是由服务员将菜品逐一分到每个人的餐盘中；三是用小碟盛放，每人一份。

（二）中餐餐具礼仪

中餐的各种餐具在使用时有许多讲究，正确使用餐具是餐饮礼仪的重要组成部分。

1. 筷子

筷子是中餐的主要餐具，用于夹取食物。筷子正确的使用方法是用手执筷，拇指和食指捏住筷子的上端，另外3根手指自然弯曲扶住筷子，并且筷子的两端一定要对齐。筷子应成双使用，不能用单根筷子去叉取食物。

在餐桌上使用筷子还要注意以下礼仪规范：不要舔筷子，更不要将筷子长时间含在嘴里；夹菜时不要用筷子翻搅菜肴；不能用筷子敲击碗、盘；不能把筷子竖插在食物上；不要用筷子来剔牙；等等。

2. 汤匙

汤匙主要用于饮汤。有时用筷子取食时，也可以用汤匙来辅助，尽量不要单用汤匙去取菜。用汤匙取汤时，注意不要过满，免得溢出来弄脏餐桌或自己的衣服。使用汤匙要注意：一是用汤匙饮汤时，不要将其全部塞入嘴中吸吮，或者反复舔食；二是如汤过烫，不宜用汤匙来回搅拌，也不要用嘴对着吹，可以先放到碗里等凉了再喝；三是不用时，应将汤匙放在自己的食碟上，不要直接摆放在桌上。

3. 碗

碗主要用于盛放主食、羹和汤。在正式商务宴会上，使用碗时要注意：不要端起碗喝汤，而是要用汤匙舀起来喝；碗内的食物要用筷子、汤匙辅助取，不能用嘴吸，更不能用舌头舔；暂时不用的碗不可以用来放杂物。至于要不要端起碗来吃饭，各地的做法存在差异。中国传统礼仪习俗一般认为，在吃饭时要将小碗端起，拇指在上扣住碗口，其他4根手指放在下面托住碗底，手心空着，这种吃法最有吃相。如果碗比较大，不方便端起，不要俯身把嘴凑到碗边吃，而应该用筷子或勺子拿取食物，再送到嘴边食用。

4. 盘子

盘子在中餐中主要用于盛放食物。盘子在餐桌上一般要保持原位，不应随意挪动，而且不宜多个叠放在一起。需要着重介绍的是一种用途比较特殊的被称为食碟的盘子。食碟主要用于暂放从公用的菜盘里取来享用的菜肴。使用食碟时，一次不要取放过多的菜肴，也不要把多种菜肴堆放在一起，以免相互串味。不吃的残渣、骨、刺等不要吐在地上、桌上，而应轻轻取放在食碟前端。如果食碟放满了，可以让服务员更换。

5. 水杯和酒杯

水杯主要用来盛放水、饮料、果汁等。注意不要水杯来盛酒，盛酒要用专门的酒杯。另外，喝进嘴里的东西不能再吐回水杯，因为这样是十分不雅的。

6. 湿毛巾

在正式商务宴会开始前，服务员会为每位用餐者提供一条湿毛巾。它只能用来擦手。擦手后，应该将湿毛巾放回盘子里，由服务员拿走。在正式宴会结束前，服务员会再提供一条湿毛巾。它只能用来擦嘴和手，不能用来擦脸、抹汗。

7. 餐巾

正式商务宴会上，服务员会为用餐者准备一条餐巾。使用餐巾时，先对折，再平铺在大腿上即可。不能把餐巾抖开，如围兜般围在脖子上，或塞进领口。把餐巾平铺后的一角压在餐盘下，这种做法极易在起身时因忘记餐布而把餐具扯到地上，造成尴尬的局面，所以不推荐。餐巾可用于轻拭嘴和手，但不能用于擦餐具或擦汗。

8. 水盂

有时品尝中餐者需要手持食物进食，此刻，往往会在餐桌上摆上一个水盂，也就是盛放清水的水盆，里面的水不能喝，只能用来洗手。在水盂里洗手时，不要乱甩、乱抖，得体的做法是，两手轮流沾湿指头，轻轻涮洗，然后用纸巾或专用小毛巾擦干。

9. 牙签

牙签也是中餐餐桌上的必备之物。它的作用是剔牙，但是用餐时尽量不要当众剔牙。非剔不可时，应用另一只手掩住口部。剔出的东西，不要当众看或再次入口，也不要随手乱弹、随口乱吐。剔牙后，不要长时间叼着牙签，更不要用它来扎取食物。

（三）其他注意事项

① 客人入席后，不要立即动手取食，应等主人举杯示意后再开始用餐。

② 夹菜要文明，应等菜快要转到自己面前时，再动筷子，不要抢在邻座前面。

③ 不要在公用的菜盘里挑来拣去。夹菜时要看准，夹住后要立即取走，不要夹起来又放下，或者取过来又放回去。

④ 对自己不喜欢的菜肴，不要露出为难的表情，不取用即可。

⑤ 席间可以热情让菜，劝对方品尝，但不要不考虑对方的喜好就直接为他人夹菜，这样会让对方感到为难。

课堂互动

如果主人热情地给你夹菜，这时你会如何应对？

任务三：西餐礼仪

情境任务

假设你是一家贸易公司的销售代表，你计划邀请一位重要的商业合作伙伴参加西餐宴会。这次宴会将在一家高级西餐厅举行。你需要熟悉西餐宴请的礼仪和习俗，以展示出你的文化敏感性和专业形象。

请分组模拟西餐就餐情境，在用餐过程中，要正确使用餐具，并注意西餐就餐礼仪，展示出专业和得体的形象。

知识解析

随着中西方文化交流的深入，西餐也逐渐走进了中国人的生活。商务宴请有时也会采用西餐的形式。商务人士有必要学习和掌握西餐礼仪，这样才能在就餐时展现出风度和修养，从而赢得更多商务合作的机会。

一、西餐座次礼仪

与中餐宴会多使用圆桌不同，西餐宴会常使用长桌。而且，在多数情况下，西餐的座次礼仪更多表现为席位问题，一般较少涉及桌次。

（一）座次礼仪原则

西餐宴会的席位排序，要遵循以下原则。

1. 以右为上

在排定席位时，以右为上仍然是基本原则，就某一特定位置而言，其右侧之位高于其左侧之位。例如，应安排男主宾坐在女主人右侧，安排女主宾坐在男主人右侧。

2. 面门为上

面门为上有时又叫"迎门为上"，意思是面对门的位置为上位，要高于背对门的位置。例如，主人和主宾通常坐在面向门的一边。

3. 女士优先

在西餐礼仪里，女士处处受尊重。排列席位时，一般女主人为第一主人，在主位就座；而男主人为第二主人，坐在第二主人的位置上。

4. 距离定位

西餐桌上席位的尊卑，是由其距离主位的远近决定的。距离主位近的位置的位次要高于距离主位远的位置。

5. 交叉排列

西餐排列席位时，讲究交叉排列的原则，即男女应交叉排列，熟人和生人也应交叉排列。因为在西方人看来，宴会场合就是要拓展人际关系，交叉排列可以让人们多和周围的客人聊天，达到社交目的。因此，一个就餐者的对面和两侧往往是异性或不熟悉的人，这样可以广交朋友。

（二）座次排列方法

具体而言，长桌的座次排列方法主要有以下两种方式。

1. 法式就座方式

主人位置在长桌的中央，男女主人面对面坐。女主人坐在面对门的一边，右边是男主宾，左边是男次宾。男主人坐在背对门的一边，右边是女主宾，左边是女次宾。其他客人则尽量往旁边坐。

2. 英美式就座方式

男女主人分别就座于长桌的两端。女主人坐在远离门的一边，男主宾坐在女主人的右手边。男主人的右手边坐女主宾，左边则是次宾的位置。其他客人尽量往中间坐。

二、西餐用餐礼仪

正式的西餐宴请非常注重礼节。享用西餐，吃法得当，注意礼仪细节，才能吃好。

（一）西餐的上菜顺序

西餐的上菜顺序可能会因为餐厅、菜品的不同而有所变化。以下是比较常见的正式西餐宴会上的上菜顺序。

1. 头盘

西餐的第一道菜是头盘，也称开胃菜。头盘的目的是刺激就餐者的味蕾，增加食欲。头盘一般有冷头盘和热头盘之分，常见的菜品有鱼子酱、鹅肝酱、熏鲑鱼等。因为要开胃，所以头盘一般都有特色风味，味道以咸和酸为主，而且数量较少，质量较高。

2. 汤

西餐中绝大部分的汤也是起开胃作用的。西餐中的汤有冷汤、清汤、奶油汤、蔬菜汤4类。相对来说，冷汤的品种较少。西餐中常见的汤有意式蔬菜汤、俄式罗宋汤、奶油汤等。

3. 沙拉

沙拉通常由各种生蔬菜配以风味调料制成，一般在主菜之前供应，有时也会与主菜同时上桌。另外，在欧洲的一些餐厅，主菜之后再上沙拉的情况也很常见。

4. 副菜

副菜是开胃类菜品和主菜之间的过渡，包括各种鱼类、贝类及软体动物类，搭配酱汁，质感鲜嫩，口味清爽。因为这类菜肴的肉质鲜嫩，比较容易消化，所以适合放在主菜的前面，作为口感上的铺垫。常见的副菜有腌烤三文鱼、奶酪汁龙虾、红酒鹅肝等。

5. 主菜

主菜是西餐全套菜的精华所在，是西餐的门面，一般以肉、禽、海鲜类菜肴为主，其他菜肴都可视为主菜的铺垫和补充。牛排是最受欢迎的肉类主菜之一，有不同的切割部位和烹调程度，比如，西冷牛排、菲力牛排，嫩至中等熟度，搭配蘑菇酱汁或黑胡椒酱汁，很受大众欢迎。西餐中常见的主菜还有烤羊排、烤鸡等。

6. 甜点

甜点主要由糖构成。在中世纪欧洲，糖是一种奢侈品，只有贵族和富人才能享用。甜点因此成为身份和地位的象征，用餐尾声的甜点被当作宴请宾客的最高礼遇，这一点随着西餐的传承而被保留了下来。常见的甜点有布丁、冰淇淋、水果等。

7. 热饮

热饮通常被视为用餐结束的标志，在一些非正式场合，热饮常被包含在甜品里。常见的热饮有红茶、咖啡等。

需要注意的是，以上上菜顺序在不同的用餐环境中可能会有所调整或简化，而且并非所有的西餐菜单都会包括上述的每一道菜。比如，西餐的便餐中，通常只有3道菜，即前菜（汤和沙拉二选一）、主菜和甜点。

（二）西餐的酒水搭配

正式的西餐宴会上，酒与菜的搭配十分讲究。一般来说，吃西餐时，不同的菜肴要搭配不同的酒水，吃一道菜便要换一种酒。西餐用酒，可以分为餐前酒、佐餐酒和餐后酒3种。

1. 餐前酒

餐前酒又称开胃酒，是在正式用餐前或在吃开胃菜时与之搭配的酒。开胃酒通常有鸡尾酒、雪莉酒和香槟酒。因为这些酒可以促进胃液分泌，不但能开胃，也能帮助消化。

2. 佐餐酒

佐餐酒又叫餐酒，它是在正式用餐期间饮用的酒。佐餐酒一般为葡萄酒，且多为干葡萄酒或半干葡萄酒。选择佐餐酒的一条重要原则是，颜色相近的主餐搭配色泽相似的酒，即人们常说的"白酒配白肉，红酒配红肉"，即海鲜、鸡肉等搭配白葡萄酒，牛肉、羊肉等搭配红葡萄酒。

3. 餐后酒

餐后酒指的是在用餐完毕之后，用来助消化的酒。常见的餐后酒是利口酒，又叫甜酒。享有盛名的餐后酒，则是有"洋酒之王"之称的白兰地酒。

需要注意的是，饮用不同的酒，要用不同的酒杯。在每位就餐者餐桌右边、餐刀的上方，都会横排放着三四个不同形状的酒杯或水杯。最小的是甜酒杯，用于盛餐前酒或者餐后酒。大点的酒杯用来喝葡萄酒，白葡萄酒的酒杯略小于红葡萄酒杯。另外还有盛放饮料或者水的玻璃杯。

（三）西餐的餐具礼仪

西餐餐具种类较多，摆放讲究一定的位置和次序。我们应了解和掌握西餐的餐具礼仪，才能吃得优雅。

1. 西餐餐具的种类

广义的西餐餐具包括刀、叉、匙、盘、杯、餐巾等。其中，盘又包括菜盘、布丁盘、奶盘、白脱盘等；酒杯种类也比较多，正式宴会上每一种酒都有专用的玻璃酒杯。

狭义的餐具指刀、叉、匙三大件。其中，刀分为肉刀（刀口有锯齿，用于切牛排、猪排等）、鱼刀、甜点刀、水果刀和牛油刀，叉分为肉叉、鱼叉、点心叉、水果叉和沙拉叉，匙则有汤匙、甜品匙、茶匙。

2. 西餐餐具的摆放

吃西餐时，看到一桌子的餐具不用惊慌，一般餐厅会按照菜式呈上的顺序摆放餐具，按照"由外至内"的顺序使用餐具就不怕出错。正式的西餐宴会上，西餐餐具的摆放如图5-3所示，通常是吃一道菜，换一副刀叉，所以刀叉数目与菜品数目相等，整餐下来不能用同一副刀叉或者乱用刀叉。

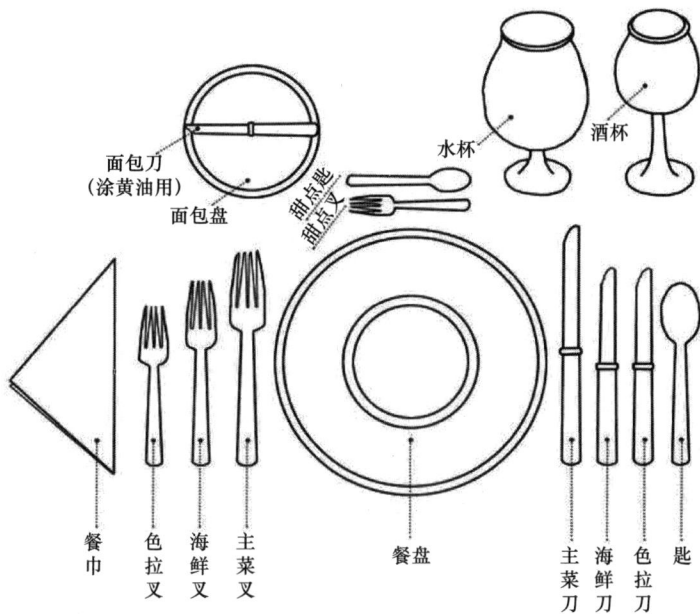

图5-3 西餐的餐具摆放

西餐餐具的摆放，主要遵循"餐盘居中，刀右叉左"的原则。

3. 西餐餐具的使用

① 刀叉的使用

西餐进餐时一般右手拿刀，左手拿叉。刀用来切割食物，叉用于送食物入口。刀叉的使用方法主要分为两种，一是英式，二是美式，两者稍有不同。英式重文雅，要求进餐者在进餐时，始终用右手持刀，左手持叉，边切割边叉食。美式重方便与快捷，先右手持刀，左手持叉，将盘中的食物全部切割好后，再将右手中的餐刀斜放在餐盘的前方，并将左手的餐叉换到右手后开始进食。

拿刀的姿势是：食指压在刀背上用力，其余手指拿住刀把，刀刃不可以朝外。拿叉的姿势是：用左手拇指、食指、中指拿住叉。叉起食物往嘴里送时动作要轻，叉起适量食物一次性放入口中，不要咬一口再放下。叉子叉起食物入嘴时，牙齿只碰到食物，不要咬叉，也不要让刀叉在齿上或盘中发出声响。

在西餐礼仪中，刀叉的摆放方式代表了用餐者的用餐进度。

- 表示"休息中"：刀右叉左，呈"八"字形或交叉摆放在餐盘上（见图5-4）。

图5-4　表示"休息中"

- 表示"已吃完"：刀右叉左，刀叉并排摆放在餐盘上，往10点钟方向或12点钟方向摆放（见图5-5）。
- 表示"等待下一道菜"：刀叉十字交叉摆放在餐盘上（见图5-6）。
- 表示"好吃"：刀叉并排摆放在餐盘上，往3点钟方向摆放（见图5-7）。

图5-5　表示"已吃完"　　　图5-6　表示"等待下一道菜"　　图5-7　表示"好吃"

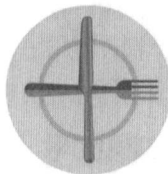

在使用刀叉时，也有一些禁忌。

- 谈话时，可以拿着刀叉，不用放下来，但不能挥舞刀叉，也不能用刀叉指人。
- 刀可以用来切食物，也可用来把食物拨到叉上或涂抹黄油、酱料之类，但不要用刀直接叉起食物往嘴里送。
- 用刀切割食物时，尽量不要弄出声响。
- 不要一只手拿刀或叉，而另一只手拿餐巾擦嘴；也不要一只手拿酒杯，另一只手拿叉取菜。

课堂互动

如果你邀请朋友一起去西餐厅吃牛排，你需要注意哪些用餐礼仪呢？

② 餐匙的使用

吃西餐时，餐匙也是不可缺少的餐具。西餐的餐匙主要有两种：汤匙和甜品匙，两种餐匙不能混用。汤匙较大，一般放在餐盘的最右边，与餐刀并列。甜品匙常常与吃甜品的刀叉一起横放在餐盘的正前方。

喝汤时，嘴巴应该轻轻靠在汤匙的边缘，任何时候都不应该含住汤匙，或者舔汤匙里的汤汁。注意，享用汤的时候，是吃汤而不是喝汤。手握汤匙柄的尾端，微微倾斜，由碗中心向远侧舀起，然后再送入口中。当碗中余下少量浓汤时，左手可以轻轻向外托起汤碗，汤匙由内往外盛起浓汤，尽量不发出碰撞声音。

还需注意的是，使用过的餐匙，切不可再放回原位，也不可将其插入菜品、主食中，或将其竖直插于甜品、汤盘或红茶杯之中。不用的话，应将其平放在盘子上。

③ 酒杯的使用

餐厅一般会准备各种酒类适用的玻璃杯。服务员会替客人斟酒，所以不必担心会有搞错的窘态，不过若能事先将酒杯的种类及拿法记下来，就能熟练并优雅地品尝美酒了。

• 葡萄酒杯。无论是要品尝适合在常温下饮用的红葡萄酒，还是适合冰镇后饮用的白葡萄酒，都应以握住杯脚来持杯。若用手握住杯身，手的温度将使葡萄酒变温，于适温时呈上桌的葡萄酒将因此改变其风味。

• 白兰地酒杯。用手掌由下往上包住杯身。这样手的温度将传导到酒杯上，从而适度引出酒的香醇。

• 香槟酒杯。像长笛形状的笛杯，最能将香槟的气泡漂亮地展示出来。而扁平杯状的广口高脚杯多用在干杯的时候。两种杯子的持杯法和葡萄酒杯相同，即握住杯脚。要是碰到杯脚较长的情况，握住杯脚的最上方会比较方便饮用。

• 鸡尾酒杯。有细长杯脚的鸡尾酒杯的拿法和葡萄酒杯相同，握住杯脚即可。

④ 餐巾的使用

餐巾可以提示宴会的开始或结束。当女主人把餐巾铺在腿上的时候，意味着宴会开始；如果女主人用餐完毕把餐巾放在桌上，意味着宴会结束。

餐巾在使用时，先对折成三角形，三角朝外（也可将餐巾对折成长条形，折口朝外），然后铺在自己的大腿上。餐巾对服装有保洁作用，将餐巾平铺于大腿之上，其主要目的是防止菜肴、汤汁落下来弄脏衣服。把餐巾围在脖子上、塞在领口、掖在裤腰带上，这些做法都是不对的。

餐巾还可以用来擦拭嘴部。用餐时可以用餐巾的一角轻轻地擦拭嘴边的菜汁、汤汁；在与人交谈之前，也应用餐巾的内侧轻轻地擦一下嘴。需要注意的是，餐巾可以用来擦嘴，但是不能用来擦脸、擦汗，更不能用来擦餐具，那样做等于向主人暗示餐具不洁。

就餐时如果中途需要离开，一会儿还要回来继续用餐，可将餐巾放在本人所坐的椅子上或椅背上，这就等于告诉在场的其他人，尤其是服务员，你到外面有点事，回来还要继续吃。如果把餐巾直接放在桌子上，则暗示：不再吃了，可以撤掉餐具。用餐完毕后，稍微对折餐巾并将其放在餐盘左边的桌子上是礼貌的做法，切忌把餐巾乱扔在餐盘上。

（四）其他注意事项

① 就座时，身体要端正，手肘不要放在桌面上，不可跷足，与餐桌的距离以方便使用餐具为佳。

② 切割食物时，面向食物端正坐好，肩膀与手腕放松，两臂不要张开，要贴着身体。手肘不要过高或过低，刀叉与餐盘呈15°左右的倾斜角。

③ 一次送入口中的食物不宜过多。吃东西时要闭嘴咀嚼，不要舔嘴唇或咂嘴发出声音。在咀嚼时不要说话。

④ 食物的残渣或骨头不能直接放在桌子上，而应该集中放在碟子的边沿位置。这样做也方便服务员收拾。

⑤ 吃鱼肉等带刺或骨的菜肴时，不要直接外吐，可用餐巾捂嘴轻轻吐在叉上放入盘内。

⑥ 不要在座位上使用牙签。虽然中式餐厅一般会在桌上提供牙签，但西餐厅的牙签一般都放在洗手间内，提供给客人在洗手间内使用。所以不要自带牙签在餐桌上清理牙缝。

⑦ 不要在进餐过程中脱掉外衣、解开纽扣、放松腰带、挽起袖子，这样做不仅有损自我形象，还会失敬于人。

> 小故事
>
> 宴会中的
> 柯马·伊鲁斯

📖🔍 素养课堂

中西方餐饮礼仪反映了各自的文化传统和价值观，中餐强调团圆、和谐，西餐则注重个体的独立和自由。中国人喜欢热闹温暖的用餐氛围，习惯在饭桌上表达感情、相互敬酒、劝菜等；西方人则注重幽雅、安静的环境，用餐时轻声交谈，实行分餐制。中餐宴请一般采用圆桌共餐的形式，席位依餐厅方位、装饰或传统而定，第一主宾坐在主人右手边，第二主宾坐在主人左手边；西餐宴请中多使用长形餐桌，男女间隔而座，以右为尊，女宾客的席位比男宾客稍高……

思考：中西方餐饮礼仪的差异反映了中西方哪些不同的文化价值观？这些差异对我们理解文化多样性、提升跨文化交际能力有何启示？

> 拓展阅读
>
> 揭秘世界
> 各国国宴菜单

> 项目自测5

商务沟通篇

项目六 认识商务沟通：探究原理，知而后行

学习目标

知识目标

- 理解沟通与商务沟通的概念。
- 掌握沟通的不同类型。
- 了解沟通障碍产生的原因。
- 掌握PAIBOC模型和有效商务沟通的六大步骤。

能力目标

- 能根据不同商务沟通情境选择合适的沟通渠道。
- 能识别沟通障碍，并能采取有效措施避免在沟通中产生沟通障碍。

素质目标

- 端正沟通态度，能以积极、平和的心态，真诚地与人沟通。
- 具有坚定的政治立场、爱国主义精神和浓厚的家国情怀。

📝 案例引入

IBM的员工沟通方式

国际商业机器公司（International Business Machines Corporation，IBM）是全球最大的信息技术和业务解决方案公司，于1911年创立于美国，其业务遍及160多个国家和地区。IBM为员工提供众多沟通渠道，并用制度将这些沟通措施确定下来，确保IBM基层员工与管理人员以及高层管理者能够进行高效率的沟通，解决各种问题。

一、与高层管理人员面谈（Executive Interview）

员工借助"与高层管理人员面谈"制度来与高层经理进行正式谈话，这是一种"一对一"的沟通方式。IBM的高层经理将了解员工对工作是否满意，知道他们对自己的上司、自己的职业发展的想法。这种谈话制度是一层层进行的，普及公司所有的员工。通过这条渠道，IBM能及时了解员工的想法，帮助员工解决遇到的问题，让每一名员工感受到来自公司的关心。

二、员工意见调查（Employee Opinion Survey）

IBM还通过"员工意见调查"来了解员工的意见。这条通道定期开通，每年由人事部要求员工填写不署名的意见调查表。管理幅度在7人以上的主管会收到最终的调查结果，公司要求这些主管必须每3个月向总经理汇报调查结果的改进情况。

三、直言不讳（Speak Up）

在IBM的每一个办公室里，都设有一个被称为"Speak Up"的箱子，那是一个意见箱，可以使任意一名普通员工不经过其直属经理，而获得高层人员甚至CEO对其反映的问题的关注。"Speak Up"的价值在于使员工在不暴露其身份的情况下把问题反映给管理层。能够开启这个箱子的锁的是人力资源部门的高级经理，而信件会呈交给各地区的总经理甚至更高层。公司会派高层人员及时、妥善处理相关问题。

四、员工申诉（Open Door）

员工申诉在IBM被称为"Open Door"制度，这是一项历史悠久的民主制度。员工如果有关于工作或公司方面的意见，应首先与自己的直属经理交谈。如果问题解决不了，或者员工认为工资涨幅等问题不便和直属经理讨论，便可以通过"Open Door"向各部门主管、公司的人事经理、总经理或任何总部代表申诉。员工的申诉会得到上级的充分重视，上级会付诸细致的调查，并切实解决员工提出的问题。

评析：很多时候，"管理问题"就是"沟通问题"。一个企业要实现高速运转，要让企业充满生机和活力，有赖于下情能为上知，上情能迅速下达，有赖于部门之间互通信息，协同作战。良好的沟通能让员工感受到企业对自己的尊重和信任，从而产生极大的责任感、认同感和归属感，促使员工以强烈的责任心和奉献精神为企业工作。总之，良好的沟通是企业执行力和员工归属感的保障，是实现组织目标的重要工具，也是每个人必须具备的基础技能。

任务一：认识沟通与商务沟通

情境任务

如今，社交网络的规模超过历史上任何时期，其复杂程度更是不可同日而语。社交媒体作为高度便利的技术工具，进一步促进了人际沟通、互动和联络，渐渐成了人们沟通的主要途径。我们随时都可以连接社交网络，纵览天下大事。在与家人、朋友沟通时，通过社交媒体进行沟通和传统的面对面沟通相比，是更容易还是更难？请谈谈你的感受。

知识解析

一、沟通的重要性

沟通是信息传递的主要方式，也是建立和维护人际关系的基础。良好的沟通有助于解决问题和处理冲突，构建和谐环境。沟通对实现个人和组织的目标来说，都是至关重要的。

（一）沟通是个人身心健康的保证

沟通是人类最基本的需求之一。如果缺乏与他人的交往和沟通，除了会令人在情绪上感到痛苦外，也会对其生活产生负面影响。

《沟通的艺术：看入人里，看出人外》一书中提到，曾经有人做过一个"孤独"实验，受试者接受付费，独处于一间上锁的房间中。5名受试者里有1名在房间里面待了8天，3名待了2天，1名就只待了2个小时。人们在现实生活中与人接近和相处的需求，和实验里的受试者一样强烈。

一位独自航行55天横越大西洋的探险家卡尔·杰克逊，描述了大部分独居者的普遍心情："我发现在第2个月出现的寂寞感使我感到很痛苦。我一直以为自己是个自给自足的人。但是此刻我终于明白，没有旁人做伴的生活是没有意义的。我开始有了强烈的想要跟别人说话的需求。"

有人认为，日常生活中独处是受欢迎的调剂品。每个人都有自己独处的临界点，超过这个临界点，本来愉快的独处状态就会变成痛苦的状态。沟通非常重要，缺乏沟通可能会对身体健康产生很大的影响。大量的医学研究表明，贫乏的人际关系会危害人们的健康，孤独的人比那些交往活跃的人更容易患感冒，更容易得心脑血管疾病、抑郁症等。人们一旦失去一段亲密关系，患病和死亡的可能性都会增加。所以，仅从健康的角度来看，沟通是不可或缺的。

（二）沟通是社会交往的需要

沟通可以满足社交需求，比如休闲娱乐、感情交流、建立友谊等，是人际关系得以建立的重要方式。有效的沟通与快乐联系紧密。

在一份受试者超过200名大学生的研究中发现，最快乐的受试者（10%）都认为自己拥有丰富的社交生活。这些非常快乐的人，跟其他同学在睡眠时长、运动量、看电视时长等可观测项上并没有明显差别。相反，沟通贫乏会导致人们的生活、工作缺乏幸福感。假如一个人待在荒岛上，虽然这个荒岛碧海青天、景色迷人，可是只有孤零零的一个人，恐怕也很难感受到快乐。

每个人都需要以他人作为参照物来评价自己的行为，从别人的反馈中建立自我认同。良好的沟通可以使交谈变得轻松愉快，能够迅速让他人接纳自己，拓展个人关系网络，发展人际关系中的支持系统。

（三）沟通是达成目标的工具

生活、工作中存在着各种各样的目标，沟通是达成目标的有效工具。有些目标比较基本，是日常需求。比如去理发，我们需要与理发师提前沟通，明确告知需求，理发师才能根据我们的意愿修剪出令人满意的发型。对于商务活动中的目标，比如求得理想职位、申请晋升机会、顺利推销产品等，良好沟通更是目标可以实现的关键。

有效的沟通往往是决定某一个人得到提升机会的关键。普林斯顿大学对1万份人事档案进行分析发现：智慧、专业技术、经验三者只占一个人成功因素的25%，其余75%是良好的人际沟通。可见，沟通能力在一定程度上决定了个人职业生涯的发展。在组织中，有效沟通也是提高团队工作效率的关键。领导通过沟通，清晰明确地传达目标、任务和期望，团队成员能更好地协调合作，避免误解和冲突，提高团队绩效。

二、沟通与商务沟通的概念

什么是沟通？当人们说"进行了沟通"的时候，指的是什么？如何判断沟通是否有效？要回答这些问题，我们需要了解沟通的概念。

（一）沟通的概念

给沟通下定义并非易事，因为沟通可以从不同的角度进行理解和解释。有人认为沟通是信息的传递，也有人认为沟通是个人或群体间的信息交互，还有人认为沟通是建立和维护人际关系的过程等。其实这些观点并不是相互排斥的，实际上，沟通的概念是多维度的，它涵盖信息传递、交互作用、关系建立等多个方面。不同的观点提供了不同的视角和理解方式，有助于我们全面地理解什么是沟通。

综合以上观点，本书认为，所谓"沟通"，就是不同个体或群体之间传递信息、表达情感、增进理解的过程。

我们每天都好像在和很多人沟通，但沟通并不是一件容易的事。沟通不是只说给别人听，也不是只听别人说，沟通是通彼此之理，沟通重在理解与接受。具体来说，要正确理解沟通，可以从以下几点来把握。

1．信息被对方接收

沟通就是传递信息、表达情感、增进理解的过程，如果信息没有传递给接收者，那么也就没有发生沟通。因此，对发送者来说，首先要主动地开启沟通渠道，确保信息完整无误地被对方接收，这是开启沟通的第一步。

2．信息被对方理解

有效的沟通意味着信息不仅被对方接收，还要被对方理解。信息能否被对方理解，一方面取决于信息发送者的描述是否清楚，另一方面取决于接收者自身的理解水平。有效的沟通一般是双向且互动的过程，沟通双方之间的信息传递和反馈不是一次性的，而是多次主动参与的信息交换活动。作为传递者，不仅要将信息编码并发送出去，而且要通过对方的反馈及时做出补充和调整，确保信息被对方完全理解。

3．对方给出期待的反馈

对方在理解信息的基础上，按照发送者的要求，改变自己的行为和原有的态度，并采取积极的行动。能实现这一目标，表明沟通产生了预期的效果，沟通目标得到完美实现。但需要注意的是，如果对方没有给出期待的反馈，不一定代表沟通失败。在一些复杂的沟通情境中，有时候因为双方立场不同、利益不同，对方完全按发送者的期待去行动是很困难的。比如，在商务谈判的过程中，双方经过沟通能充分理解对方的观点和意见，最终达成共识，这样的沟通就是有效沟通。

课堂互动

你认为以下关于沟通的描述正确吗？请简单说明理由。

1．"沟通不是太难的事，我们每天不是都在沟通吗？"

2．"我告诉他了，所以，我已经和他沟通了。"

3．"只有当我想要沟通的时候，才会有沟通。"

4．"沟通能力是与生俱来的。"

（二）商务沟通的概念

沟通包含发生在各种场景中的一系列行为，而商务沟通特指在商务场景中发生的沟通活动。如果要给商务沟通下定义，那商务沟通就是在现代商务活动中，为了达成既定的目标，不同的个体或群体之间传递信息、表达情感、达成共识的过程。商务沟通具有以下含义。

1．商务沟通是为了达成既定的目标

从商务沟通的概念可以看出，"商务沟通"相较于一般的"沟通"，显著的特征在于，商务沟通是目标导向的。我们平时跟熟人打个招呼、跟朋友聊天，不能被称为商务沟通，因为这样的沟通没有明确的目标。在商务沟通中，沟通者往往希望通过沟通去解决工作中的现实问题，比如，为激励下属而安排一次面谈、为推销产品而去拜访客户，为建立公司良好形象而召开一次新闻发布会，等等。同时，"沟通"概念中的"增进理解"，在"商务沟通"中也升级成了"达成共识"，这其实也是目标导向的体现。因为在多数商务活动中，只是增进理解是不够的，达成共识才是沟通者努力追求的。

因此，与一般的沟通活动相比，商务沟通往往是一项复杂的工程，需要沟通者精心设计有效策略，发挥思维、语言、行为、环境的整体效能，这样才能实现既定目标。

2. 商务沟通的理想目标是实现共赢

在商务活动中，共赢意味着各方在交流、合作和决策中都能够获得满意的结果，而不是单方获得胜利或牺牲其他方的利益。这种对共同利益的追求有助于建立稳定的商业关系，促进长期的合作与发展。因此，商务沟通的理想目标往往不在于说服，而是通过沟通，理解彼此的需求、期望和目标，寻求共同的利益点，最终找到共赢的解决方案，实现各方共同利益。

三、沟通的类型

依据不同的划分标准，可以把沟通分成不同的类型。

（一）按沟通符号的种类分类

1. 语言沟通

语言沟通主要是指借助语言符号进行的沟通。语言又可以分为口头有声语言和书面文字语言两种类型。

2. 非语言沟通

非语言沟通是指通过面部表情、身体动作等非语言的手段进行的沟通。非语言沟通有时是一种自然而然、不加修饰和掩盖的行为，即使信息传递者想掩饰自己内心的真实意思，其非语言行为也会暴露真实想法。

（二）按沟通渠道分类

1. 口头沟通

口头沟通是指借助声音、语气、语调等手段进行的沟通。它是人类基本的沟通方式，主要形式有交谈、推销、谈判、演讲等。口头沟通的优点在于快速传递和及时反馈，缺点在于口说无凭，且存在信息失真的可能。当信息经过多人传递时，涉及的人越多，越可能出现信息失真的情况。比如大家熟知的"传话"游戏，每个人都以自己的方式去解释模糊的信息，当信息到达终点时，其内容常常与原始信息大相径庭，令人捧腹大笑。

2. 书面沟通

书面沟通是指以书面形式，运用文字、图表等传达信息的一种沟通类型，主要形式有信函、报告、合同、出版物等。书面沟通作为一种常规的沟通方式，具有可复制、可保存、可查阅等特点，在日常工作和人际交往中被广泛采用。书面沟通的优点在于有形展示、可保存可查阅、便于复制和传播、信息表达准确。书面沟通的缺点在于比较耗时耗力，无法及时反馈。

3. 数字化沟通

现代社会，随着信息技术的发展，传统的口头沟通与书面沟通不断出现新的媒介形式。科技的进步，打破了传统沟通的时空限制，人们越来越多地通过数字化技术和信息化工具进行信息的传递和交流，这一类新兴的沟通形式即数字化沟通。数字化沟通的主要形式有电话、电子邮件、社交媒体、视频会议等。

数字化沟通具有快速、便捷和全球性的特点，使人们能够跨越地域和时区进行实时交流。然而，数字化沟通也存在一些挑战。在面对面沟通中，人们可以通过面部表情、肢体语言和声音语调来传达更多的信息，而这些非语言元素在有些数字化媒介上是缺失的，因此可能会导致信息被误解。此外，面对面沟通提供了更多的人际互动和情感连接的机会，人们可以更好地了解对方的情感状态，并且更容易建立信任；而过多地依赖数字化沟通，会使沟通双方缺乏亲密感，影响人际关系的建立和维护。

无论是数字化沟通还是传统的面对面沟通，都有各自的优缺点。合适的沟通方式往往取决于具体的情境和个人偏好。有时候，数字化沟通可能更方便和高效，特别是在远距离交流或与多人进行联系时。而在建立深入的人际关系和传达更复杂的信息时，面对面沟通可能更为有效。

🛠 课堂互动

> 用微信进行沟通时，发送语音和发送文字这两种方式的优缺点分别是什么？

（三）按沟通方向的可逆性分类

1. 单向沟通

单向沟通是指一方是信息发送者，另一方是信息接收者，信息在沟通过程中单向传递。单向沟通没有反馈，如报告、演讲、发布命令等。单向沟通的优点在于能在短时间内获得大量信息，但是由于缺乏反馈，单向沟通的准确性较低。

2. 双向沟通

双向沟通是指信息发送者和信息接收者之间进行双向的信息传递与交流，在沟通过程中双方角色不断变化，沟通双方既是信息发送者又是信息接收者。双向沟通的形式有讨论、磋商、谈判、访谈等。双向沟通由于可进行充分讨论与及时反馈，因此信息传递的准确性较高，有利于增进各方对彼此的了解，建立良好的人际关系。不过，信息发送者在双向沟通中的心理压力往往较大，因为其随时可能受到信息接收者的批评或质疑。双向沟通通常需要花费较多的时间。单向沟通与双向沟通的适用情境如表6-1所示。

表6-1　单向沟通与双向沟通的适用情境

单向沟通的适用情境	双向沟通的适用情境
1. 问题比较简单，但时间紧	1. 问题较复杂，但时间充裕
2. 对方易于接受解决问题的方案	2. 对方不确定是否接受解决方案
3. 对方缺乏了解问题的足够信息	3. 对方能提供有价值的信息和建议
4. 自己缺乏处理负面情况的能力	4. 自己能妥善处理负面情况

（四）按组织形态分类

1. 正式沟通

正式沟通是指通过组织规定的路线和程序进行的信息传递和交流，如会议、汇报、组织间的信函往来、组织内部的文件传达等。正式沟通的优点在于形式正规、约束力强，但正式沟通往往比较刻板，有时会显得没有人情味。正式沟通是组织内沟通的主要方式。

2. 非正式沟通

非正式沟通是指运用组织以外的渠道进行的信息传递与交流，是与组织内部的权力等级和规章制度无关的沟通，如员工私下交谈、下班后的聚会、传闻、小道消息等。非正式沟通的优点是不拘形式、信息传递速度快、满足人的社会性和情感需求；缺点是难以控制、零散随意、信息失真，有时还会导致小集体产生，影响组织的凝聚力和向心力。

非正式沟通是把双刃剑，利用得好，可以"载舟"，利用得不好，则可能会"覆舟"。管理者应根据企业自身的实际状况，采取适当的手段使非正式沟通有效地发挥作用。

（五）按组织中信息流动的方向分类

1. 上行沟通

上行沟通是指组织中信息自下而上的沟通，主要形式有口头汇报、与上司交谈、意见箱等。上行沟通中"下"是主体。积极的上行沟通，可以给员工提供参与管理的机会，减少员工不能理解下达信息造成的失误，营造企业开放式的氛围。

2. 下行沟通

下行沟通是指信息从较高层次传递给较低层次的沟通，比如上司向下属传达工作指令、工作解释、对下属意见的反馈等。下行沟通中"上"是主体。要想沟通顺畅，上司要摆正心态，不要高高在上，颐指气使，否则会使下属产生畏惧心理或反感情绪，影响沟通效果。

3. 平行沟通

平行沟通是指组织或群体中的同级机构或同级成员之间的沟通，比如同事之间的面谈、

会议等。平行沟通的目的往往是交换意见，以求心意相通。平行沟通要做到尊重对方，这样对方也会以礼相待。

4. 斜向沟通

斜向沟通是指组织中处于不同层次但又无隶属关系的组织部门与个人之间的信息交流。比如组织内为开展横向的项目合作、共享信息、化解冲突、建立关系等活动而进行的沟通。斜向沟通时需要注意，尽管斜向沟通跨越了层级，但仍然要尊重组织的结构，确保在与高层管理人员或上级沟通时表现出尊重和礼貌。同时，斜向沟通往往涉及信息的传递和共享，为了确保信息的准确性和清晰度，要尽量提供具体明确的信息，避免使用模糊或含糊不清的词语。

案例研讨

小王的烦恼

任务二：克服沟通障碍

情境任务

试举例说明最近你与朋友、同学、老师、家庭成员或兼职期间的同事之间的一次不良沟通。你在这次沟通中传递了什么样的信息？沟通过程中遇到的沟通障碍有哪些？你是如何克服沟通障碍的？最终接收者是否正确接收了信息？你又是如何知道的？

知识解析

一、沟通的要素与过程

沟通是发送者通过选定的信息传播渠道，将信息传递给接收者的过程。沟通过程中有6个基本的要素值得重点关注，即发送者、接收者、信息、渠道、反馈和噪声。关注并优化这些要素，可以提高沟通质量和效果，促进良好的人际关系与合作。

（一）沟通的要素

1. 发送者

发送者是沟通信息最初的发出者和沟通活动的最早实施者。发送者可以是个体，也可以是组织。发送者确定了沟通意图之后，开始进行信息的编码，即将想要表达的内容转换成可以传递的信息符号。发送者将编码发送出去，沟通过程就此开始。

2. 接收者

接收者是发送者的信息传递对象。接收者接收所有感官刺激信号，将获得的符号进行翻译并还原，这一过程就叫作解码。在解码的过程中，接收者的文化背景、知识水平及主观意愿对解码过程具有显著的影响，这意味着发送者所表达的意思并不一定能使接收者完全理解。如果解码错误，信息将会被误解，可能会产生沟通障碍。同时，由于沟通是一种双向的互动过程，发送者和接收者的身份往往不是固定不变的，而是随时会发生转变。

3. 信息

信息是沟通传递的客体，是沟通过程中十分重要的要素。信息由词语、语法、表情、肢体动作、声音、个性等构建而成。发送者在传递信息时，为了更好地实现沟通意图，需要重点分析沟通必须包含哪些信息，受众会有什么样的反对意见，谁是信息的受益者，如何组织信息才具有最强的说服力。

需要注意的是，无论发送者是否有意识，任何来自发送者的、能影响接收者的刺激信号都是信息。因此，如果你看到一个朋友愁眉苦脸，当你上前询问时，朋友却说："哦，没什么。"听到这个回答，你肯定还是会认为他遇到了什么麻烦，因为此时你更倾向于相信他的面部表情，而不是他说的话。

4. 渠道

渠道是使信息在发送者和接收者之间流动的媒介。沟通渠道通常是光波和声波，这使得我们能够在当面沟通时看到和听到彼此。如果沟通方式是从一个人手上送到另一个人手上的一封信，则传递信息的媒介就是信纸。电话、电子邮件、传真、视频会议、社交网站等都是传递信息的渠道。渠道的选择，也会影响接收者的理解和信息传递的效果。

5. 反馈

反馈是接收者对发送者的信息做出的回应或反应。反馈使发送者能够确定所发送的沟通信息是否已按预期被接收和理解。为了准确传达意图，发送者应及时纠正信息中的错误和误解，补充遗漏信息，并在必要时纠正自己错误的响应。

反馈可以说是沟通过程中的一种控制机制，也是我们了解自己的途径，它可以帮助我们理解他人、评估自己。向他人提供反馈与接收反馈同样重要，这样才能让沟通更加高效。

6. 噪声

可能对信息的传递造成干扰的一切因素均可称作噪声。它可以是物理噪声，也可以是语言障碍、文化差异、不良的信号传输等。比如公共场所的噪声、脏乱的环境、沟通者的个人偏见等。从本质上讲，噪声是降低或扭曲信息的清晰度、准确性，从而改变信息预期意图的任何因素。

🔧 课堂互动

请谈一谈在通过微信与朋友沟通的过程中，沟通的各个要素分别是什么。

（二）沟通的过程

在沟通活动中，沟通双方的信息传递一般会经过如下过程（见图6-1）。

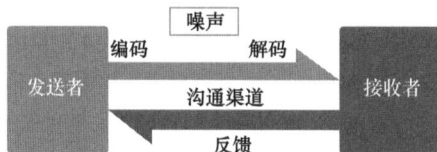

图6-1 沟通过程

在图6-1中可以看出，发送者首先要将需要发送的信息"编码"，即按照需要表达的意思编排信息，然后通过沟通渠道，将编码信息传递给接收者；接收者在接收信息时不是被动机械地接收，他们会结合自己的理解对发送者传递的信息进行翻译并还原，即"解码"，在这一过程中，接收者需要借助自己的背景、经验、文化等理解信息。

由于发送者与接收者的背景、经验、文化等很难一致，所以解码常常难以完全还原编码。如果解码与编码不完全一致，就容易产生沟通障碍。

二、沟通障碍分析

所谓沟通障碍，是指人们在沟通的过程中，常常会受到各种因素的影响和干扰，出现信息失真的现象。沟通障碍来自沟通要素的各个方面，也正因为如此，才导致沟通障碍普遍存在。以下将重点对发送者编码、接收者解码、沟通渠道这3个要素进行分析，阐述沟通障碍产生的原因，以便在沟通中克服这些障碍，尽可能减小影响。

（一）发送者编码障碍

沟通过程中，发送者面临的编码障碍如下。

1. 沟通目的不明确

发送者不清楚自己要说什么，对自己将要传递的信息内容、交流的目的不明确，这将导致沟通的其他环节无法正常进行，很难做到有效沟通。因此，发送者在沟通前应明确沟通目的是什么，想要达成什么样的沟通效果。

2. 语言表达能力欠缺

商务沟通要求语言表达准确、逻辑清晰、条理分明，如果发送者口齿不清、语无伦次，或词不达意、表述不清、字迹模糊等，都会造成信息传递失真，使接收者无法了解其所要传递的真实信息，造成沟通障碍。除此之外，有时要想在沟通中取得较好的效果，还需要注意表达的技巧。

小故事

请客的主人

3. 情绪影响

人们在情绪激动的时候往往会说些不理智的话，而这些话有可能完全违背沟通初衷，导致产生沟通障碍。发送者应尽量避免出现激烈的情绪，否则会干扰信息的正确编码。通常强

烈情绪涌上的瞬间，并不是沟通的最佳时机。发送者在察觉到自己的不良情绪时，应想象沟通的情境，判断是否是自己想要达到的沟通效果，由此来调整自己实际的沟通行为。最好等控制住情绪时，再继续正常的沟通。

（二）接收者解码障碍

沟通过程中，接收者产生解码障碍的原因如下。

1. 知觉出现偏差

人们对知觉具有一定的选择性。由于受经验、个性、情感等因素的影响，接收者会对所收到的某些信息表现得特别敏感，而对其他信息可能就不会产生任何感觉。接收者在沟通中往往习惯以自己为准则，在收到沟通信息后，很可能会按照自身需求对信息进行"过滤"或"添加"，仅仅保留那些自己所需要的或对自己有利的信息，而把对自己不利的信息闲置在一边，从而导致信息解码的模糊或失真。

小故事
疑人偷斧

2. 理解存在差异

接收者总是基于个人的文化背景、知识能力来认识和解释所获得的信息，接收者与发送者的认知差异越大，越可能产生解码障碍。因此，在沟通过程中，接收者必须及时反馈，让发送者了解双方的认知差异，及时调整编码信息，才能做到有效沟通。

小故事
秀才买柴

3. 不善于倾听

不善于倾听的人在沟通过程中可能会分心，不能专注于对话内容，还可能会在对方还没有完全表达意思之前，就给出自己的假设或先入为主的评价。这样做可能会过早地下结论，而不是给予对方足够的时间来表达自己的观点，从而导致信息的模糊或失真。

小故事
林克莱特与
男孩的对话

4. 信息过量

信息过量是现代人经常面临的一个问题，它会导致接收者的负担过重，以至于不能完全接收或理解发送者传递的信息。特别是在工作中，纸质文件、电子邮件、语音信息等诸多的信息导致信息接收压力，接收者会对信息变得麻木，不能及时做出反应，这必然会影响沟通的效果。

（三）沟通渠道障碍

1. 开启时机不合适

沟通渠道的开启时机选择不合适，会降低信息的沟通价值。在不适当的时候发送信息，会导致对方拒绝接收的可能性大大增加。比如，在工作日给客户打电话要选择好打电话的时间，一般情况下，业务型电话的致电时间应尽量避开临近上下班、中午休息的时间。

2. 沟通渠道选择不当

如果沟通渠道选择不当，也会影响沟通的效果。例如，当领导让你通知部门同事10分钟以后到会议室参加临时会议，这时你应该采用面对面沟通、电话沟通等方式，而不是发邮件、微信留言等，因为对方在短时间内不一定会查看邮件、微信留言，很有可能会错过会议时间。

3. 沟通渠道过长

沟通漏斗原理（见图6-2）是一种沟通理论，用于描述信息在传递过程中可能发生的丢失和偏差。它指出，从发送者到接收者的传递过程中，信息会经历逐渐减少和变形的过程，就像通过一个漏斗一样。由此可以看出，沟通渠道越长，中间环节越多，就越可能造成信息在传递过程中的失真现象。

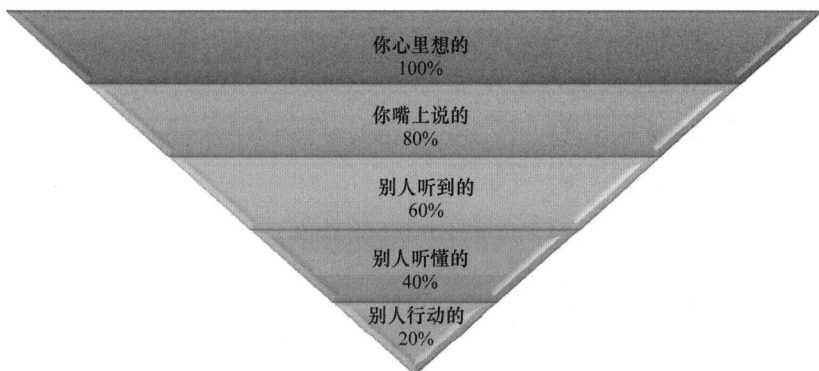

你心里想的
100%

你嘴上说的
80%

别人听到的
60%

别人听懂的
40%

别人行动的
20%

图6-2　沟通漏斗原理

三、克服沟通障碍的主要策略

尽管在沟通过程中可能会遇到各种各样的障碍，但是，只要树立正确的沟通观念，采取科学的沟通渠道和方法，就可以尽量克服沟通中的障碍，实现有效沟通。具体来说，克服沟通障碍的主要策略有以下几点。

（一）明确沟通目的

明确沟通目的有助于提高信息的有效性。当我们明确知道自己想要达到什么目的时，就能更好地组织和传递信息，使其更具说服力。因此，在沟通前，首先要明确沟通目的，对沟通信息进行详尽的准备，不仅要学会换位思考，还要善于激发接收者的兴趣，并根据具体的情境选择合适的沟通渠道，以便达到有效沟通的目的。

（二）选择恰当的语言

准确、恰当的语言有助于清晰地表达自己的意图，减少歧义和误解。沟通中应避免使用模棱两可或含糊不清的词语。条理要清晰、逻辑要严谨，注意措辞，不讲空话、套话。另外，语言选择恰当、注重表达技巧，能消除对方的抵触心理，易于被对方理解和接受，同时还能树立自身良好形象。比如，企业在产品不得不涨价时，为了避免消费者的反感情绪，可用"价格调整"来替代"涨价"一词。

（三）考虑沟通对象的差异性

在沟通中考虑沟通对象的差异性是非常重要的，因为不同的人具有不同的背景、价值观、经验和沟通风格。在沟通前，应尽可能了解对方的背景、文化、专业领域以及个人兴趣等，这样可以帮助我们更好地了解对方的视角和沟通偏好，以便更好地满足对方的需求。沟通时，要根据沟通对象的语言能力和理解水平，选择适当的词汇和表达方式。特别是当我们与非专业人士进行沟通时，要避免使用复杂的词汇或专业化的术语。

（四）充分利用反馈机制

沟通不仅要关注我们说了什么，还要关注对方理解了什么，我们可以通过反馈来确认对方的理解与我们表达的意思是否一致。沟通中及时的反馈，有助于最大限度地消除沟通双方之间的认知隔阂，达成沟通的目标。

（五）学会积极倾听

倾听是重要的沟通技能，倾听有助于双方全面了解信息，同时也是对对方的一种激励。我们要正确认识自己在倾听过程中存在的障碍，比如，急于发言、选择偏好、心理定式、环境障碍等，积极提升倾听技能，善于倾听，积极反馈，从而改善人际关系，提高沟通效率。

（六）做好情绪管理

如果一个人在与他人沟通时总是带着不良情绪，那么沟通效果往往不会理想。比如，当一个人因愤怒而失控时，不良的情绪、狰狞的面目会成为别人难忘的回忆，不理智的话也无法收回，后果是不可想象的。在沟通中，我们必须要提升情绪感知力，了解情绪，并且学会管理和控制情绪。

（七）重视非语言信息

沟通时，要时刻保持对对方非语言行为的关注。人会不断地通过语言之外的行为来释放各种与情绪和感受有关的信号，通过解读这些信号，人才能真正读懂对方想要表达的意思。每个人都有言不由衷的时候，我们能选择说话的内容，也可以选择说话的方式，但我们一般无法隐藏自己的真实感受和情绪，因为多数非语言行为是在无意识中瞬间产生的。如果你发现对方在某个话题上的语言表达和身体表达不一致，那你就要特别留意了。

（八）注意沟通渠道

不同的沟通渠道可能对信息传递的准确性有不同的影响。有些信息可能更适合通过口头交流来传达，而有些信息可能更适合通过书面形式去传递。选择合适的沟通渠道可以确保信息被准确地传递给接收者，减少误解和歧义。不同的沟通渠道在沟通效率和即时性方面也有差异。有些情况下，需要快速传递信息并及时做出决策，此时选择即时的沟通渠道，如面对面交流、电话或实时聊天工具，可以高效地进行沟通。而在其他情况下，可以选择非即时的沟通渠道，如电子邮件或书面报告，以便更好地组织和整理信息。

课堂互动

谈谈你在生活中因沟通不当影响人际关系的例子，或者谈谈因沟通使你获得成功的例子。

案例研讨

羽毛球比赛
之后

任务三：进行有效的商务沟通

情境任务

年底，公司为了奖励市场部的员工，制订了一项海南旅游计划，名额限定为10人。可是13名员工都想去，部门经理需要再向上级领导申请3个名额。部门经理对上级领导说："朱总，我们部门13个人都想去海南，可只有10个名额，剩余的3个人会有意见，能不能再给3个名额？"朱总说："筛选一下不就行了吗？公司这次活动预算有限，再多给名额经费就超支了。"

假设你是部门经理，你会如何与朱总沟通，争取多要3个去海南的名额呢？请结合PAIBOC模型，分组讨论沟通方案，并分角色进行情境模拟。

知识解析

一、有效商务沟通的分析工具——PAIBOC模型

美国商务沟通领域的专家基蒂·洛克提出了PAIBOC模型，用以分析评估商务沟通情境中的具体问题。PAIBOC模型包括目的（Purpose）、受众（Audience）、信息（Information）、利益（Benefits）、异议（Objections）和背景（Context）这6个要素，具体内容如下。

- P——Purpose：沟通目的是什么？
- A——Audience：沟通受众是谁？
- I——Information：沟通必须包含哪些信息？
- B——Benefits：用什么理由或受众利益来支持你的观点？
- O——Objections：预测受众可能会有哪些反对意见？

- **C——Context：** 背景（经济状况、行业周期、沟通双方的关系等）会如何影响受众的反应？

课堂互动

假如你想劝说人们到你的饭店消费，仅仅说明可以在这里解决饥饿问题显然是很难吸引人们到你的饭店来的，必须要根据人们的要求安排不同的沟通信息。请根据不同的消费人群（1. 普通上班族；2. 带小朋友就餐的家长；3. 囊中羞涩者；4. 减肥人士），分别设计关于产品或服务的受众利益。

二、实现有效商务沟通的六大步骤

要实现有效商务沟通，一般可以遵循以下六大步骤：明确目标、事先准备、确认需求、阐述观点、处理异议、达成共识。但是需要注意的是，并不是任何商务沟通都需要经历这六大步骤，比如，领导宣布一项常规程序要求下属执行，这时领导只要向下属清晰并且详细地叙说和解释指令，并通过反馈及时确认下属准确接收到信息即可。有效商务沟通的六大步骤适用于沟通双方观点存在很大分歧、需要通过沟通达成共识的场景。

实现有效商务
沟通的步骤

（一）明确目标

目标导向是商务沟通的显著特征。存在分歧的双方，要通过沟通达成一致，这时候明确目标就显得尤其重要。有人认为，沟通目标就是成功说服对方完全接受自己的观点并付诸行动。这是很理想的状态。但有时候因为双方立场不同、利益不同，要求对方完全按自己的期待去行动是很困难的。如果对方没有被说服，但通过沟通双方达成了新的共识，这也算成功的沟通。

如何才能明确沟通目标呢？《关键对话：如何高效能沟通》一书提供了一种方法，就是明确沟通目标时需要回答以下3个问题：我希望为自己实现什么目标？我希望为对方实现什么目标？我希望为我们之间的关系实现什么目标？比如，国庆节假期马上就要到了，你和朋友决定在这个假期外出旅行，但是对于旅行的目的地，双方意见不一致，你想去杭州，而你的朋友想去青岛。为了尽早规划旅行行程，你们不得不坐下来沟通，否则会影响你们的出行计划。在这样一个沟通情境中，你的沟通目标是什么？"成功说服对方同意我的计划，跟我一起去杭州旅行"或是"我希望通过沟通，能尽快明确一个旅行目的地，这样也能更好地为旅行做充分准备"（我希望为自己实现什么目标？）"我希望我们即将开始的旅行，会给大家带来愉快的体验"（我希望为对方实现什么目标？）"我希望通过沟通能尽快达成共识，不会因为争执而破坏我们之间的友谊"（我希望为我们之间的关系实现什么目标？）如果在沟通的过程中，始终牢记沟通目标，相信双方不会因为意见不一致而影响友谊。

（二）事先准备

为了提高商务沟通的效率，在条件允许的情况下，我们应当事先做好沟通准备。我们可以应用PAIBOC模型进行沟通任务分析，回答目的、受众、信息、利益、异议和背景等分析性问题，针对沟通对象、沟通目的以及沟通情境来做好沟通准备。

例如，企业推出了一款智能办公软件，作为销售，你即将向一家传统制造业企业推销这款软件。当你在做沟通准备时，需要考虑如下问题。

① 目的：促使客户购买该款软件。

② 受众：对方是传统制造业企业，其可能更关注软件能否提升生产效率、降低成本，以及操作是否简便。

③ 信息：提前收集关于智能办公软件能提高生产流程管理效率的数据、案例，以及详细的成本节约分析报告。

④ 利益：向传统制造业企业强调该软件能降低生产线上的错误率，从而降低次品率，增加利润。

⑤ 异议：对方可能担心软件的兼容性问题，应提前准备好技术支持方案和成功的兼容案例。

⑥ 背景：如果是在行业展会期间与客户沟通，应重点展示软件的创新性和与行业趋势的契合度；如果是在对方企业内部会议上与客户沟通，应注重与其现有业务流程的结合和实际应用效果。

运用PAIBOC模型进行充分准备，可以显著提高商务沟通的效率和成功率。

（三）确认需求

沟通过程中需要挖掘对方的需求，挖掘需求需要通过提问、倾听、反馈来完成。

1. 有效提问

提问是非常重要的一种沟通行为，因为提问可以帮助我们了解更多、更准确的信息，所以，提问在沟通中会常用到。在开始的时候会提问，在结束的时候也会提问，如你还有什么不明白的地方？提问在沟通中用得非常多，同时提问还能够帮我们控制沟通和谈话的方向。

2. 积极倾听

倾听不是一种被动的行为，而是一种积极的行为，它不仅能够帮我们收集到更多、更准确的信息，同时它能够鼓励和引导对方更好地去表达。倾听是为了理解而不是评论。听的时候心不在焉，或者随意打断对方，这都不是积极倾听。当对方在表达的时候，我们要做出一些回应，比如，可以说"嗯""对""没错"，还可以适时地点头，这些都是积极倾听的表现，会给对方带来鼓励。

3. 及时反馈

当你没有听清或者没有理解的时候，要及时提问。在听对方讲完一段话的时候，你可以简单地重复对方所讲的内容。在听的过程中，要善于将对方的话进行归纳总结，以更好地理解对方的意图，寻找准确的信息。

（四）阐述观点

阐述观点时需要重点关注的是，如何把你的观点更好地进行编码并传递给对方，让对方理解并接受你的观点。

假设你是一名销售，在介绍产品时，可以运用FAB法则来组织语言。

* F（Feature，特征）：产品本身具备的属性。它是一个中性词，主要基于客观事实，传达产品本身固有的特点。

* A（Advantage，优势）：优势是指产品的特征相对于其他竞争产品所具有的独特之处。它是基于产品的特征而产生的，用于突出该产品在同类产品中的优越性。

* B（Benefit，利益）：利益是指产品能为客户带来的实际价值或好处，从客户的角度出发，强调产品如何满足他们的需求、解决他们的问题或提升他们的生活品质等。

有这么一个故事，生动说明了FAB法则的运用。一只猫饿了，想大吃一顿。这时销售员过来说："猫先生，我给你一沓钱。"但是这只猫没有任何反应。这沓钱只是一个属性（F）。猫躺在地上，很饿了，销售员说："猫先生，我这儿有一沓钱，可以买很多鱼。"买鱼就是这些钱的优势（A）。但是猫仍然没有反应。此时，猫非常饿了，想大吃一顿，销售员说："猫先生请看，我这儿有一沓钱，能买很多鱼，你就可以大吃一顿了。"话刚说完，这只猫就飞快地扑向这沓钱。"可以大吃一顿"就是这些钱带来的利益（B）。FAB法则的核心就是，通过向客户清晰地传达产品的特征、优势和利益，让客户能够直观地了解产品对自己的价值，从而发生购买行为。

例如卖沙发，如果按FAB法则的顺序进行阐述，可以是"这款沙发是头层牛皮制作的"（F）—"它的皮质非常柔软，又很耐用"（A）—"坐上去非常舒服"（B）。研究证明，按照FAB法则来组织语言，能让对方印象更加深刻，也便于对方理解。

课堂互动

此时，你正要向一位年轻的女士推销新疆红枣，请使用FAB法则进行产品介绍。

（五）处理异议

处理异议是沟通步骤中最具挑战性的一步。异议可能源于双方的利益冲突、信息不对称、文化差异等。处理异议时，我们要时刻保持冷静，尊重对方的立场，避免情绪化反应。我们可以通过换位思考的表达降低对方的防御心理，例如，"我理解您对价格的关注，价格确实是采购中的重要因素"。还可以使用数据或事实来支持己方观点，增强说服力，例如，"在过去一年中，我们的产品在同类市场中的占有率从15%提升到22%，这直接反映了消费者对我们产品的认可"。在合理范围内，适当调整己方的条件以换取对方的让步，也是一种处理异议的有效方法，例如，"如果您能增加订单量，我们可以提供更大的折扣"。

（六）达成共识

沟通目标是否实现，取决于沟通双方能否达成共识。达成共识不仅意味着双方就某一问题或事项达成一致，还有助于推动合作，为未来的长期关系奠定基础。当共识达成时，可以表达感谢，例如，"感谢贵方的信任与支持，期待我们未来有更多合作机会"。也可以对对方进行赞美，例如，"贵方的专业能力和远见卓识给我们留下了深刻印象，我们非常荣幸能与贵方合作"。还可以进行庆祝，例如，"今天的共识是我们共同努力的结果，值得我们共同庆祝。晚上我们一起共进晚餐如何"。

案例研讨

卡耐基侃房租

📖🔍 素养课堂

勿让"静音一代"作别面对面交流

有人称当下的"90后""00后"为"静音一代"。一份调查报告显示，在17岁到24岁年龄段的人群中，98%的人首选智能手机聊天软件作为沟通手段，打电话、面对面交流等人际交往方式变得罕见。

"静音一代"可以说是被互联网时代的聊天软件"造就"的。聊天软件在带来便利的同时，也几乎垄断了人际交往的方式。滚动的文字取代有声的话语，隔着屏幕的沟通取代面对面的互动，聊天软件让人际交流更加快速、成本更低、范围更广。但填平物理空间的鸿沟并不代表人心距离会拉近，经过思考过滤的语言表达有时并不如瞬时的情感表现真实。

思考：请结合以上材料，谈一谈你对"静音一代"的认识与思考。

拓展阅读

运用7C沟通法则，提升职场表达力

项目自测6

项目七　沟通策略：快速识别行为风格，提高沟通影响力

学习目标

知识目标

- 掌握4种典型的DISC行为风格。
- 理解不同风格的沟通对象对应的不同沟通策略。
- 掌握影响力的六大原理：互惠、承诺与一致、社会认同、喜好、权威和稀缺。
- 掌握有理有据、求同存异的沟通策略。

能力目标

- 能运用DISC理论快速识别自己及他人的行为风格，与他人有效沟通。
- 能认识自我的沟通优势和局限，理解自身与他人行为风格的不同，提高沟通效率。
- 能恰当运用影响力原理对他人施加影响，提高自身说服力。

素质目标

- 建立诚实守信、乐观宽容的人生态度。
- 培养爱岗敬业、团队合作的工作精神。

案例引入

"邮件门"事件

2006年网络上盛传的"邮件门"事件，曾一度引起轩然大波，被称为2006年人力资源界的三大丑闻之一。细看事件根源，都是"沟通不当惹的祸"。

2006年4月7日晚，美国易安信公司（EMC）大中华区总裁陆纯初回办公室取东西，到门口才发现自己没带钥匙，此时他的私人秘书瑞贝卡已经下班。陆纯初没有联系到瑞贝卡。数小时后，陆纯初还是难抑怒火，于是在4月8日凌晨1点通过内部电子邮件系统用英文给瑞贝卡发了一封措辞严厉且语气生硬的谴责信。

这封信翻译成中文的意思如下。

"瑞贝卡：

我星期二曾告诉过你，想东西、做事情不要想当然！结果今天晚上你就把我锁在办公室门外。我要取的东西都还在办公室。问题在于你自以为是地认为我随身带了钥匙。

从现在起，无论是午餐还是晚上下班，你要跟你服务的每一名经理都确认无事后才能离开办公室，明白了吗？"

英文原信的口气比上述译文要激烈得多。当发送这封邮件时，陆纯初同时将其抄送给了公司几位高管。

面对大中华区总裁的责备，两天后，秘书回了如下更为咄咄逼人的邮件。

"第一，我做这件事是完全正确的。我锁门是从安全角度上考虑的，如果一旦丢了东西，我无法承担这个责任。

第二，你有钥匙，你自己忘了带，还要说别人不对。造成这件事的主要原因都是你自己，不要把自己的错误转移到别人的身上。

第三，你无权干涉和控制我的私人时间。我一天就8个小时工作时间，请你记住中午和晚上下班的时间都是我的私人时间。

第四，从进入EMC的第一天到现在为止，我工作尽职尽责，也加过很多次班，我也没有任何怨言，但是如果你们要求我加班是为了工作以外的事情，我无法做到。

第五，虽然咱们是上下级的关系，也请你注意一下说话的语气，这是做人最基本的礼貌问题。

第六，我要在这强调一下，我没有猜想或者假定什么，因为我没有这个时间，也没有这个必要。"

本来，这封咄咄逼人的回信已经够令人吃惊了，但更令人吃惊的是，瑞贝卡回信的对象选择了"EMC（北京）、EMC（成都）、EMC（广州）、EMC（上海）"。这样一来，EMC中国公司的所有人都收到了这封邮件。

在瑞贝卡回邮件后不久，这封"女秘书PK老板"的火爆邮件被数千外企白领接收和转发，几乎每个人都不止一次收到过邮件，很多人还在邮件上留下诸如"真牛""解气""骂得好"之类的点评。其中，流传最广的版本居然署名达1000多个，而这只是无数转发邮件中的一个。

"邮件门"事件后，瑞贝卡很快辞职；据传，陆纯初也由于此事很快被EMC调离原职。

评析： 如果陆纯初能够掌握DISC行为风格分析工具，认知自己的行为风格，同时也能理解秘书瑞贝卡的行为风格，有意识地调整自己的沟通策略，那事态的发展会不会不一样呢？

（资料来源：崔佳颖.360度高效沟通技巧[M].北京：机械工业出版社，2010.）

任务一：识别不同的DISC行为风格

情境任务

请用5个词语或短句描述你自己（如注重感情、喜欢稳定、喜欢挑战等），并列出你的3个优势（乐于助人、勇于创新等）和3个不足（如粗心大意、缺乏耐心等）。

结合以上自我描述，根据DISC行为风格理论，你认为D、I、S、C中的哪一种或哪两种是你平日行为的主导特质？

知识解析

一、认识DISC行为风格理论

泰戈尔曾说："世界上最远的距离不是生与死，而是我站在你面前，你却不知道我爱你。"这句话虽讲的是爱情，但其实也体现了认识与了解之间的逻辑关系。认识不等于了解，我们只有了解自己，才能发展自己；只有了解他人，才能影响他人。在沟通情境中，你只有了解你的沟通对象，知道他的行为风格，才能够实现高效沟通。

认识DISC
行为风格理论

（一）DISC行为风格理论简介

DISC是一种人类行为语言，其理论基础来源于美国心理学家马斯顿博士在1928年出版的著作《常人之情绪》。马斯顿是研究人类行为的著名学者，有别于弗洛伊德和荣格从精神分析方面研究人类的异常行为，DISC研究的是由内而外的人类正常的情绪反应。DISC目前已经发展成为全世界使用最广泛的评量系统之一。

DISC按照人在环境中受情绪影响产生的行为特征，把人的行为划分为4种风格类型：

Dominance（支配型）、Influence（影响型）、Steadiness（稳健型）、Compliance（谨慎型）。"DISC"正是这4个英文单词的首字母。这4种类型的简单概括如下。

- D：支配型/指挥者，表现为目标明确、反应迅速。代表人物：张飞。
- I：影响型/社交者，表现为热爱交际、幽默风趣。代表人物：关羽。
- S：稳健型/支持者，表现为喜好和平、迁就他人。代表人物：刘备。
- C：谨慎型/思考者，表现为严谨精确、追求完美。代表人物：诸葛亮。

DISC行为风格理论是对人的情绪、行为的归纳，其实每个人身上都有D、I、S、C 4种特质，只是比例不同。而且，在不同的环境下或者面对不同的人，每个人展现的行为风格也不尽相同。每一种行为风格都有它的优势和不足，并无好坏之分。DISC的4种类型被划分在2个维度的4个象限中，如图7-1所示。

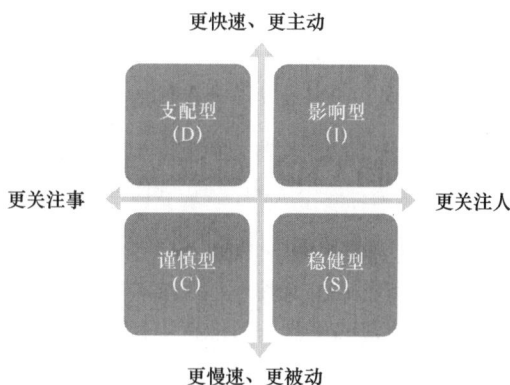

图7-1　DISC行为风格矩阵

横坐标代表维度1：更关注事—更关注人。纵坐标代表维度2：更快速、更主动—更慢速、更被动。

横、纵坐标划分出4个象限，4个象限分别对应DISC不同的特质：D型，更关注事，行动更快速、更主动；I型，更关注人，行动更快速、更主动；S型，更关注人，行动更慢速、更被动；C型，更关注事，行动更慢速、更被动。

需要特别说明的是，在DISC行为风格理论中，人并不是简单地被分为D、I、S、C 4种类型，而是关注每个人在这4种行为模式上的典型程度。也就是说，一个人身上具备D、I、S、C 4种特质，但在大部分时间里，会有一种或两种特质作为主导。

课堂互动

请结合DISC行为风格理论，论述《西游记》中的"唐僧""孙悟空""猪八戒""沙僧"师徒各自典型的行为特质。

（二）DISC 行为风格理论的特性

很多人仅仅把DISC当作一个测评工具，测出来自己是怎样的，就会给自己贴标签，不断暗示"这就是我"。这只看到了行为的倾向性，而忽略了行为的可变性。实际上，DISC行为风格理论作为一种人类行为语言，具有倾向性与可变性两个特性。

1. 行为具有倾向性

倾向性是指能够保持有规律地实现某种行为，并且这种行为的表现能够清晰地被识别和描述出来。举个例子，有的人习惯用左手拿筷子，有的人习惯用右手拿筷子。给你一双筷子，你基本上每次都会用自己习惯用的那只手去拿筷子，这就是行为的倾向性。正因为一个人的行为具有倾向性，可以被预测，所以它才值得被研究。

2. 行为具有可变性

每个人来到这个世界上的时候，就带着自己与生俱来的特质和倾向性。但是，行为是具有可变性的。行为会因环境的影响而产生变化。当我们置身于不同的处境、面对不同的群体时，行为表现往往有所不同。一般来说，每个人身上都同时具备D、I、S、C这4种因子，只不过每个因子所占比重不同。当面临不同的环境时，每个因子所占的比重可能会发生变化。

同时，DISC行为风格理论强调：一个人的行为，可以通过训练来发生相应的改变。比如，现在强迫你换一只手使用筷子，也就是用不习惯的方式拿筷子，你能不能做到？答案是能做到，但是会感觉很别扭，不舒服。如果练习几天，这种别扭感和不舒服感将会慢慢减轻。学习DISC行为风格理论，就是借助工具帮助我们认识到"自己是怎样的"，了解自己，从而学会调适自己的行为，扬长避短；DISC行为风格理论还可以让我们看懂别人，从而能用对方更能接受的方式与之沟通，提高沟通效率。

（三）与 DISC 类似的 PDP

PDP（Professional DynaMetric Programs，职业动态衡量系统）与DISC类似，都属于类型类测评，由美国南加州大学统计科学研究所和科罗拉多大学行为科学研究所团队于1978年研究建立。PDP其实是在DISC基础上复制及再次开发而成的测评系统，它将人群分为5种类型，包括支配型、表达型、耐心型、精确型、整合型。为了将这5种类型的特质形象化，根据其各自的特点，这5类人群又分别被称为老虎、孔雀、考拉、猫头鹰和变色龙。

- 支配型（老虎）：目标导向，强势，自我驱动力强，喜欢挑战。
- 表达型（孔雀）：擅长处理人际关系，喜欢被关注，爱交际，有魅力，受人欢迎。
- 耐心型（考拉）：耐心、亲切、稳定，是一个好的倾听者和合作者。
- 精确型（猫头鹰）：谨慎、严谨，强调规则，关注细节，追求完美。
- 整合型（变色龙）：可以在以上4个角色中转换，灵活调整度高。

实践中，也有不少人用"老虎""孔雀""考拉""猫头鹰"这4种动物分别表示DISC理论中的4种行为风格，即D——老虎、I——孔雀、S——考拉、C——猫头鹰。

（四）DISC 与 MBTI、九型人格等测评工具的区别

DISC是一种描述行为风格倾向性的类型测评工具，与之类似的还有迈尔斯-布里格斯人格类型量表（Myers-Briggs Type Indicator，MBTI）、九型人格等，它们之间的区别是什么呢？DISC更关注行为风格和人际交往，而MBTI和九型人格则更强调个人的心理偏好和认知方式。

美国心理学家麦克利兰于1973年提出了一个著名的"冰山模型"，将个体素质的不同表现划分为表面的"水面以上部分"和深藏的"水面以下部分"。"水面以上部分"是人的外在、容易测量的部分，比如知识、技能、行为习惯等，相对而言比较容易通过培训来改变。而"水面以下部分"是人的内在、难以测量的部分，如动机、思维、价值观等，它们不太容易通过外界的影响而得到改变，但却对人的行为与表现起着关键的作用。

DISC着眼于外在行为，是了解"水面以上部分"的工具，它立足于现在，关注的是未来。如果要了解"水面以下部分"，则常用MBTI和九型人格：MBTI用来了解个人思维模式方面的先天倾向性；九型人格则强调人的动机，要解决的问题是"我是谁"，立足现在，关注过去。

二、快速识别DISC行为风格

企业常用DISC测评工具去分析员工的行为风格偏向。日常生活中，我们不可能让身边的每个人都去做DISC测评，但是我们可以通过观察他人的言行、说话风格、做事方式等，来简单分析某个人处于某个场景中更偏向哪种行为风格。4种典型的行为风格解析如下。

（一）D 型（支配型）

D型人具有强烈的进取心，同时也有强烈的好胜心，精力充沛、雷厉风行、脾气火爆。他们面临挑战不惧压力、喜欢掌控全局、目标明确、以结果为导向，在完成目标的道路上会排除万难，是天生的领导者。关于目标，他们大多只关注是否完成、什么时候完成，至于怎么完成对他们来说并不是最重要的。D型人往往缺乏耐心，不重视人际关系的维护，他们的强势作风很多时候容易伤害身边的人。

（二）I 型（影响型）

I型人一般是情感丰富而外露的人，性格活跃，爱说、爱讲故事，有很强的感染力，且待人热情，乐于分享，很容易与他人建立关系。他们不喜欢独处，喜欢热闹的气氛，喜欢听赞美，害怕自己不被接受。他们是优秀的说服者，善于传递思想与观念，并影响他人；喜欢新鲜有趣的事物，有时缺少坚持；思维较快，工作中有时会忽略细节；容易情绪决定一切，想到哪儿说到哪儿，而且说得多干得少，遇到困难容易失去信心。

（三）S 型（稳健型）

S型人是温和主义者，悠闲、平和、有耐心，喜欢安全稳定的环境，工作踏实，不贪图一蹴而就的成就。他们待人和蔼，善于倾听，能与很多不同个性的人相处融洽。他们总是善于自我控制并谦恭有礼，是很好的团队活动参与者。他们工作条理性强，不太好意思拒绝别人的要求。他们更善于维持一段既有的人际关系，而不是去开创新的关系。他们性子比较慢，

缺乏适应变化的能力，尤其害怕冲突。面对冲突，他们有时会选择过分让步、默默忍受。

（四）C型（谨慎型）

C型人通常严肃认真、目的性强、善于分析。他们往往做事井井有条、注意细节、喜欢分析事情的前因后果。他们在自己的专业和喜欢的领域会钻研得很深入，会通过不懈努力以达到完美。他们有很强的自我评价能力，对自己及他人都是高标准严要求，但有时会给他人带来过大的压力。他们通常被动，沉默谨慎，在别人看来显得冷漠孤独。内敛的性格加上怀疑的天性，使得他们很难和别人构建并维持亲密的人际关系。他们有时候过于坚守原则，缺乏灵活性。

📑 课堂互动

观看电影《穿普拉达的女王》，请结合DISC行为风格理论，谈一谈影片中的米兰达和安迪各自典型的行为特质。

自我测评

DISC行为
风格自我测评

三、DISC理论在沟通中的应用

DISC行为风格理论注重行为风格和人际交往，能够帮助我们洞察自己和他人的行为模式。当我们可以更客观地看待人和人之间性格和行为风格的差异时，也就可以更好地理解不同的人在观念和方式上的冲突，进而更包容、平和地解决问题。

DISC理论在
沟通中的应用

（一）认知自我，补齐短板

我们可以通过DISC这一工具，发现自身的沟通偏好和盲点，并积极采取行动来调适自己的行为，有效提升沟通能力。

1. 给D型人的沟通改进建议

D型人一方面有着强大的气场，另一方面也有着火爆的脾气。他们过于关注事，以目标为导向，从而忽略了对人的关注，缺乏耐心。他们直来直去、作风强势，不给别人留情面，很多时候容易伤害身边的人。给D型人的沟通改进建议有以下几点。

①学习倾听

D型人通常倾向于直接表达自己的观点和意见，但为了改善沟通，D型人应该学会倾听，给予他人表达意见的空间，在沟通中表现出更多的耐心和对他人的尊重。毕竟倾听可以帮助建立更好的沟通和合作关系，并获得更全面的信息。

② 控制情绪

D型人可能在沟通中表现出强烈的情绪。D型人应学会控制自己的情绪，并采用冷静、理性的态度来进行沟通。深呼吸、冷静思考和适度的情绪管理有助于营造积极的沟通氛围。

③ 提供更多背景信息

D型人通常关注结果和目标，有时候他们可能会忘记提供足够的背景信息给其他人。D型人应当意识到，其他人可能需要更多的上下文和细节来理解问题。在沟通时，要有足够的耐心去提供适当的背景信息，这样才能做到有效沟通。

2. 给I型人的沟通改进建议

I型人的想法很多，总是喜欢新鲜有趣的事物，只是很多时候缺少坚持。I型人有自恋的特点，有时候会忽视其他人的感受。情绪化的I型人，有时候会让人摸不着头脑。给I型人的沟通改进建议有以下几点。

① 重视倾听

I型人喜欢社交，但在沟通中更多关注自己的表达，往往对倾听的重视程度不够。I型人应当有意识地锻炼自己的倾听能力，仔细倾听他人的观点、意见和感受，给予他人充分的表达空间，展示对他人的关注和尊重，这样可以建立更好的互动和共鸣，促进形成良好的沟通关系。

② 抓住重点不跑题

I型人常常充满热情和活力，乐于表达和分享。在沟通中，他们有时候会过于滔滔不绝，缺乏条理性，无法专注于核心要点。为了改善沟通，I型人需要学习更加清晰、简洁地表达自己的想法和意图，确保自己的表达具有逻辑性和连贯性，避免跑题或过多纠结于细枝末节。

③ 充分准备

I型人通常喜欢灵活和自由的交流方式，但在某些情况下，需要组织和计划自己的沟通内容。比如，在重要的会议中，提前准备好资料，重视事实与数据，并有条理地组织自己的思路，这样可以提高沟通的效率。

3. 给S型人的沟通改进建议

S型的人性子比较慢，不喜欢变化和压力，尤其害怕冲突，即使自己有不同意见，也很少说出来。他们倾向于默默倾听，不太愿意表达自己的观点。给S型人的沟通改进建议有以下几点。

① 避免过于含蓄的表达

S型人通常倾向于保持和谐、避免冲突，在沟通中有时表达可能过于含蓄和模糊，使对方产生误解。S型人应当学会清晰、直接地表达自己的意思，避免使用模棱两可的说法，这样做可以减少误会，使沟通更有效。

② 积极参与沟通

S型人有可能在沟通方面缺乏主动参与的勇气，倾向于默默倾听，而不太愿意表达自己的观点。为了改善沟通，积极参与对话是关键。S型人应当鼓励自己在讨论中发表意见、提出问题或分享自己的经验。不要害怕出错或听到反对的声音，要勇于提出自己的观点。

③ 学会拒绝

S型人不好意思拒绝别人，即使别人有求于自己的恰恰是自己为难的事。S型人需要明白，应该在衡量了自己的能力发现自己不能做到之后，做出拒绝的回应。比如，当对方提出的要求超出你的能力范围时，答应对方就是不负责任的行为，因为你的行动结果无法达到对方的预期，这种情况下最好直接和果断地拒绝对方，而不是选择沉默，或选择拖延。

4. 给C型人的沟通改进建议

C型人有一套自己的准则和衡量标准，并且希望别人也能够遵守规则，他们非常不喜欢别人破坏规则。不过他们的坚持和执着，有时候会把自己困在自己画的圈里。C型人不仅对自己高标准严要求，也对别人高标准严要求，这样容易给自己和别人较大的压力。给C型人的沟通改进建议有以下几点。

① 避免使用专业术语

C型人往往是某一领域的专家，倾向于使用专业的词汇和复杂的术语进行解释。为了更好地与他人沟通，C型人应尽量简化语言，使用更通俗易懂的词汇和表达方式，避免使用过多的专业术语，以确保信息的清晰传达。

② 给予他人反馈和支持

C型人倾向于追求完美，对自己的要求较高。然而，在与他人合作时，C型人要学会给予积极的反馈和支持，肯定他人的努力和成果，鼓励他们继续努力，同时也要接受他人的不完美和错误。

③ 学会换位思考

C型人喜欢独立思考和工作，而较少能够站在对方的角度思考问题。为了改善沟通，C型人应学会换位思考，尽量保持开放的心态，理解他人的想法，并寻求解决方案。

课堂互动

1. 我眼中的我：你认为自己的行为风格的优势是什么？不足是什么？为了实现更有效的沟通，从自身出发，你将如何改进自己的沟通行为？（针对每一个问题，请至少给出3条答案。）

2. 同学眼中的我：邀请一名同学，对你的行为风格进行评价，并给出3点以上的沟通改进建议。

（二）识别他人，提高沟通效率

在沟通中，我们可以运用DISC工具识别沟通对象，根据其行为风格，调整自己的应对策略。例如，一名销售人员在面对D型特质的客户时，要简单直接地陈述结果；在面对I型特质的客户时，要多赞美对方，给对方展示的机会；在面对S型特质的客户时，要多关心对方，多听听对方的故事；在面对C型特质的客户时，则要用事实和数据说话。

1. 与D型人的沟通策略

D型人对待事情严肃认真，关注目标和结果。他们行事果断，而且在大多数场合能够影响别人。他们行动速度快，霸气有余而耐心不足。与D型人沟通，应多采用咨询和建议的方式，尽量不要以命令和指导的方式，不要轻易去挑战他们的权威。与他们沟通要开门见山、有事说事、突出重点，不需要太多的细节描述和拐弯抹角。在倾听的过程中，对他们的影响力要表现出你的兴趣。

🔧 课堂互动

1. 你身边的D型人有谁？
2. 你平时与他（她）的沟通存在什么问题？
3. 你打算如何改进你们之间的沟通？

2. 与I型人的沟通策略

I型人注重感觉，期待被人赞美，喜欢自己说多过于听别人说，与他们沟通，要建立一个对他们有利和友好的环境，给他们机会说出自己的见解。I型人乐于分享，要积极给予他们反馈，在沟通过程中，要适时给予对方赞美和肯定，不要轻易否定或批驳他们的观点，要顾及他们的面子。

🔧 课堂互动

1. 你身边的I型人有谁？
2. 你平时与他（她）的沟通存在什么问题？
3. 你打算如何改进你们之间的沟通？

3. 与S型人的沟通策略

S型人喜欢没有压力的环境，喜欢稳定，所以与其沟通时要创造一个安静温馨的环境。S型人一般来说比较隐忍，其内心是相对比较渴望获得支持的，沟通中要多说些温暖和肯定的话，多一些关怀和包容，鼓励他们大胆表达真实想法。如果要布置任务给他们，要对任务做清楚的说明，并多给一些指导。在提出可能涉及改变现在的做法的建议时，要以平等的姿态和口气与他们沟通，要给他们时间进行调整，不要催得太紧。他们不善于拒绝，沟通时要仔细观察、及时询问他们是否存在困难。

课堂互动

1. 你身边的S型人有谁？
2. 你平时与他（她）的沟通存在什么问题？
3. 你打算如何改进你们之间的沟通？

4. 与C型人的沟通策略

C型人很注重规则和流程，并相信数据和事实，与他们沟通时，你需要对所要沟通的事宜进行充分的准备，最好有精确的数字来支持你的见解和观点。遵守规则，摆事实讲道理，要和他们一样认真严谨，不要拒绝解释细节，不要模糊或随意地回答他们的问题。沟通时不要和他们有太多眼神的交流，避免与他们有太多的身体接触，要尊重他们的个人空间。

课堂互动

1. 你身边的C型人有谁？
2. 你平时与他（她）的沟通存在什么问题？
3. 你打算如何改进你们之间的沟通？

任务二：影响力原理在沟通中的应用

情境任务

你的部门有一位女员工小李，她很聪明，工作能力很强，成长得比较快。在最近一段时间里，她工作业绩很好，可就是不遵守公司的考勤制度，上班经常迟到。你作为她的部门领导，关于迟到这件事，已经找她谈过一次话了，但这个月她又迟到超过了5次。今天，你决定再找小李来沟通一次，好好观察小李，从根本上找出小李屡次违反公司考勤制度的真正原因，从而更好地解决问题。

学生两人一组，模拟在以上情境中的沟通过程，要求运用影响力原理，并在10分钟内达成沟通目标。

知识解析

一、认识影响力

说到影响力，很多人以为这是大人物的事，和普通人没有关系。其实，普通人才更需要建立自己的影响力。除非你拥有绝对权力、绝对话语权和如超人般的能力，什么都能搞定，否则人人都需要学习如何提升影响力。在沟通中，如果我们可以掌握并有效地运用影响力原理，提高我们的威信，就能更好地实现沟通目标。

"影响力"一般被认为是用一种他人所乐于接受的方式，改变他人的思想和行动的能力。简单来说，影响力也可以被理解为说服力，影响力越大的人，越容易说服别人，以及得到更多人的支持和认可，做事的成功率也越高。反之，影响力越小的人，被拒绝的概率越高，做事的成功率越低。

二、影响力的六大原理

美国社会心理学家罗伯特·西奥迪尼被誉为"影响力之父"，是全球知名的说服术与影响力研究的专家。他在其著作《影响力》一书中，解释了为什么有些人极具说服力，而人们总是不由自主地答应他们的要求。影响力的六大原理——互惠、承诺与一致、社会认同、喜好、权威、稀缺，正是这一切的根源。那些说服别人的高手，总是熟练地运用这六大原理。

识别影响力的
六大原理

（一）互惠

互惠原理认为，我们应该尽量以相同的方式来回报他人为我们所做的一切，接受往往和偿还联系在一起。

互惠原理之所以如此强大，是因为它深深植根于我们的社会规范中。从小我们就被教导要"知恩图报"，这种观念让我们在受到他人的善意或帮助时，会自然而然地产生回报的冲动。举个例子，假设你是一名销售员，面对一位潜在客户时，如果你先主动提供一些有价值的信息或帮助，比如分享行业趋势或解决客户的一个小问题，客户很可能会因为感受到你的善意而更愿意倾听你的建议，甚至考虑购买你的产品。这就是互惠原理在起作用——你提供的帮助激发了对方的回报心理。

运用互惠原理时必须要注意，互惠的核心是真诚的帮助，而不是操纵。如果你只是为了得到回报而刻意付出，对方很容易察觉，反而会适得其反。另外，互惠原理的效果往往体现在长期关系中，不要期待每一次付出都能立刻得到回报，而应着眼于建立持久的信任和合作关系。

（二）承诺与一致

承诺与一致原理认为，一旦我们做出了某个决定，或选择了某种立场，就会面对来自个人和外部的压力迫使我们的言行与这个决定或立场保持一致。

从小父母就教导我们，要做一个信守承诺、言行一致的人，这是每个人都应该具备的良好道德品质，言行不一的人往往不被信任。心理学家认为，承诺与一致原理之所以发挥作用，必须得有承诺在前开道。

有这样一个实验：A躺在海滩上听收音机，另一人B扮演小偷，B要偷的就是A的收音机。研究人员分别从两种情况统计，看有多少实验对象会阻止偷盗行为。第一种情况是A起身离开前，会主动要求实验对象帮忙照看一下收音机，每一个实验对象都答应了；第二种情况是A不主动要求实验对象帮忙，全凭自愿。结果显示，前一种情形中，20人中有19人都会制止小偷的行为，而后一种情形中，20人中只有4人挺身而出。

要想承诺有效果，承诺就必须公开、自愿。假设你是一名团队负责人，希望团队成员在项目中更加积极主动，你可以在项目开始时，让每个人公开承诺自己将负责的具体任务，并制定明确的目标。因为一旦他们公开做出了承诺，就更有可能在后续的行动中与承诺保持一致。

在商务情境中，承诺与一致原理有比较多的应用场景。比如，对下属的一次好的行为给予公开赞扬，那么他下次做类似行为的可能性就高；在销售活动中，寻找积极的方法鼓励客户做出公开、积极的承诺；先请求获得微小的承诺（同意接见、同意推荐其他客户等），为后续得到更有价值的承诺或协议奠定基础。

（三）社会认同

社会认同原理认为，人们在判断一件事是否正确时，很多时候会参考其他多数人的行为或意见，尤其是在充满不确定性的条件下。

社会认同原理的心理机制源于我们对群体智慧的信任，以及希望融入社会的本能。一个很有趣的实验可以证实这一点：站在川流不息的人行道上，找一处空空如也的天空或者高层建筑，凝视它整整一分钟，在这段时间里几乎没人会停下来跟你一起盯着看；第二天，你带上四五个朋友到同一地点一起往上看，不出一分钟，就会有一群路人停下来，跟你们一起朝上看。在对环境不熟悉、对问题不确定的情况下，我们往往会先看其他人是怎么做的。比如，客户对你推荐的几款产品都很感兴趣，不知如何做选择，这时，如果你告诉他哪款产品选择的人最多或销量最高，往往能帮助他快速做出决策，因为他们会认为，"既然这么多人选择，那选这款产品一定没错"。

社会认同发挥作用有一个重要条件，即相似性，也就是说与我们类似的人的行为对我们最有影响力。比如，向年轻人推荐产品时，使用同龄人的案例会更有效。社会认同原理的使用要适度，避免过度依赖，因为沟通的核心仍然是解决对方的需求，而不是单纯依靠"从众心理"。

（四）喜好

喜好原理是指人们更容易答应自己认识和喜欢的人提出的要求。

喜好原理的心理机制源于我们对熟悉和喜爱的事物的天然偏好。朋友推荐的东西对我们的影响大于商家的广告，这也是为什么越来越多的商家开始利用圈子进行营销。比如，某些电商平台通过拼团活动，鼓励用户邀请朋友一起购买；在线教育平台推出"邀请好友一起学，共享奖学金"活动，用户因为朋友的推荐而更愿意尝试课程；护肤品品牌举办线下沙龙，用户因为朋友的推荐而参加，并在活动中了解和使用产品。

喜好原理不仅仅局限于朋友之间，还可以扩大到更多方面。影响喜好的因素有如下几种。

1. 外表的吸引力

外表的吸引力，并非仅仅指长相漂亮，而是指一个人的整体状态招人喜欢，比如服饰整洁、言谈得体、举止大方等。在商务场合，适当装扮，做到干净整洁、简约利索，言谈举止符合礼仪规范，无疑会给对方留下好的印象，为沟通奠定良好基础。正是因为我们喜欢外表有吸引力的人，我们更容易被自己喜欢的人说服，所以销售人员的培训计划中经常会有形象管理类课程。

2. 称赞

人们总是喜欢听好话，会对称赞自己的人有好感。不吝赞美他人的人，走到哪里都会很受欢迎。赞美他人要有理有据，不能言不由衷、言过其实。对于如何赞美客户，销售人员一般都要进行专门培训，而优秀的销售人员总能从客户身上找到一些可以赞美的地方。

3. 相似性

我们通常会对与自己相似的人有好感，不管这种相似是体现在观点、个性、背景还是生活方式上。这种心理倾向在销售领域也被合理运用，以建立更自然的信任关系。比如，汽车销售员在接受培训时，会学习如何通过观察顾客的旧车来了解他们的生活方式。如果发现后备箱里有露营设备，销售员可以自然地分享自己对户外活动的兴趣："我平时也很喜欢露营，周末经常去山里放松一下。"这种基于真实兴趣的交流，能迅速拉近彼此间的距离，建立更轻松融洽的沟通氛围。

（五）权威

权威原理认为，人们更容易听从那些被认为在某个领域具有专业知识、经验或地位的人的建议或指示。

在个人成长的过程中，服从权威在很多时候给我们提供了一条行动的捷径。权威人士的意见通常基于丰富的经验或专业知识，能够为我们提供明确的方向，减少行动中的不确定性。而且，服从权威能够为我们提供心理上的安全感，尤其是在面对高风险或未知领域时。在商务沟通中，我们可以引用权威机构或专家的观点来增强说服力。比如，在讨论低盐饮食时，你可以说"世界卫生组织建议成年人每人每天食盐摄入量不超过5克"，这种表达会让你的观点更具可信度。在产品宣传材料中展示权威机构的认证或评价，也可以增强客户对产品的信任。比如，"荣获2023年红点设计大奖，彰显卓越设计与创新"。

权威原理的核心在于建立可信度，当我们被视为某个领域的权威时，我们的观点和建议也更容易被接受。在沟通中，我们可以通过展示自己的专业知识来建立权威。比如，一名财务顾问可以向客户详细解释某项投资策略的原理和优势，并用数据和案例支持观点，这种专业性的展示会让客户更信任其建议。

（六）稀缺

稀缺原理指的是，当某样东西显得稀缺或难以获得时，人们往往会认为它更有价值，从而更想要得到它。

稀缺原理的心理机制主要源于人们对失去机会的恐惧以及对稀有资源的重视。害怕失去某种东西，比希望得到同等价值东西，对人们的激励作用更大。稀缺原理在现实生活中最常见的运用就是商家所策划的限量版商品。限量版商品通常以"数量有限"或"售卖时间有限"为卖点，传递出"错过就不会再有"的信息，人为制造稀缺感，激发消费者的购买欲望。另外，竞争的存在会使稀缺产生更大的刺激性。比如，在艺术品拍卖会上，一幅名画被多位收藏家争抢，最终以远超估价的价格成交。

在运用稀缺原理时，我们必须确保信息的真实性，避免夸大或虚构。虚假信息一旦被识破，会严重损害信任，甚至产生负面影响。因此，只有以真诚和尊重的态度进行沟通，稀缺原理才能真正有效地激励对方行动。

自我测评

影响力水平测试

三、如何提升个人沟通影响力

构建影响力是社会交往、职业发展的普遍诉求。我们无时无刻不在影响别人，同时也被别人影响着。影响力对获得认同、促成合作、领导团队有着重要作用。沟通是我们与社会交互的核心手段，也是影响力的内核所在。在典型的职场沟通情境中，无论面对的是领导、同事还是客户，我们都可以在充分了解沟通对象的立场、认知、偏好的基础上，运用影响力原理来施加影响，从而更有效地实现沟通目的。

如何提升沟通影响力

（一）建立良好的关系

当你和对方没有信任关系的时候，说再多也没用，而当有信任关系的时候，你所说的内容对方一般能听得进去。我们可以利用影响力中的互惠原理和喜好原理来使对方对我们产生好感，良好的关系确立了，再进行沟通就事半功倍了。

中国有个成语叫作"礼尚往来"，互惠原理之所以有效，是因为人们通常认为接受帮助后应给予回报。所以，我们平时可以多给沟通对象提供帮助，以此来建立良好的关系，为提高沟通影响力打好基础。喜好原理就是"投其所好"，想办法让对方喜欢你，因为人们更容易接受自己喜欢的人提出来的意见和建议，比如找和对方的共同点，以此来建立良好的关系。

（二）避免不确定性

我们生活在一个信息爆炸且充满不确定性的时代。当对方不是很确定我们讲的内容的真

实性和权威性时，势必就会影响他的判断。正是因为这个世界的信息是高度不对称的，人们很难判断收到的信息的真实性和有效性，所以我们的认知机制就给我们找了两条捷径来减少不确定性带来的焦虑感：社会认同和权威。

社会认同是指在没有公平和权威的评价系统时，我们对"正确性"的判断，往往会依赖别人的意见。沟通中，我们可以运用社会认同这一影响力原理来进行信息编码，这样能有效提高我们的说服力，达成有效沟通的目标。比如，作为销售人员，你可以告诉你的客户，某款产品销量最高、最受客户欢迎，并且他的朋友或邻居，最近也从你这里购买了这款产品，这时候，你也许不用再费多少口舌告诉他这款产品功能有多强大、性价比有多高，他就会做出购买行为。

在商务沟通中，我们可以借助权威的力量，来增强沟通对象对我们的好感与信任。比如，在推销产品时，如果我们推销的产品曾经获得国际或国内权威机构的认证、奖项，一定要不失时机地展示出来或者说出来，包括展示一些正规的媒体报道，这些虽然不是决定性的，但它们的权威性会在关键时刻影响客户的购买行为。在沟通中，当个人的影响力不足的时候，我们可以引用权威的观点来增强说服力，不要说"我认为"，而要说"××专家认为"。

另外，我们在沟通中保持不偏不倚的态度，可以提高话语的权威性和可信度。比如，推销产品时不应该一味地贬损、打压竞争对手的产品，而应适时认可对方的优点，承认自身的不足，再强调自身的优势，这样客户也会更信任你，从而更愿意接受你的推荐。

课堂互动

一位销售正在向客户推销一款手机："××手机（竞品）电池续航太差了，而且屏幕显示效果也不好，完全不如我们的这款产品。"这样的表达存在什么问题？为了给客户留下客观、权威的印象，又应该如何表达呢？

（三）为对方创造动力

人们通常倾向于推迟决策，以减少当下的认知负担和压力。因此对方可能表现出固执、犹豫，但其实他不过是缺乏一个行动的动机而已。美国推销大师金克拉曾经说过："每个销售人员都面临5个基本的挑战：没需求、没钱、不着急、没愿望、没信任。"而很多销售人员都会陷入一个误区：因为我们的产品好，所以你应该买。所以他们可能一上来就介绍一大堆产品功能，但对客户来说，在"产品好"和"我要买"之间，差的可能是动力，即我为什么需要这个产品？我为什么非得现在购买这个产品？

影响力六大原理中的"承诺与一致"和"稀缺"，可以为对方创造动力。人都有言行一致的愿望，当人的行为和想法不一致的时候就会出现认知失调，就需要找理由去合理化自己的行为。在销售活动中，如果可以寻找到积极的方法鼓励客户做出公开、积极的承诺，就能很好地为对方创造需求和动力，使客户做出与承诺一致的购买行为。

"稀缺"是许多品牌常用的营销策略之一。人们对失去某种东西的恐惧，往往比获得同一个东西的渴望更能激发行动力。因此，当客户得知某种商品数量有限或即将售罄时，可能会更快做出购买决策。在利用稀缺性时，应确保信息的真实性，避免过度营销或误导。

（四）诚实守信，真诚沟通

如果我们想要拥有真正的影响力，那么必须诚实守信、为对方着想。

影响力原理不是用来坑蒙拐骗的工具，而是给予我们一个框架和视角，让我们不断审视自己的初心。当我们在向别人施加影响力，想让别人对我们说"是"的时候，我们必须真诚地为对方着想，展现自己最好的一面。因此，并不是使用哪一种原理就一定可以获得立竿见影的效果，而是通过沟通，传递真诚的态度。

四、职场典型情境中的沟通影响力

影响力的发挥有时还取决于情境与沟通策略的匹配度。要有效提升沟通影响力，实现沟通目的，我们需要根据具体的沟通情境，采取不同的沟通策略。前文讲到，商务沟通就是在现代商务活动中，为了达成既定的目标，不同的个体、群体之间传递信息、表达情感、达成共识的过程。传递信息、表达情感、达成共识可以看作商务沟通的3种基本模式。以下将根据模式的不同，匹配不同的职场典型情境，调整沟通策略。

（一）传递信息——有理有据

在商务环境中，有理有据策略往往被看作基础的影响他人的方法。以传递信息为主的沟通，可以通过有理有据策略来说服和影响他人。该策略主要适用于以下情境：

* 对方的目标和需求相对清晰，双方在目标上是相对统一的，双方之间的关系更偏向合作，而不是激烈的竞争；

* 对方的情绪积极稳定，我们在对方心目中是可信的，双方都愿意用客观、理性的方式进行讨论；

* 我们能用相对充足可靠的数据、事实或者案例来支持自己的观点，或者可以引用权威的观点来增强说服力。

如果符合以上情境，如何让我们的沟通更有影响力呢？在此推荐使用金字塔结构的表达方式，即根据想要表达的内容，先说中心思想（结论），犹如金字塔的顶端，再说论点、论据，层层递进。比如，作为秘书，领导上周让你联系各位部门经理这周一起开会，你现在就这件事回复老板："您好，上周计划的会议定在了本周四下午。原因如下：应当参会的市场部的张总、运营部的王总和采购部的李总交叉的空余时间是本周四下午，而刚好这个时间会议室是空的，所以本周四下午最合适，您看定在下午几点合适呢？"这样的表达，逻辑清晰、言简意赅，便于领导理解、记忆和认同。

另外，在沟通时要注意反馈，因为说服的目的是让双方能达成一致，获取对方的认同和支持，而不是单向的强行输出。因此，主动让对方参与到讨论中，了解对方关注的重点或可能的顾虑，根据对方的需求灵活调整沟通内容，最后双方达成一致，这样也会让大家后期更有责任感去支持达成一致的内容的落地实施。

有理有据策略大致可遵循以下沟通步骤。

1. 清楚而礼貌地开场

由于对方的目标和需求相对清晰，开场白可以开门见山，注意礼节，言简意赅。

语言提示： "我有一个建议，想听听你的想法……" "关于……的方案，我想花时间和你谈一下，你的支持对我来说很重要。"

2. 先给出结论

开头先说结论，因为结论是对方最关注的部分，这样做可以快速让对方了解你的目的，让双方的沟通迅速进入主题，提高效率。

语言提示： "我的建议是……" "我认为……是目前比较好的选择" "这件事的最终结果是……"

3. 陈述理由

理由是观点的支撑，位于金字塔结构的表达方式的中间。理由提供了为什么某个观点是正确或合理的解释和论证。理由为观点提供了支撑，使其更具说服力。在陈述理由时，注意使用清晰的逻辑顺序，可以按照重要性、时间顺序等进行陈述。

语言提示： "之所以认为……是目前的最佳选择，主要基于以下几点考虑：首先……其次……最后……"

4. 提供具体的事实

事实是金字塔结构的表达方式的基础，它们是客观存在或已经发生的事情。事实通过数据、统计、科学研究或可靠的来源来支持观点和理由。事实提供直接的证据和支持，使理由更具可信度和可靠性。

语言提示： "根据最新统计数据……" "据媒体报道……" "调查结果显示……"

5. 征询对方的意见

提问可以帮助我们委婉地询问对方的意见，并鼓励他们积极参与讨论和表达自己的看法。请确保给予对方足够的时间和空间来表达他们的意见，并倾听他们的观点。

语言提示： "你是否赞同……" "关于这个问题，你有什么想法？" "你有不同意见吗？"

6. 解答对方的疑问

沟通中，如果对方对我们的观点提出了疑问，我们可以进行解释，注意对方的反馈，确保双方理解准确。如有必要，可以考虑调整或修正自己的观点，以展示灵活性和开放性，寻求共同的解决方案。无论在何种情况下，都要保持冷静和尊重。

语言提示： "事实上，情况是这样的……" "让我解释一下……" "我明白你的顾虑……"

7. 确认达成一致

确保在沟通结束时，明确总结达成的一致点，并确保各方对共识有清晰的理解。

语言提示："为了确保我们有共同的理解，让我总结一下我们达成的共识……""让我们确认一下，我们现在就……达成了一致。"

📑 课堂互动

> 你和朋友决定在国庆假期外出旅行，但是你们对旅行的目的地还没有达成一致。你经过慎重考虑，认为去某城市旅行是个不错的选择，你打算说服你的朋友，跟你同行，度过愉快的假期。
>
> 两人一组，模拟沟通的过程，要求运用影响力原理，并遵循有理有据策略的沟通步骤。

（二）表达情感——倾听共情

如果对方的情绪状态不稳定，或者对方不是很清楚自己的目标和需求，那么说道理是说不通的。这个时候，我们首先需要倾听，把对方牵引过来，而不是把自己的观点强推出去。当我们对对方表现出越多的兴趣和关注时，对方会越愿意敞开心扉与我们合作。以交流情感为主的沟通，可以通过倾听共情策略来提高沟通影响力。该策略适用于以下情境：

- 对方没有表达出特别明确的目标或需求，我们对对方的行为动机也有些迷惑；
- 对方情绪消极，我们感觉到对方有抵触或防备情绪；
- 我们希望和对方建立长期的合作关系。

在这些情境中，我们需要充分了解对方的问题和顾虑。可能是彼此之间的一些不愉快经历导致对方产生抵触情绪，也可能是对方内心有些担忧和恐惧是我们没有想到的。

倾听共情策略大致可遵循以下沟通步骤。

1. 共情对方并安抚对方的情绪

共情的本质不是赞同对方，而是在情感和理智上充分理解对方。当听到对方的诸多情绪化或者感性的表达时，首先我们可以理解对方的感受，然后我们用语言把对方的情绪和想法表达出来，一方面让对方知道我们在试图理解他，另一方面也是向对方求证我们的理解是否正确。

语言提示："就像你刚才说的，我理解你现在感觉……""听上去，你的主要顾虑在于……"

2. 通过开放式提问充分了解对方的真实想法

如果我们感受到对方的抵触情绪，先不用急于表达，而是应该用开放式提问引导对方把自己的真实想法和顾虑说出来。

语言提示："能帮助我理解一下，大概是什么原因让你有这样的顾虑吗？""你在这个项目上的时间是怎么安排的，现在的主要问题是什么呢？”“关于解决目前的问题，你有什么想法呢？”

3. 澄清对方的观点

在回应对方时，使用回应性语言来展示我们的理解。这样可以确保我们正确理解并反映对方的观点，同时也向对方传达我们做到了认真倾听。

语言提示：“如果我理解正确，你说的是……”“我明白，你的意思是……”“所以你的观点是……”

4. 适时提出意见和建议

我们可以给出意见和建议，让对方感觉我们是在提供帮助，而不是强推自己的观点。如果条件允许，可以给予对方考虑时间，不要催促对方。

语言提示：“我非常理解你的想法，或许你可以听听我的建议……”“在我的权力范围内，我可以为你提供……”

5. 探索双赢解决方案

鼓励开展合作性讨论，共同探索能够满足双方需求的双赢解决方案，强调合作和共同利益，而非竞争或对立。

语言提示：“我们的目标是一致的……”“让我们一起来解决问题……”

课堂互动

　　如果你是某电器销售企业的售后客服，某天接到一位客户打来的投诉电话。客户称自己购买的洗衣机收到时外壳破损，提出换货申请后，收到的另一台洗衣机出现了故障，无法正常运行。于是该客户再次提出换货申请，但由于目前本地仓库无货，需要从外地调货，预计需要一周时间才能到货。客户显然很生气，情绪很激动，冲你一顿抱怨，但他似乎并没有很清楚地表达自己当前的诉求。你将如何与这位客户进行沟通，安抚对方的情绪，并妥善解决投诉问题呢？

　　两人一组，模拟沟通的过程，要求运用影响力原理，并遵循倾听共情策略的沟通步骤。

（三）达成共识——求同存异

由于沟通双方背景、立场不同，沟通中难免会存在异议，达成共识可能是商务沟通中最难达成的沟通目标。以达成共识为主的沟通，可以运用求同存异策略来提高影响力。该策略主要适用于以下情境：

- 对方的需求比较清晰，我们的目标也很明确；
- 对方的情绪积极性不高，但没有特别沮丧；
- 我们希望对方做出改变并立即行动。

我们必须牢记，沟通是为了找到双方的利益共同点，沟通不是一场比赛，需要决出胜负，更不是一场战争，要将对手消灭。在需要达成共识的沟通中，我们要在充分倾听对方诉求的基础上表达理解，在可能的退让中充分表达自己的诉求，在承认、搁置分歧的前提下，寻求双方的共识。

倾听共情策略大致可遵循以下沟通步骤。

1. 找到合作基石，建立良好关系

提醒对方共同的目标或利益，以便大家能够朝着同一个方向努力。例如，共同的利益、兴趣、理念，曾经的经历（或美好或痛苦），等等。

语言提示： "我们彼此都相信……" "从我们过往的合作经验来看，我们都非常注重……" "我们共同的心愿是……"

2. 有效提问，邀请对方表达观点

邀请对方表达观点可以帮助我们更好地理解他们的想法、需求和利益，避免产生误解，促进理解。同时，这样做也能够让对方感受到被尊重和理解，有助于营造良好的沟通氛围。

语言提示： "可不可以说说你的想法？" "你为什么想要这么做？" "我想先听听你的意见。"

3. 积极倾听，澄清对方的观点

积极倾听可以帮助我们更好地理解对方的思维方式、立场和意图，这种理解是建立有效沟通和解决问题的基础。澄清对方的观点可以帮助我们识别和纠正可能存在的误解，避免基于误解的冲突和不必要的沟通障碍。

语言提示： "我很理解你的感受……" "我试着简单总结一下你刚才的观点……"

4. 阐述自己的观点，邀请对方澄清

通过阐述观点，我们可以明确传达自己的想法、立场和意图。邀请对方澄清，能够确保对方准确理解我们的观点，这样有助于避免产生误解，促进有效沟通。

语言提示： "你现在能不能听听我是怎么想的？" "我有没有讲清楚？" "还有哪些是需要我解释的？"

5. 梳理双方的分歧

梳理双方的分歧可以帮助双方清楚地认识彼此的差异和观点，拓宽思维和视野，促进更深入和有重点的讨论。通过深入探讨产生分歧的原因，双方可以寻求解决方案。

语言提示： "现在我总结一下我们之间的主要分歧点……" "我们的差异是……我想原因是……你觉得呢？"

6. 引导求同存异

当我们专注于寻找共同点时，可以降低产生对立和冲突的可能性。强调共同点可以缓和紧张气氛，避免陷入僵局和争吵。在引导求同存异的过程中，我们可以向对方坦诚地分享我们的难题及我们希望得到的支持，还可以用互惠原理、受众利益等去打动对方。

语言提示："假如我们能接受……你愿意做哪些调整？""你刚才的想法很有价值，我们可以就这个问题一起讨论一下，什么是更好的解决方案。""我很理解你的感受，可能当时我考虑得不是很周全，但其实我们的最终目标是一致的，那你看我们把行动方案这样调整一下怎么样？"

7.　确认双方达成共识

当共识达成时，可以表达感谢，也可以对对方进行赞美，还可以进行庆祝。

语言提示："非常感谢！通过刚才的交流，我们现在达成了这样的共识……你看是这样吗？"

课堂互动

小王是某科学仪器公司的销售人员，他即将售出5台科研仪器，不过在最后的谈判环节，客户提出，要以其全部相关员工向公司报告"已完全掌握使用，不会出错"作为尾款的付款条件，写入合同。小王认为，这一付款条件过于主观，将来或许会成为对方拖延付款的理由，对自己公司不利，因此拒绝接受这一条款。双方的谈判陷入僵局。如果你是小王，你会怎样说服客户让步，成功签约呢？

两人一组，模拟沟通的过程，要求运用影响力原理，并遵循求同存异策略的沟通步骤。

素养课堂

MBTI入侵社交生活

"你是I人还是E人？""我是E人，ENFP，你呢？"近年来，这类夹杂着些许英文字母、奇怪神秘的对话，流行于广大青年群体的社交生活之中。不管是像"I人""E人"的独立型表述，还是像"ENFP"的组合型表述，寻根溯源，这些流行语衍生的共同基础就是MBTI。通过调查当下青年群体经常使用的互联网平台发现，MBTI的相关话题是一个有着极高热度和持续热度的话题。

思考：对于MBTI爆火的现象，你怎么看？

拓展阅读

MBTI，真的可以定义我们吗？

项目自测7

项目八 口头沟通：练就好口才，提升表达力

学习目标

知识目标

· 正确理解沟通心态，掌握积极的沟通心态的养成办法。

· 掌握赞美和拒绝的技巧。

· 掌握停顿、重音、语速、语调等口头语言表达技巧。

能力目标

· 能从积极的视角去看待沟通问题。

· 能辨认自己的情绪，并学会适时适当地表达情绪。

· 能增强声音表现力，提高语言表达能力。

素质目标

· 养成自信、包容、开放的沟通心态。

· 增强文化认同感，树立文化自信。

案例引入

失败的求职

一个小伙子要去应聘时尚造型师的职位，为此，他做了充分的准备：烫卷了披肩的长发，前额头发用发巾固定，后方靠近颈部的头发用同一条发巾束起，上身穿一件有金属配饰的红色机车服，下身搭配一条西裤加一双正装皮鞋，信心十足地走向了考场。当考官问他给自己的打扮打多少分时，他说："我永远都给自己打满分，哪怕是我穿睡衣的时候！"当考官认为他的扮相并不时尚时，他马上大声辩解，这是最时尚的，是考官不懂欣赏；当考官在对他进行专业测评之后告诉他，他目前还缺少应聘该职位的专业知识和专业技能时，他立即勃然大怒质问考官，他说自己很有天分，考官为什么总是挑刺；当一旁的职业导师诚恳地给出就业建议并指出他的择业问题时，他旋即怒火中烧，大声说考官什么都不懂，成天高高在上，挑别人的刺，没资格来评论他。可想而知，他求职失败了。

评析：对别人缺乏尊重，会阻碍自己成为有效的沟通者。这个小伙子不懂得尊重别人，盲目自大，看似信心满满，实则内心十分自卑。如果他能够调整心态，用得体的话语表达真诚，用专业的行为展示自信，也许情况会大不一样。

任务一：养成积极的沟通心态

情境任务

小王最近有些烦恼，他的同事小张常常不在工位上，他们俩平时关系不错，小张经常让小王帮他在领导面前打掩护，但最近小张不在工位上的情况更加频繁，时间也更长了。比如今天，小张把中午用餐时间又延长了一个小时。这件事情让小王很为难，他决定找小张好好聊聊。

养成积极的
沟通心态

如果你是小王，你会如何与小张沟通呢？学生两人一组，模拟在以上情境中的沟通过程，要求保持积极的沟通心态，避免使用指责性语言，运用共情、倾听、正面表达情绪等技巧，有效解决问题。

知识解析

一、沟通心态

口头沟通是最重要、最直接的沟通方式，也是一个人形象、气质、思维、表达等多种素质的体现。良好的口头沟通，除了需要掌握一定的技巧和手段，还需要健康的心态与稳定的情绪做支撑。因此，要做到有效的口头沟通，首先需要调适自己的沟通心态。

（一）什么是积极的沟通心态

"心态"是决定人们思维模式和行为方式的一种心理状态或态度，是人的心理对各种信息刺激所做出反应的趋向，是由认知、情感、行为意向等因素构成的富有建设性的主观价值取向。"积极心态"主要是指积极的心理状态或态度，是个体对待自身、他人或事物的积极、正向、稳定的心理倾向，它是一种良性的、建设性的心理准备状态。积极心态是一种主动的生活态度，表现出对任何事都有足够的控制能力，反映了一个人的胸襟和魄力。在沟通中，建立积极的沟通心态尤为重要。只有具备积极的沟通心态，我们才能从容地面对沟通对象，清晰地表达沟通内容，传递沟通信息，实现有效沟通。

一个拥有积极的沟通心态的人，是乐于帮助别人的人。沟通中，他们时刻关注对方的感受及情绪变化，习惯主动采取行动帮助、关爱对方，以满足对方内心的需求；也会应他人要求改变自己的言谈举止，来迁就对方。当遇到问题和挑战，面对挫折和失败时，他们不会沉浸在抱怨指责中，而是积极地去寻找解决的办法，提升自己的能力，把精力用在改善现状上。据说，美国前总统罗斯福的家中曾失窃，被偷去很多东西，他的一位朋友得知后，马上写信安慰他。罗斯福给朋友回信说："谢谢您来信安慰我，我现在很平静，感谢上帝，因为：第一，贼偷去的是我的东西，而没有伤害我的生命；第二，贼偷去我部分东西，而不是全部；第三，最值得庆幸的是，做贼的是他，而不是我。"这些理由使他心情平静，表现了他豁达的性格。

（二）积极心态在沟通中的重要性

心理学之父威廉·詹姆斯说过："我们这个时代最伟大的发现是，人类可以通过改变心态来改变生活。"所谓的改变心态，就是改变认识和理解这个世界的方式。想要调整认知，需要看到一件事情的多种可能性，并尽量选择对情绪最有利的一种解释。所谓的改变生活，就是通过情绪干预来奠定沟通的基调，为沟通准备更多的积极情绪。

比如，有一天，领导在全体大会上批评你的汇报，语气和用词都很激烈，然后让你会后去他办公室一趟，你会怎么想、怎么做？如果你满脑子都是领导的不礼貌用词，你很有可能会非常生气；如果你本来就不太自信，你很有可能沮丧地觉得，是自己做得太差；如果你想到之前的辛苦付出，你可能会觉得很委屈，认为自己没有功劳也有苦劳；如果你与同事横向比较，你可能会觉得不公平，大家都是一样在工作，凭什么只说我不说别人；如果你给自己贴上失败者的标签，你可能会产生自己职业生涯可能会永远失败的无力感；如果你觉得咽不下这口气，你可能会直接辞职。

但是，你可以从不同的角度来看这个问题。为什么领导单单在大会上批评了你？也许，是因为他对你的期望最高；也许，是因为你做的项目最重要；也许，是因为他觉得你有潜力，愿意单独指点你。

由此可见，在沟通中，如果我们用积极的心态看待问题，会产生更多的正面情绪，不沉浸在抱怨指责中，而是积极地去寻找解决办法，可以使沟通更加顺畅有效。

沟通中，我们要尽量以积极的心态去看待对方，而不是以恶意去揣测对方。比如，"他今天说话口气不太友好，也许发生了别的什么事情，应该不是针对我""她说话反复强调她的立场，一点也不考虑我的感受，不过我相信她没有意识到这一点，她应该不是恶意的，她只是特别害怕我不理解她的观点"。如果我们以针锋相对、以恶对恶、以暴制暴的方式去沟通，往往就偏离了沟通的初衷——达成一致、寻求合作。如果我们以善意对待挑衅与敌意，以平静对待急躁和愤怒，那么我们还保留了沟通成功的可能性。

二、积极的沟通心态的养成

积极的沟通心态可以使沟通更加顺畅有效，那么，如何培养积极的沟通心态呢？我们可以从以下几个方面着手。

（一）建立自信

你在跟别人说话的时候，是自信满满还是消极被动呢？从心理学上来说，能够自信地沟通，是个体人格或者魅力塑造的重要组成部分。自信地表达和不自信地表达，会给别人留下不一样的印象，从而影响后续的互动交往。例如在工作中，面对客户或者上级无法做到自信的沟通，你可能就会给别人留下办事不力的形象。如果你跟别人说话的时候，总是支支吾吾、胆小谨慎、焦虑不安，那么你首先需要用自信的心态去进行沟通。

1. 不自信的原因

自信是建立在平衡的基础上的——既需要坦率地表达自己的需求，同时还要考虑他人的权利和需求。当你自信时，你就能够以坚定、公平的态度表达观点。但是，并不是每个人都有自信，说话或充满攻击性，过于被动，没办法侃侃而谈。还有些人在与陌生人、强势的人等相处时，常有以下现象：紧张、自我否定、患得患失、在意他人的看法、找不到话题或不会接话导致冷场……这些都是沟通缺乏自信的表现。

一个人在沟通中不自信的原因有很多，常见的原因包括以下几点。

① 自尊心过弱或过强。通常，自尊心弱的人，会以被动的方式与他人互动，因为他们不清楚自己的自我价值，找不到个人定位；自尊心过强的人，过分在意自己的形象及面子，有时因为怕丢脸而不敢开口。

② 成长经历影响。一个人在成长经历中，与父母、老师的关系会对他形成直接的影响。如果一个人收获到的大多是负面反馈，缺少理解、接纳、赞扬，会导致他在人际交往中处于被动，在沟通中缺乏自信。

③ 失败的沟通经历。比如，曾经在一次重要会议上，面对客户提出的尖锐问题，不知如何回答，场面尴尬。这种失败的经历会加重社交焦虑感，令我们进一步产生压抑、挫败、自我怀疑的负面情绪，影响自我认知。

④ 能力焦虑。因能力不足而承受压力和焦虑的人，会经常采取被动行为，因为他们非常在乎别人对他们的看法，担心别人发现他们不够优秀。

不管是什么原因导致不自信，重要的是我们要认识到问题所在，并打破这个循环。心理学家阿德勒认为，人人都有自卑感，只是程度不同。每个人在先天或后天的成长环境中，都会遇到生理或心理的负面影响，这就决定了每个人潜意识里都有自卑感。不过，只要懂得如何处理，就有可能把自卑感作为改变动力，让自己消除自卑，成为一个自信的人。当然，自信是一种需要随着时间的推移而建立和发展的技能，变得更加自信需要持续的自我激励。

2. 如何在沟通中表现自信

那么如何在沟通中表现自信呢？以下几点或许可以帮助到你。

① 要想成为高手，首先假装是高手

很多时候我们觉得自己不善沟通，其实是我们内心产生了对沟通的排斥，这会导致我们一旦进入陌生的社交场景，就像一台没装操作系统的计算机，对外部的信息输入缺少必要的应对套路。如果固守自己"不善言辞"的标签，只会让我们不断陷入苦恼中。

心理学家巴甫洛夫认为：暗示是人类最简单、最典型的条件反射。从心理机制上讲，暗示是一种被主观意愿肯定的假设，不一定有根据，但由于主观上已肯定了它的存在，心理上便竭力趋向于它。所以，我们在沟通时，首先要形成"我就是沟通高手"的心理暗示，这样才能够有自信将所思所想完整地表达出来。

有些人总觉得自己生来"内向"，天生"不善言辞"，沟通能力不如外向活泼的人。但事实上我们通过观察身边的沟通高手会发现，有些成功的沟通者很严肃，有些很幽默，有些很外向活泼，有些沉默文静。就像世界上美好的音乐有不同的种类，沟通方法也有许多种。事实上，理想的沟通之道并不存在。要成为沟通高手，没有保证绝对成功的规则和处方，寻找适合个人特质的沟通方式与选择符合对方文化的沟通特质，都是成为沟通高手的必备条件。

② 反复练习，熟能生巧

沟通能力是通过不断学习、训练、调整而提升起来的，没有人是天生的沟通高手。反复练习能提高你对表达内容的熟练程度，而越熟练你就会越自信。

"眼球经济"时代，新产品一般在"高大上"的发布会上亮相，看点不仅在于酷炫的特效、PPT，还在于创始人精彩绝伦的演讲。其演讲看起来像是即兴发挥，其实都是事先精心设计的包袱。什么时候该笑、该哭、该有掌声，都是经过反复推敲安排和演讲者反复练习造就的。所以反复练习可以让演讲呈现出"现场感""临场感"，这就是所谓的熟能生巧。

如果你认为自身表达能力有所欠缺，那就更需要勤加练习。如果刚好有当众表达的机会，要是时间允许，可以精心准备讲稿，然后反复练习，直到看着镜子中的自己神态自若，满脸自信。通过这样的反复训练，你会慢慢发现一些演讲技巧和心得，也有助于在其他时刻当众表达。

③ 重视身体语言

我们有时可以通过适当的身体语言来向别人传递积极的信息，从而提升自信水平。

- 目光接触。在社交中，持续的目光接触可以突显自信。目光接触可以向别人展示你对他们及其谈话感兴趣，以及你很自在放松。在社交中，好的沟通，60%以上的时间有目光接触。如果直接的目光接触让你觉得比较难，让你胆怯，你可以看别人眼睛附近的区域。

- 抬起头走路。心理学家认为，行动是心理活动的结果。走路的时候，抬头，挺胸，眼睛正视前方，这些都会让你显得自信。

- 表情落落大方。表情应落落大方，既不要眼神飘忽不定，也不要表情狰狞，这对传达正确的信息、塑造自我形象至关重要。

- 站姿挺立。弓着腰、耷拉着脑袋，这是一种在心理上有安全感的保护姿势。在社交场合，要站姿挺立，不要左摇右摆。

- 不抓耳挠腮。与人交谈时，摸脸或者摸脖子都会让你看起来很焦虑、紧张、缺乏自信。

（二）包容开放

包容开放意味着对待事情，能以事实为基础，以事情本来的是非曲直为标准，不将自己的观点强加于人。在商务沟通过程中，由于对方和我们所处的环境，拥有的知识背景、阅历，所站的立场，代表的利益可能不同，这个时候对方的一些观点与我们不一定是相同的，甚至有时可能存在矛盾，我们要以包容开放的心态对待与我们不同的观点。包容开放的心态就是能够对自己不了解的东西报以宽容，能够对自己不赞同的观点报以理解，能够对自己不喜欢的事情报以尊重。

1. 尊重理解对方

人与人之间的交往，虽然由于角色的不同，需要担当不同的责任和义务，但除去社会角色之外，每个人在人格上都是平等的。也就是说，每个人在沟通中都应获得基本的尊重、自由表达等权利。但现实中，许多人会将自己的身份、地位、职务、经济条件等因素不自觉地加入沟通，在沟通之前就产生了优越感，自然容易表现出高高在上、不可一世等姿态，而带着优越感去沟通，沟通对象也必然会产生抵触心理。

沟通中，我们要尊重差异、理解个性、和睦相处。我们要认识到世界上有很多人和我们不一样。每个人都有自己的"法则"，每个人对同一件事的价值判断都不一样，我们可以输出自己的观点，但不能轻视别人的想法。我们要尊重对方的文化，尊重双方的价值观差异、权益差异等。为了更好地进行沟通，我们需要端正态度，以包容的心态，鼓励对方畅所欲言，这样有利于构建信任、安全、和谐的沟通环境，让对方获得存在感与价值感。在包容的组织文化中，因为被倾听和尊重，下级更容易建立起工作上的自信，在积极的沟通中，能更快地提升工作技能；上级更愿意听下级的意见和建议，愿意与下级携手将工作做得更好。

2. 保持开放性

沟通前，不要有任何预设立场。比如，小张这段时间工作总出问题，你作为上级，决定找他好好谈一谈。你对他说："小张，你这段时间怎么回事，老是出错？这样下去可不行，影响客户，又影响其他部门。我很看重你，后面好好做！"这样的沟通就是没有做到保持开放性。你要让对方表达出自己的观点，讲出具体的情况，就应该保持开放心态，不预设立场，具体做法可以是：提出问题、倾听对方的想法、搜集信息。你可以换一种方式与小张沟通："小张，来，跟我说说，最近发生了什么事情吗？"只有保持开放的心态，保证足够的信息输入，沟通效果才能得到保证。

当与他人沟通时，要尽量做到不受过去形成的刻板印象的影响。"这个人一贯比较肤浅，不会有什么真知灼见，所以这次也不过是浪费我的时间而已。"相信很多人在进行沟通前，心里可能会有类似的想法，而带着这样的想法去沟通，是很难保证充分了解他人意见的。这样的想法就是先入为主的心态和刻板印象在起作用。保持开放性意味着把自己沟通前的负面情绪放下、把其他事情从脑子里清理掉，把对即将沟通的事情的固有看法放一边，全神贯注、不加盲目预判地去进行新的沟通。在沟通之前，你会对要沟通的事项进行分析，也会有自己的观点和看法，但在倾听对方的意见时，你必须把自己的观点和意见放在一边。这样你才能充分地了解对方的观点，才能从对方的角度去理解问题的逻辑与本质，从而求同存异，与对方达成一致。

（三）管理情绪

古典经济学里讨论人的行为时，通常会进行"理性人"假设，即理性总会战胜感性，所以人总是能够客观理性地判断得失，做出的决策不会受情绪左右。然而，感性的影响力不可小觑。心理学家海特在其著作《象与骑象人》中，对人类内心世界进行了生动的描述：把理性比作骑象人，而感性比作大象。二者体量对比如此悬殊，大象发起怒来，骑象人可控制不了。书中描写道："我内心的骑象人理性地告诉我什么是对的，可是我的大象却把我带向了错误的一边。"

"理性人"的假设让不少人误认为，所谓沟通高手就是在情绪上收放自如。其实，在理性状态下，从一种情绪状态迅速调整为另一种状态只是技术问题；在非理性状态下，能够感知情绪，才是更高层次的情绪管理。

1. 提升情绪感知力

情绪在沟通中扮演着非常重要的角色。情绪稳定其实是一项非常高级而难得的能力。心理学家把这种理解和控制自己情绪的能力叫作"情绪智商"。在沟通中，我们必须提升情绪感知力，了解情绪，并且学会管理情绪。

我们要学会监控自己的情绪反应，学会辨认不良情绪。当一阵强烈情绪涌上的瞬间，你突然感觉自己脸部发热、心跳加速，这时候就要提醒自己，接下来要谨言慎行。

当我们感知到不良情绪后，应该做什么呢？可以先让自己停下来，也就是让自己迟钝一点，先不着急、不做反应。这能给恢复理性留出一些时间。有人说过，"一句话说出口之前，你是它的主人；说出口之后，你就变成了它的奴隶。"因此，当感觉到不良情绪时，并不意味着你要马上把它表达出来。通常，一阵强烈情绪涌上的瞬间并不是表达情绪的最佳时机。如果条件允许，我们可以深思熟虑，然后再用最可能被对方接受的方式表达情绪。

在判断要不要立刻表达情绪时，我们可以进行"想象的沟通"，在自己有情绪时，察觉自己的情绪，并想象沟通的情境，判断在该沟通情境下是否能获得自己想要的沟通效果，从而调整自己实际的沟通行为。

2. 正面表达情绪

假如你下定决心想要表达一种感觉，你必须很清楚地确认你和你的伙伴都了解你的感觉只适用于一套特定的情境，而不是针对所有情境。因此，在表达情绪时，尽可能在目前的事实和议题范畴中进行讨论，既不牵连到其他的人和事，更不上升到对他人人品的评价。比如，说"当你不守信用时，我会怨恨你"，而不是只是说"我会怨恨你"。

对一系列事件引发的混合情绪，我们通常只表达最负面的那一种情绪。比如，一个朋友说晚上六点要来你家，他到九点都没有来，打电话也不接，你担心他是否发生了意外，正在你担心的时候，他若无其事地站在门口，随便说了一个晚到的理由。这个时候，你很可能会对他表达不满："你这人真是太不靠谱了！"这种表达很有可能会引起对方的过激反应，从而影响人际关系。如果此时，你可以分享多样的感觉，如"你迟到了这么久，我真是太担心你了，就怕你路上遇到什么不好的事……现在看到你若无其事地站在门口，随便说一个迟到的理由，我觉得你今天的表现很不负责任，所以我很生气。"这样的表达，会让对方感觉到你是因为关心他才会责备他，而不会觉得你无缘无故地责备他。

我们在表达情绪时，可以多以"我"为表达主体，提供一个表达自己情绪的方式。比如，不说"你让我生气"，而说"我在生气"；不说"你伤害了我的感觉"，而说"当你这样做时，我觉得很受伤"。

以"我"为表达主体，会显得说话者愿意为不满负起责任，并且并非以价值论断的方式形容他对其他人行为的反应。一个完整使用"我"字的陈述包含4个部分：①他人的行为；②你的诠释；③你的感受；④他人行为对你的影响。这4个部分出现的顺序并不固定。比如，"当你在我们的朋友面前谈论我很差劲的成绩（行为）时，我觉得很丢脸（感受），我很怕他们认为我很笨（诠释），这也是我昨天晚上这么激动的原因（影响）。"

案例研讨

一场失败的沟通

自我测评

沟通心态测试

任务二：口头沟通的技巧与艺术

情境任务

朋友向你推销一份保险，但是你并不打算购买，你会如何拒绝呢？

学生两人一组，模拟在以上情境中的沟通过程，要求在不影响人际关系的前提下，礼貌地拒绝朋友的保险推销行为。

一、真诚地表达赞美

真诚地表达赞美是一种行之有效的积极沟通方式。赞美能使对方感受到被肯定、被尊重，进而让对方获得自信、满足和快乐。人人都喜欢被赞美，因为被赞美的感觉，就是被别人重视的感觉。美国哲学家威廉·詹姆斯曾说："在人类天性中，最深层的本性是渴望得到别人的重视。"可我们大多数人不太会表达赞美，更不会真诚地表达赞美。要知道，不会真诚地赞美，还不如不赞美。那到底要怎样才能真诚地表达赞美呢？

真诚赞美

（一）赞美要发自内心

赞美的核心是发自内心。虚情假意的赞美不如不赞美，因为人们只会对发自内心的赞美产生正面积极的反应。比如，你的领导是一个45岁左右的女性，穿着朴素，雷厉风行，你见领导第一面就夸："你的裙子真好看，我也好想买一条这样的裙子！"这种赞美会给人一种虚伪、不值得信任的感觉。赞美必须是由衷的、自然的和热情的，这样才能让对方愉快地接受赞美。

赞美不能和带有请求的诉求放在一起，因为这样一来，无论你的赞美多么诚挚，效果都会大打折扣。例如，小王对小李说："小李，你真是我们部门最厉害的人，工作效率高，报告写得又好。对了，我手头这份报告您能不能帮我修改一下？"这时，小李可能会觉得小王的赞美只是为了让自己帮忙，缺乏真诚。

另外，赞美时要注意配合眼神和肢体语言。不要在赞美别人的同时眼睛还在看其他东西或者手里还在写其他的东西，这会让对方觉得你好像在例行公事。

（二）赞美要切合实际

切合实际的赞美要实事求是，不要夸大其词甚至无中生有。要善于发现美，留心细节，找到值得赞美的地方。切合实际的赞美还要因人而异，每个人的年龄、性别、身份、爱好不同，所处的环境不同，赞美的内容和方式也应不同，方式要灵活多样，不能千篇一律。因为每个人的需要是不一样的，同一种赞美方式对不同的人所起的作用是不一样的，有的人可能会欣欣鼓舞，而有的人可能会无动于衷。

小故事

国王的画像

（三）赞美要言之有物

我们在赞美他人时，一定要具体指出他人值得赞美的地方，不可太过笼统。笼统地赞美别人，不仅会使我们的赞美大打折扣，可能还会引起别人的窘迫、紧张，甚至是反感。我们只有用心而认真地观察对方，才能说出对方的优点在哪里。如果我们对一个人的赞美笼统而空洞，会给人以敷衍了事的感觉，有时甚至会有拍马屁的嫌疑，让对方怀疑我们有什么不纯的动机，容易引起对方的反感与不满。在赞美时，我们一定要明白对方的确值得肯定之处，以及值得赞美的原因。如果我们能详细地说出对方漂亮在哪里，聪明在何处，什么地方让我们感觉很棒，那么，赞美的效果将大大不同。因为具体化的赞美可视、可感觉，真实存在，对方自然能够由此感受到我们的真诚、亲切与可信。

孩子画了一幅画拿给妈妈看，妈妈说："嗯，这幅画画得真好！"这样的赞美平常而略显敷衍。妈妈可以这样说："嗯，这幅画画得真好！我尤其喜欢这棵大树，你看，叶子画得多好，我能感觉到它们在风中摇曳的样子！我也喜欢你的用色……"如果我们在赞美他人的时候，能明确地指出原因，明确地说出令我们心生赞美的理由，那么我们的赞美就能让被赞美的人感受到这不是客套，而是发自内心的真诚的赞美。同时，还能让被赞美的人知道我们认同他的哪一部分价值，这不仅让他对自己更有自信，也让他更愿意继续去提升这部分价值。

> 小故事
>
> 善于夸奖的
> 戴高乐

课堂互动

推选一位同学作为被赞美的对象，其他同学依次对他（她）表达赞美。每一位赞美者不能重复前面的人讲过的话。

1. 依次赞美结束后，由被赞美的对象进行总结，指出哪一位同学的赞美最令自己高兴，并说明原因。

2. 通过此次互动，你学到了什么？请分享你的学习体会。

二、学会拒绝

在日常生活中，热情帮助别人，有助于建立融洽的人际关系。但生活中也有这样的事，即别人求助于你的，恰恰是你感到为难的事。一般来说，肯定的、合乎对方期望的回答往往能使其感到愉快，而否定的回答则会使对方感到失望和尴尬。害怕拒绝的人通常有以下几种情况：

> 学会拒绝

- 会因为拒绝他人而感到愧疚；
- 在意别人的评价，担心因拒绝他人影响自身形象；
- 担心拒绝他人会影响双方的感情、关系。

之所以害怕拒绝，根源在于我们看待自己与他人、与社会的相处方式有误。首先我们要

告诉自己，拒绝别人不是一件罪大恶极的事情，也不要把说"不"当成与人决裂。要塑造良好的个人形象，并不是什么都帮助别人，而是把事情做好。帮助他人、成就自己是对的，合理拒绝他人也是对的。如果答应别人了就全力以赴，如果不想答应，那就要明确拒绝行为的边界，明确哪些要求是不合理的，应该拒绝。拒绝是一门学问，也是一门应变的艺术。

（一）给出明确的回应

如果你拒绝对方的方法是沉默或拖延，这样就给对方留下遐想的空间：他只是这次拒绝我，下次找他帮忙还是可以的。于是这次过后还会有第二次、第三次，这会让我们不堪其扰。

30岁出头就当上了20世纪福克斯电影公司董事长的雪莉，是好莱坞第一位主持一家大制片公司的女士。为什么她有如此能耐呢？主要原因是，她言出必行，办事果断。好莱坞经理人欧文谈到雪莉时，认为与她一起工作过的人，都非常敬佩她。欧文表示，每当他请雪莉看一个电影脚本时，她总是马上就看，很快就给答复。而好莱坞的很多人看脚本就不这样，若是他们不喜欢某个脚本，他们一般不会回话，以沉默来回答，但是雪莉看了给她送去的脚本，都会有一个明确的回答，即使是她说"不"的时候，她也把你当成朋友来对待。所以，这么多年以来，好莱坞作家最喜欢的人就是她。

是否把"不"说出口，应该是在衡量了自己的能力之后做出的明确回应。比如，当对方提出的要求超出你的能力范围时，答应对方就是不负责任的行为，因为你的行动结果无法达到对方的预期，这种情况下最好告诉对方你做不到。千万不要觉得告诉对方无法帮忙会没面子，真正没面子的是"答应了却做不到"。虽然说"不"难免会让对方生气，但与其答应了对方却做不到，还不如表明自己拒绝的原因，相信对方是会体谅你的。

（二）拒绝时要讲究艺术

态度明确不意味着用强硬的态度拒绝对方，倘若面对对方的请求，说一句"不好意思，这事情我帮不了你"，也许会让对方觉得你不近人情。他并不知道你拒绝的原因是什么，于是他可能认为"他就是不想帮我""他就是对我有意见"。要想在拒绝时既消除自己的尴尬，又不让对方无台阶可下，就需要掌握巧妙的拒绝方法。

1. 承认对方的处境

当你准备拒绝对方的某个请求时，先把自己放到对方的位置上，证实、体验并承认即将施加于别人身上的不适感。

我们可以用这样的表达开头，"我知道你确实需要帮忙"；或者一句简短的"我明白你的意思，但是……"尽管最终是拒绝，但这种委婉地叙述反对意见的做法，对方更容易接受。

2. 找一个合理的解释

常用的解释是"不是我不想帮你，而是有其他的因素限制使我没办法帮你"。比如，隔壁部门的同事找你帮忙做某件事情，你可以说："真不好意思，实在是抽不出身来，领导安排给我的工作还有一堆没做完，你看我的计划表都是满的，我自己的活都干不完。"一个合理的理由，能够让对方容易接受，也避免直接拒绝带来的尴尬，给对方一个退步的台阶。

3. 提出解决方案

有些时候，提出要求的人需要的不是你的帮助，而是问题的解决方案。是否用他希望的方式提供帮助不重要，能解决问题才重要。比如，同事请你帮他打印文件，而你现在忙得抽不开身，在拒绝他之后，如果你告诉他小王现在可能有空，他可以去找小王帮忙。这样，即便你拒绝了他，他依然会对你心怀感激，因为你帮他解决了问题。

课堂互动

朋友邀请你在端午假期时去古北水镇玩，他之所以邀请你是希望可以搭乘你的车。但是，古北水镇你已经去过很多次了，这次没有兴趣再去，你会如何拒绝朋友的邀请？

两人一组，模拟沟通的过程，要做到在不影响人际关系的前提下，礼貌地拒绝。

任务三：把普通话说好听

情境任务

朗诵诗歌《祖国啊，母亲》（文字稿如下），要求把握好语速语调，注意停顿与重音，做到抑扬顿挫、情绪饱满。

祖国啊，母亲！

我深深爱恋着的祖国，

如同蜜蜂离不开花朵，

孩子依赖着母亲。

如果您是汪洋大海，

我就是您怀中的一滴水珠；

如果我是风筝，

您就是拉动风筝的线；

如果您是蓝天，

我就是一只快活的小鸟。

昨天的你，历经沧桑、伤痕累累。

今天的你，国泰民安、繁荣富强。

将来的你，龙腾虎跃、坚不可摧。

咆哮的黄河，是您沸腾的热血，

辽阔的土地，是您博大的胸怀，

蜿蜒的长城，是您不朽的精神，

五十六个民族，是您忠诚的儿女。

祖国啊！我深深爱恋着的祖国。

我为龙的传人而骄傲！

知识解析

一、推广普通话的重要意义

普通话是民族共同语，是中国人的母语，学好普通话、说好普通话，不仅有利于自身的学习、工作、社交等，对提升全社会的沟通水平也起到非常重要的作用。国家推广全国通用的普通话，并不是要消灭少数民族语言，也不是要消灭方言，而是要使公民普遍具备普通话应用能力，并自觉使用普通话，以消除交际障碍。

（一）促进沟通顺畅高效

我国历史悠久，在长期的社会发展过程中逐渐出现了类型多样的方言。方言的产生受到地域位置、省市分布、文化风俗等多种因素的影响。大多数方言之间差异显著，为交流沟通带来了不便。尤其是在快速发展的现代社会，人口快速流动且活动范围广泛，来自不同地方的人的社会交往活动频繁。普通话作为一门统一的语言可以帮助来自全国各地的人进行顺畅高效的交流沟通，减少因语言不通产生的沟通障碍。

随着高新科技的飞速发展，以及经济全球化、信息化、工业化、城镇化、国际化步伐的加快，区域和地域之间的隔阂被打破，人们走出熟人社会，广阔的、普遍的社会交往成了全体社会成员实实在在的需要。在这种情况下，语言不通会造成沟通障碍，带来各种交流不便。因此，在全国推广普通话，不但是时代潮流的大势所趋，也是每一位国民的切身需求。

（二）增强国家认同感

普通话是中华民族共同创造的，随着中华民族的不断融合和壮大而逐步发展起来，并且是国家通用语言，是国家的形象和重要标志。《中华人民共和国宪法》第19条规定："国家推广全国通用的普通话。"这是以国家根本大法的形式确立了普通话的地位。

维护祖国统一和促进民族团结，离不开高度的认同意识。语言的统一有助于促进国家的统一和民族的团结，对语言的认知也会影响人民的凝聚力和民族认同感。语言作为精神文明的重要组成部分，将人民与国家紧密联系在一起，推广普通话有助于增强文化自信，培养爱国主义精神，增强国家的文化软实力。

二、什么是普通话

（一）普通话的定义

普通话是以北京语音为标准音，以北方话为基础方言，以典范的现代白话文著作为语法规范的现代汉民族共同语。

1. 以北京语音为标准音

普通话不等同于北京话。相声大师侯宝林在《普通话与方言》这个相声段子中就形象地指出了普通话同北京话的区别：普通话是汉民族共同语，而北京话只是诸多方言的一种。普通话是在北京话的基础上发展起来的，成为汉民族共同语后就上升到了一个更高的层次。普通话的定义是从语音、词汇、语法3个方面加以规范的。普通话"以北京语音为标准音"指的是以北京音系为标准音，即北京话的声母、韵母、声调系统，而不包括北京话的土音。

2. 以北方话为基础方言

民族共同语是在一种方言的基础上形成的，作为民族共同语基础的方言称为基础方言。北方方言是现代汉民族共同语的基础方言，北方方言语汇自然是共同语语汇的基础和主要来源。作为共同语语汇的基础，北方方言语汇要舍弃其某些过于方言化的成分。比如，"玉米"一词，在北方方言区有"苞米"（东北）、"棒子"（河北）等多种说法，这些词的使用范围太小，不能作为共同语的词语。另外，共同语也要从其他方言、古语词和外来词中吸收所需要的富有表现力的词语以丰富自己。像"名堂、尴尬、接洽、商榷、沙发、的士"等词就已吸收进或保留在共同语中。

3. 以典范的现代白话文著作为语法规范

与白话文相对的是文言文，文言文是我国古代统一的书面语言。最初，这种书面语也是建立在口语基础上的。但从两汉开始二者逐渐脱节，差异越来越大。到了晚唐五代，在禅宗语录和通俗文学作品中出现了一种同口语直接相联系的书面语——白话，这就是现代汉语共同语书面形式的主要源头。从晚唐五代的变文，到宋代的话本，乃至元代的杂剧、明清的章回小说，如明清的《水浒传》《红楼梦》等，尽管仍带有一定的文言色彩和地方色彩，但基本上都是用以北京话为代表的北方方言写的。1919年，人们掀起了一场白话文运动，文言文终于被以北方方言为基础的白话文所取代，只是残存在政府公文、法律条文、报刊社论、新闻及上层社会交往应酬的书信等领域中。中华人民共和国成立后，党和政府对汉语言文字工作给予了高度的重视，报纸、公文、法律等一律采用白话文，从而使白话文这一共同语的书面形式得到了进一步的规范和统一。

（二）普通话与方言

《中华人民共和国宪法》规定"国家推广全国通用的普通话"。推广普通话是一个很重要的语言政策。推广普通话并不是要消灭方言，而是要在会说方言的基础上，还要会说民族共同语。推广普通话总的要求是在正式的场合和公众交际的场合讲普通话。国家推广全国通用的普通话是有重点、有步骤进行的，并不是一刀切，也不是所有场合一律不让说方言。"推广普通话，消灭方言""保护方言，抵制推广普通话"都是错误的观点，"推广普通话，传承方言"才是应该提倡的。

方言是一定区域内的交际工具，具有不可替代性。方言还是情感交流的工具，同乡之间，最便捷、最经济的情感沟通手段是用家乡话交流。以前很多到广东打工的人，为了跟广东人做生意，学习粤语，用粤语谈生意，成功率要远远高于用普通话。方言同时还是地域文化的载体，随着年龄的增长，人们对文化归属的需求会越来越强烈，所谓叶落归根、乡音无改鬓毛衰等，都是这方面的体现。

🖳 课堂互动

通过学习，你对普通话的认识与以前有什么不同？谈谈说好普通话有何意义。

三、如何说好普通话

虽然方言可以促进同乡间的情感交流、能给人带来文化归属感，但一般在商务沟通场合，还是提倡用普通话进行沟通，这样可以避免因方言不同产生沟通障碍，提高沟通效率。因此，说好普通话，是进行沟通的基础，要提高口头沟通能力，首先应从说好普通话开始。

（一）提高语音标准程度

1. 注意普通话和方言在语音上的差异

普通话和方言在语音上的差异，在大多数情况下是有规律的。这种规律有大的规律和小的规律，规律之中往往又包含一些例外，这些都要靠自己去总结。单是总结还不够，要多查字典和词典，要加强记忆，反复练习。在练习中，不仅要注意声、韵、调方面的差异，还要注意轻声词和儿化韵的学习。平时多进行绕口令练习，这是提高语音标准程度的有效办法。

🖳 课堂互动

绕口令——中国话

世界上的古国是大中国，五千年的文明是大中华；做人要做中国人，画画要画中国画，写字要写中国字，说话要说中国话。

中国话最亲，普通话的语音最好听，请你们坐下听一听，听我们说段绕口令。

绕口令不简单，唇齿灵活不一般，多做练习别偷懒，别——偷——懒！

1. 一二三，三二一，一二三四五六七，七六五四三二一。七个小姐来聚齐，七只花篮手中提，一起来到果园里，摘的是橙子、柿子、李子、栗子、梨。

2. 八百标兵奔北坡，炮兵并排北边跑，炮兵怕把标兵碰，标兵怕碰炮兵炮。

3. 八了百了标了兵了奔了北了坡，炮了兵了并了排了北了边了跑，炮了兵了怕了把了标了兵了碰，标了兵了怕了碰了炮了兵了炮。

普通话很好听，读准字音最要紧，多音多义要弄懂，前后鼻音要分清。

1. 红蜻蜓，绿蜻蜓，扇扇翅膀草上停。琳琳、莹莹爱蜻蜓，静静望，轻轻请。蜻蜓，蜻蜓，请你多停停。

2. 粉红墙上画凤凰，凤凰画在粉红墙。红凤凰，粉凤凰，红粉凤凰花凤凰。

3. 爸爸抱宝宝，跑到布铺买布做长袍。宝宝穿了长袍不会跑，跑了八步就拉破了布长袍。布长袍破了还要用布补，再跑到布铺买布做长袍。

普通话要好听，唇齿舌牙要有力，平翘舌音要掌握，吐字圆润要清晰。

1. 四是四，十是十，十四是十四，四十是四十。谁能说准四和十，上来试一试。

2. 史老师，讲时事，常学时事长知识。时事学习看报纸，报纸登的是时事。常看报纸要多思，心里装着天下事。

普通话要说好，四声变调少不了，声母韵母要知道，"啊"和"一""不"音变了。

早晨下了一场雾，茫茫一片没有路。小猪、小鹿和小兔，想去下山比跑步。拉着藤，扶着树，一步一滑寻山路。越走越远越糊涂，秋风婆婆来帮助，呼呼呼！一下子吹散满天雾。

普通话要好听，轻声儿化要记清，要是掌握了儿化韵，一听就是北京音儿。

1. 有张桌子没有腿儿，有把茶壶没有嘴儿，有张报纸没有字儿，有个耗子爱打盹儿。

2. 进了门儿，倒杯水儿，喝了两口运运气儿，顺手拿起了小唱本儿，我唱了一曲儿又一曲儿，练完嗓子我练嘴皮儿，绕口令儿，练字音儿，还有单弦儿牌子曲儿，小快板儿和大鼓词儿，越说越唱我越带劲儿。

以上就是绕口令，说准说快才叫行。中国的文字数万个，五十六个民族方言多，推广普通话是国策，学好普通话乐呵呵！普通话，传天下，中华文明放光华！普通话，传天下，中华文明放——光——华！

4～6人一组，分组表演以上绕口令。注意吐字准确，声音洪亮圆润，节奏分明适度、变化有序。

2. 注意由字形相近或由偏旁类推引起的误读

由于字形相近而将甲字张冠李戴地读成乙字，这种误读十分常见。由偏旁本身的读音或者由偏旁组成的较常用的字的读音，去类推一个生字的读音而引起的误读，也很常见。所谓

"秀才认字读半边"，闹出笑话，就是指的这种误读。

3. 注意多音字的读音

一字多音是容易产生误读的重要原因之一，我们必须十分注意。多音字大致可分为两类：第一类是意义不相同的多音字，要着重弄清它的不同意义，从各个不同的意义去记住它的不同读音；第二类是意义相同的多音字，要着重弄清它的不同使用场合，这类多音字大多数情况是一个音使用场合"宽"，另一个音使用场合"窄"，只要记住"窄"的就行。

4. 注意异读词的读音

异读词是指同一个词在作为普通话的标准的北京语音中有几种不同的读音，如"比较"一词，有人读"bǐ jiǎo"，有人读"bǐ jiào"。意义相同却有异读的现象造成方言区人学习普通话困难，不利于推广、普及普通话，使国家通用语难以规范统一。因此必须把社会上流传的不统一的读音加以整理，制定出规范统一的读音。为了使这些读音规范，国家于20世纪50年代就组织了"普通话审音委员会"对普通话异读词的读音进行了审定。历经几十年，几易其稿。1985年，国家公布了《普通话异读词审音表》，要求全国文教、出版、广播及其他部门、行业所涉及的普通话异读词的读音、标音，均以该审音表为准，从而达到规范读音的目的。例如，"比较"只读"bǐ jiào"，"复杂"只读"fù zá"，"教室"只读"jiào shì"。异读词一般不影响日常的口语交流，但是在商务场合，尤其是演讲中，还是应当尽量使用《普通话异读词审音表》中的规范读音。

课堂互动

测一测以下词语，你能读对几个？

吱声　友谊　鳗鱼　绯闻　徇私　烘焙　嫉妒　馄饨　繁文缛节　踟蹰不前

佣金　拘泥　女红　打烊　挣脱　应届　拒载　数见不鲜

（二）重视口语表达技巧

因为工作出色，领导要求小王在周例会上介绍经验。小王站在台上，十分紧张，刚说了几句话，下面同事有的昏昏欲睡，有的交头接耳，好像多数人都失去了兴趣。小王自认为发言的内容还不错，为什么别人会走神呢？怎么说话更能出彩，更能吸引人呢？发言的内容固然重要，但好的表达可以给发言内容锦上添花。有些人讲起话来，语调一直是平的，说话节奏也是平的，听起来令人昏昏欲睡；而有些人讲起话来抑扬顿挫，听着让人振奋。同样的一段话，用不同的表达方式，效果是千差万别的。口语表达能力是现代人才必备的基本素质之一，好的口语表达技巧可以起到事半功倍的作用。口语表达时处理好停顿、重音、语速、语调等要素，可以大大提升个人说话的感染力与吸引力，帮助我们更清晰、更生动地进行表达。

1. 停顿

所谓停顿，是指语句或词语之间语音上的停歇，它能使话语划分成段，使话语形式严谨、表意明了、有条不紊。正常情况下，普通人的呼吸是4～5秒一次，由于换气的需要，在表达过程中必然要有停顿，特别是有些长句，中间没有标点符号，而一口气又无法说完，那么应酌情换气停顿。适当的停顿，不仅是为了换气，还是为了提升语言的清晰度和表现力，有助于听众理解传递的信息。

停顿大致有以下3种情况。

① 标点符号停顿。标点符号是书面语言的停顿符号，也是朗读、朗诵作品时语言停顿的重要依据。标点符号的停顿规律一般是：句号、问号、感叹号、省略号停顿时间略长于分号、破折号、连接号；分号、破折号、连接号的停顿时间又略长于逗号、冒号；逗号、冒号的停顿时间又略长于顿号、间隔号。

② 语法停顿。语法停顿是句子中间的自然停顿。它往往是为了强调、突出句子中主语、谓语、宾语、定语、状语或补语而做的短暂停顿。因为停顿的次数不同、位置不同，词语关系就有所差别，从而表达的意义也就不一样。所以，能否准确运用这类停顿，直接关系能否准确表达意义和感情，如果语法停顿使用不当，有时就会闹出笑话。比如，某公司的经理在一次调薪的提议汇报中提到，"在这次提议调薪中，已经升了职的和尚未升职的员工都应同时调整薪资"时，他在"尚"字和"未"字之间做了停顿，于是这句话就成了"在这次提议调薪中，已经升了职的和尚、未升职的员工都应同时调整薪资"。听取报告的领导先是一愣，心想公司中怎么会有和尚？等到问明情况后，全场哗然。由此可见，经理一句失当的话，不仅会让自己的形象受损，还会造成不良的影响。

③ 强调停顿。强调停顿是说话者为了强调某个语义，或表达某种感情，而在词语或句子之间所做的较长停顿。这种停顿能引起听者的联想，进而使双方产生共鸣。经理让小王做一份报告，他告诉小王："小王，请你明天中午之前交给我！"在"明天中午之前"停顿一下，表示强调，这样能让小王明白需要格外重视对时间的把握，在写报告的时候把握好时间。

2. 重音

重音是指那些在表情达意上起重要作用的字、词或短语，在说话时要加以强调的技巧。重音是通过提高声音的强度来体现的。重音可分语法重音和强调重音两种。语法重音位置固定，具有准确性和规范性；强调重音是表达者为了突出某个词或短语的重要性而特意安排的，更具有表现力和感染力。

① 语法重音。语法重音是按语言习惯自然重读的音节。这些重读的音节大都是按照平时的语言规律确定的。一般来说，语法重音不带特别强调的色彩。一般是主谓结构的谓语重读，如"明天是星期六"；偏正结构的定语和状语重读，如"盛大的毕业典礼""士气非常

高";动补结构的补语重读,如"教室打扫得干干净净""漂亮极了";指示代词和疑问代词重读,如"这种事情不能再做了""谁来了"。值得注意的是,语法重音的强度并不十分强,只是同语句的其他部分相比较,读得比较重一些。

② 强调重音。强调重音不受语法制约,它是根据语句所要表达的重点决定的,受到表达者的意愿制约,在句子中的位置不固定。由于表达目的不同,强调重音会落在不同的词语上,所揭示的含义也就不相同,表达的效果也不一样。比如,"我没说他偷了我的书",这句话根据重音位置变化,可表达7种意思。重音在第一个"我",表示不是"我"说的,而是别人说的;重音在"没",表示根本没这回事;重音在"说",相信就是他偷的,只是没有说出来,可能通过眼神或其他方式暗示等;重音在"他",表示偷书的可能是其他人;重音在"偷",表示他可能是以捡、借或抢的方式拿了书;重音在第二个"我",表示他偷的是别人的书;重音在"书",表示他偷的是除书以外的其他物品。

课堂互动

读以下素材,体会不同重音的表达效果差异。两人一组,互相练习。

"明天公司准备买一批笔记本电脑。"

1. 不是今天。
2. 强调是本公司。
3. 是笔记本电脑,而不是其他办公设备。

3. 语速

语速是指说话时每个音节的长短及音节之间连接的紧松。我们在讲话时,适当调整语速,可以调动听众的情绪和气氛,增强语言的表达效果。比如,朗读时适当调整语速,可以营造情绪和气氛,增强语言的表达效果。一般来说,表达兴奋、喜悦、轻快或愤怒、急躁的情绪的语句,语速要快;表达忧愁悲哀、沉重或悠闲宁静的情绪的语句,语速就要慢一些。另外,可以通过放慢语速,引起对方重视。假设我们正在介绍方案,而且马上就要讲到关键内容了,这一部分包括那些极具说服力的用以支持我们观点的论据,这个时候我们应该放慢语速,这样才能引起对方的足够重视,起到较好的沟通效果。

4. 语调

语调是指语句里语音高低、快慢、升降的变化,用来表达感情的抑扬顿挫的调子。其中以结尾的升降变化最为重要,它随语气和感情的变化而变化。在口语表达时,如能注意语调的升降变化,语音就有了动听的腔调,听起来便具有音乐美,也就能够细致地表达不同的思想感情。

语调变化主要有以下几种。

① 高升调。高升调多在疑问句、反问句、短促的命令句，或者表示愤怒、紧张、警告、号召的句子里使用。表达时，注意前低后高、语气上扬。

② 降抑调。降抑调一般用在感叹句、祈使句或表示坚决、自信、赞扬、祝愿等感情的句子里。表达沉痛、悲愤的感情，一般也用这种语调。表达时，注意调子逐渐由高降低，末字低而短。

③ 平直调。平直调一般多用在叙述、说明或表示迟疑、思索、冷淡、追忆、悼念等的句子里。表达时始终平直舒缓，语调没有显著的高低变化。

④ 曲折调。曲折调用于表示特殊的感情，如讽刺、讥笑、夸张、强调、双关、惊异等。表达时语调抑扬顿挫，或先升后降，或先降后升，往往把句中需要突出的音节加重、加高或拖长，形成一种升降曲折的变化。

📇 课堂互动

读以下素材，体会不同语调的表达效果差异。两人一组，互相练习。

"那个客户走了吗？"

1. 高兴。因为不好对付，终于打发走了。
2. 惋惜。因为自己迟到，没有赶上见一面。
3. 质疑。他怎么不等我回来就走了呢？
4. 生气。你们怎么不留住他呢？
5. 平淡。走了就走了吧。

📖 素养课堂

中国传统文化中的谦称与尊称

学习称呼背后的文化内涵，可以使我们体会到中国文化的博大精深，树立文化自信，激发爱国主义情感。

我们与他人打交道，遇到的第一个问题常常是如何称呼对方。很多人可能会说，"称呼"不就是直接叫对方的名字或者"你"吗，有什么可讲究的呢？称呼虽然简单，但里面却蕴藏着学问和智慧。如果不小心，很容易闹出笑话来。

西方人称呼对方可以直呼其名，包括孩子对父母的称呼。在他们看来，姓名不过是一个简单的符号而已，就是让人叫的。但中国与西方不同，中国自古以来就崇尚"礼"。《礼记·曲礼上》有这样的话："自卑而尊人。"比如，称呼对方的家人要用尊称——令尊、令堂、令郎、令爱（媛）、令婿、令媳、令正（贤阁、尊夫人）；称呼自己的家人，则要用谦称——家父、家母、家兄、家姐、舍弟、舍妹、内人（内子）、外子、犬子、犬女。

　　卑是谦卑，无论跟什么人打交道，都把对方放在第一位，所以有谦语，像"您"，表达的就是尊重。中国自古以来就讲究对人敬，对自己谦。在日常交往中，尤其是正式场合，我们称呼对方应该把握的一条原则就是多采取敬语，以表示对对方的尊重。那么反过来，当我们在向对方介绍自己或者称呼自己的时候，又该遵循"谦"的原则。

　　（根据《百家讲坛》"彭林说礼（二）——学会称呼"视频内容整理）

　　思考：中国传统文化崇尚"礼"，自古以来就讲究对人敬、对自己谦，对他人用敬称，称呼自己用谦称。你还知道哪些中国传统文化中的敬称与谦称呢？请列出几个并在班级中分享。

拓展阅读

朗读符号

项目自测8

项目九 非语言沟通：
既能察言，又要观色

学习目标

知识目标

- 了解非语言沟通的定义及特点。
- 熟悉非语言沟通的常见类型。
- 掌握身体语言识别技巧。

能力目标

- 能通过识别身体语言，了解沟通对象的真实心理状态。
- 能在沟通中正确使用身体语言，增强表达的表现力和感染力。

素质目标

- 善用积极的身体语言来传情达意。
- 注重仪容仪表，礼貌待人，行为文明。

📝 案例引入

藏不住心事的齐桓公

春秋时期，齐桓公与管仲密谋伐卫，议罢回宫，来到其所宠爱的卫姬宫室。卫姬见之，立即下跪，请求齐桓公放过卫国，齐桓公大惊，说："我没有对卫国怎么样啊！"卫姬答道："大王平日下朝，见到我总是和颜悦色，今天见到我就低下头并且避开我的目光，可见今天朝中所议之事一定与我有关，我一个妇道人家，没什么值得大王和大臣们商议的，所以应该是和我的国家有关吧？"齐桓公听了，沉吟不语，心里决定放弃进攻卫国。

第二天，与管仲见面后，管仲第一句话就问："大王为何将我们的密议泄露出去？"齐桓公又被吓了一大跳，问道："你怎么知道？"管仲说："您进门时，头是抬起的，走路步子很大，但一见我侍驾，走路的步子立即变小了，头也低下了，您一定是因为宠爱卫姬，与她谈了伐卫之事，莫非您现在改变主意了？"

卫姬和管仲就是根据齐桓公的走姿、表情、肢体动作等非语言信息来分析他的心理状态的。非语言信息通常是不自觉的，是个人内在心情的自然流露，它所传递的信息往往更真实。

评析：在商务沟通中，我们除了需要熟练掌握语言沟通技巧，还需要正确运用非语言工具增强自己语言的表达力和感染力，敏锐捕捉、准确识别对方在沟通中通过各类非语言因素流露出来的信息，这样才能顺利达成沟通目的。

任务一：认识非语言沟通

🔍 情境任务

学生两人一组，进行5分钟的面对面交流，要求只能使用眼神、表情、动作等非语言信息进行沟通。交流完成后，再通过口头沟通的方式，相互分享自己想要表达的意思，并与对方的理解进行对照。

以上活动完成后，请讨论以下问题：

1. 我们在进行非语言沟通的时候存在哪些障碍？

2. 我们怎样才能消除或削弱这些障碍？

🎯 知识解析

一、非语言沟通概述

在日常交流活动中，非语言沟通作为一种沟通方式，在信息的传达、情感的表露和思想的交流方面，往往起着重要的作用。非语言沟通中的面部表情、肢体动作、语音语调等能使有声语言的表达更丰富、更直观、更形象。根据国外心理学家对不同载体在传递信息中作用的研究，语言本身（遣词造句）在传递全部信息中的作用只占7%，表达方式（语速、语调、音量、停顿等）的作用约占38%，而姿势、表情等身体语言信息所起的作用最大，约占55%。

（一）非语言沟通的定义

非语言沟通是指人们利用语言符号以外的元素传递信息、交流情感的一种沟通方式。不蕴含语言文字意义的声音、肢体动作、面部表情、着装、距离、沟通环境、时间因素等，都能向他人传递某种信息。

非语言沟通有时是一种自然而然、不加修饰和掩盖的行为，即使信息发送者想掩饰自己内心的真实意思，但他的表情、姿势、语速、语调等非语言行为也会暴露他的真实想法。当语言信息和非语言信息出现明显冲突时，沟通者会倾向于依赖非语言信息做出判断。需要注意的是，非语言信息比语言信息更加模糊不清，而且不同的非语言行为在不同的文化中可能会得到不同的诠释。

非语言沟通的
定义与特点

（二）非语言沟通的特点

非语言沟通包含的内容非常丰富，一次眼神的交流、一个会心的微笑、一个不经意的动作、一眨眼的停顿……都可能蕴含着十分重要的含义，对沟通双方的交流起着非常重要的作用。与语言沟通相比，非语言沟通具有以下突出特点。

1. 普遍性

在世界不同文化中，存在着一些基本的表情来传达相似的情绪。例如，快乐时的微笑在几乎所有文化中都能被识别。无论是在欧美、亚洲还是在非洲，当人们感到开心时，嘴角会上扬，脸颊肌肉会向上提升，微笑的表情是人类共有的非语言信号，它能够被不同文化背景的人所理解。

1957年，美国心理学家保罗·埃克曼做了一个实验，他在美国、巴西、智利、阿根廷、日本5个国家选择被试。他拿出一些分别表现喜悦、厌恶、惊异、悲惨、愤怒和惧怕6种情绪的照片，让被试辨认。结果，绝大多数被试的辨认结果趋于一致。实验证明，人的面部表情是内在的，有较一致的表达方式。因此，面部表情多被人们看成一种"世界语"。

2. 真实性

由于语言受理性意识的控制，因此其对表达者的真实意图具有一定的遮掩作用，而非语言则不同，非语言行为通常很难被有意识地完全控制，因此往往能够更真实地反映一个人的情绪和态度。例如，当一个人在说谎时，可能会出现眼神游离、坐立不安等下意识的动作，这些非语言线索可能会泄露他内心的紧张情绪，从而让对方察觉到言语内容可能存在虚假成分。

3. 差异性

不同的文化对非语言信号的理解和使用存在差异。例如，在一些西方国家，眼神交流被视为自信和诚实的表现，而在某些亚洲文化中，过度的直视可能会被认为不礼貌或者具有攻击性；点头在大部分地区表示同意，但在一些地方表示听到了对方的话，而不一定表示认同。

4. 模糊性

与语言沟通相比，解读非语言沟通的含义更加依赖于具体的情境和背景。相同的非语言符号，由于所处的沟通情境不同，含义可能不同。比如，"拍案"可以理解为"拍案叫绝"，也可以理解为"拍案而起"；"脸色涨红"可能是内心紧张所致，也可能是生气愤怒所致。有时，非语言沟通的模糊性使得对其的解读变得复杂且充满不确定性。

5. 辅助性

非语言沟通在人际交往中往往起到辅助和补充语言沟通的作用。它能够帮助人们更准确地理解语言信息的含义和背景，同时也能够传递一些语言沟通无法表达的信息，如情感、态度、关系等。这种辅助性和补充性使得非语言沟通在人际交往中发挥着不可替代的作用。例如，在演讲场景中，演讲者可以通过有力的手势来强调重点内容，比如在说到"我们要勇往直前"时，演讲者可能会做出一个向前冲的手势，让观众更直观地理解勇往直前的含义，并且增强演讲的感染力。在日常对话中，点头和微笑表示对对方观点的认同和鼓励，有助于交流顺畅，帮助说话者更好地传达自己的意图，也让听众更容易接受信息。

小游戏

我比划，
你来猜

二、非语言沟通的常见类型

非语言沟通的表现形式是多种多样的，有肢体动作、面部表情等身体语言，有与口头语言相伴的副语言，还有位置、距离、环境布置等环境语言；在一些特定场合，还有一些标记性语言，如交通信号灯、航海中的旗语、体育比赛场上的手势语等。下面介绍商务活动中非语言沟通的常见类型。

非语言沟通的
常见类型

（一）身体语言

身体语言又叫态势语言，是通过人的肢体动作、姿势、面部表情等传递信息、交流感情的无声语言。在非语言符号中，身体的每个器官都能传情达意，一举手一投足都有丰富的含义。所以，身体语言是最丰富、最重要的非语言沟通类型。学会观察和利用身体语言，是实现有效沟通的基本保证。

一方面，身体语言可以帮助我们更好地理解他人，了解对方的真实心理状态，从而建立起彼此间的良好关系，增强沟通效果。比如商务洽谈场合，可以通过观察客户的身体语言，实时掌握客户的心理状态，根据实际情况及时调整洽谈策略，以尽快达成合作目标。

另一方面，身体语言还可以帮助我们更好地表达自己，有效影响和改变别人。身体语言可以增强有声语言的表现力和感染力，甚至可以部分代替有声语言去交流情感，比如说"谢谢你"的时候，加上一个诚挚的表情，可以让你的感谢效果更好。

（二）副语言

副语言又称音调语言，是指以音调、语气，以及声音的高低、停顿等来表示一定含义的辅助语言沟通形式。副语言主要包括：语速、语调、音质和停顿。语言表达方式的变化，尤其是语调的变化，可以使字面意思相同的一句话具有不同的含义。如一句简单的口头语"真棒"，当音调较低、语气肯定时，表示由衷的赞赏；而当音调升高、语气讽刺时，就有可能变成幸灾乐祸。

心理学研究发现，低音调是与烦恼、悲伤的情绪相联系的，高音调则表示恐惧或气愤。副语言研究者德保罗研究发现，鉴别别人是否说谎的最可靠线索就是音调。普通的说谎者说谎时会低头或躲避别人的视线；老练的说谎者则可以有意识地控制这些慌乱行为，说谎时不仅不脸红、不低头，还能有意识地以镇定的表情迎接别人的目光。但是，说谎时音调的提高却是不自觉的，它透露出说谎者言不由衷的心态。

1. 语速

语速是指说话的速率。如果说话者语速过快，就会影响话语的清晰度，并使人产生紧张感，听者也难以接收到准确的信息；如果说话者语速过慢，则易使听者分散注意力。说话者的语速应该控制在每分钟约200个字。当然，语速还应该根据话题、现场气氛及听众的反应等情况来掌控：当需要听众重点理解时，应该放慢语速；当听众接收没有障碍时，可适当加快语速。

2. 语调

语调是指说话时语音高低、轻重配合而形成的腔调，能表达一定的语气和情感。语调是语言中的旋律，是语言的"灵魂"。如果说话者的语调从头至尾都是平直的而没有高低起伏的变化，就会给接收者以枯燥无味的印象。只有做到了抑扬顿挫，才会有一定的感染力，产生理想的沟通效果。

3. 音质

不同人的音质会有一些差异。研究表明，如果一个人的声音具有吸引力，其更容易被他人认为是有影响力、有能力和值得信任的；相反，音质较差的人，其沟通时会让人产生距离感或失去耐心。音质可以通过自身的努力和专业的培训来改变。

课堂互动

打开口腔的练习——"提打挺松"

要让声音更有魅力，可以常做"提打挺松"的口部操：提颧肌、打牙关、挺软腭、松下颌。将这4个步骤结合在一起，能够合理地扩大口腔容积，让口腔形成一种"前紧后松，上提下松"的感觉，这样会让发出的字音更加圆润清晰。练习的要点如下。

1. 学会微笑提颧肌

提颧肌对提高声音的亮度和字音的清晰度有明显作用。唇齿相依，上唇贴紧牙齿，可以通过发"ü"找一下感觉。

2. 啃口苹果开牙关

打开牙关不仅可以让口腔产生共鸣，还可以使咬字位置适中，力量稳健。注意张口形状，找啃苹果的感觉。

3. 半打哈欠挺软腭

可以用夸张吸气和半打哈欠来体会软腭的挺起状态，适度保持这种状态发音，你就可能会听到不同于平时的声音效果。可以通过捏鼻子发音来确认自己的软腭是否挺起：用手捏住鼻子，发出"一"的声音，再松开鼻子，同样发音。对比两次的声音，如果变化不大，则代表此时软腭挺起；如果变化明显，则说明软腭没有完全挺起。

4. 仰头开口松下颌

有人认为，只有下颌用力，才能做到咬字有力、字音清晰，其实这是一种误区。下颌用力会使舌根紧张，咽管变窄，口腔变扁，把字咬"死"。"咬"的力量应主要在口腔上半部，下颌则应处于放松、"从动"状态。可以常做仰头开口练习来松下颌。

4. 停顿

停顿是指语句或词语之间的间歇。对话或演讲中适当的停顿，对于突出演讲的主题、吸引听众的注意、酝酿要抒发的情感有重要作用。一些高明的演讲者都会在演讲中创造停顿，特别是在临近演讲高潮时戛然而止，让观众在头脑中思考想象。因此，要想成为沟通高手，就要懂得如何创造适当的停顿。

（三）环境语言

环境语言是指人们利用自身因素之外的环境因素传递信息，实现沟通的语言。通常，研究环境对沟通的影响主要表现为位置、距离和环境布置等方面。

1. 位置

位置在沟通中所表示的主要的信息就是身份。你去拜访一位客户，在他的办公室会谈，你坐在他办公桌的前面，表示他是主人，他拥有控制权，你是客人，你要照他的安排去做。

在开会时，积极地坐在显眼位置的人，表明他希望向其他人（包括领导）显示自己的存在和重要性。宴请的位置也很讲究主宾之分，东道主坐在正中，面对上菜方向，他的右侧的第一个位置为最重要的客人，他的左侧的第一个位置留给第二重要的客人，其他客人、陪同人员以东道主为中心，按职务、辈分依次落座。由此可见，位置对沟通双方是非常重要的。

2. 距离

距离，也叫作沟通空间。研究发现，人们如何利用距离与人际关系有关，能反映出和他人的亲密程度。比如，当你和对方在面对面沟通时，两个人之间会维持舒服的距离，如果对方不是你在情感上比较亲密的对象，那么，当他继续往前挪步靠近时，你应该会有不舒服的感觉；当然，如果对方是你的亲密伴侣，你应该不会感觉不舒服。

人们有强烈的领地意识，当领地被侵入或侵犯时，人们会立刻察觉。人们关系越亲密，距离越短；关系越疏远，距离越长。人类学家爱德华·霍尔定义出人们在日常生活中的4种距离：亲密距离、个人距离、社交距离与公众距离。

① 亲密距离（小于0.45米）

亲密距离又叫作私密距离，它是我们为伴侣、孩子等特别亲密的人所保留的，并且多半会发生在一些私人情境中。因此，在人际交往中，一个不属于亲密距离圈子内的人随意闯入这一空间，不管他的用心如何，都是不礼貌的，会引起对方的反感，也会自讨没趣。

② 个人距离（0.45～1.2米）

个人距离是在进行非正式的个人交谈时经常保持的距离。个人距离的近范围为0.45～0.75米，正好能相互握手，亲切交谈，这是与熟人交往的距离。个人距离的远范围是0.75～1.2米，朋友和熟人可以自由地进入这个距离，这个距离有助于你们私下讨论一些问题而避免接触彼此。

③ 社交距离（1.2～3.6米）

一般在正式社交场合，人们多采用社交距离进行交谈。公司的领导常常会坐在桌子后面同员工保持社交距离。与没有过多交往的人打招呼可采用此距离，体现出一种社交性或礼节上的较正式关系。在社交距离范围内，说话时要适当提高声音，并且需要充分的目光接触。如果谈话者得不到对方目光的支持，他会有强烈的被忽视、被拒绝的感受，相互间的目光接触是交谈中不可或缺的感情交流形式。

④ 公众距离（大于3.6米）

公众距离一般适用于演讲者与听众及非正式的场合等。在商务活动中，根据活动的对象和目的，选择和保持合适的距离是极为重要的。这是一个几乎能容纳一切人的空间，人们完全可以对处于该空间的其他人"视而不见"、不予交往，因为相互之间未必发生联系。因此，这个空间的交往，大多是当众演讲，当演讲者试图与一个特定的听众谈话时，他必须走下讲台，使两个人的距离缩短为社交距离，才能够实现有效沟通。

以上4种距离，只是人际交往的大致模式，并不是一成不变、刻板的。人际交往的具体距离是根据具体情况的变化而变化的。因此，具体距离总是具有一定的伸缩性和可变性。例如，民族文化传统不同，人们交往的空间意识会有差异；性别不同，对交往需求的空间也有差异，如异性之间比同性之间要求的距离大；社会地位高的人会有意识地与普通人保持较大的距离；性格外向的人容易打破空间界限，对对方的靠近也不会太反感，而内向的人对空间界限较重视；人的情绪也许是影响交往距离的最大因素，也是最容易变化的因素，在人的情绪处于极度兴奋或极度压抑等状态时，人可能会采取一种不合常规的空间界限与人交往；环境也会影响人的空间意识。

课堂互动

> 回想自己与父母沟通、与不太熟悉的同学沟通、与老师沟通时的情境，说一说在这些不同的沟通对象面前，自己与他们的距离是怎样的，并说明自己为什么会选择在那样的距离下与之展开沟通。

3. 环境布置

环境布置不仅影响人们的心情，而且影响沟通的效率及效果，还能传递出非常重要的信息。比如办公场所的设计，一般职位越高，办公室越大。董事长或身份地位比较高的人，其办公室有一张大而宽的桌子，这是建立秩序和纪律时不可或缺的陈设。领导坐在桌后，控制着整个办公室的空间。这种位置强调权力，给来访者较弱的自主性。在这里，领导占有绝对的主场优势。一般办公室在色彩选择上都是中性偏冷色调，以显示稳定。不过，儿童活动场所的色彩则是鲜艳明快的，彰显天真活泼。

美国惠普公司办公室的布局采用"敞开式大房间"，除少数会议室、会客室外，全体人员都在一间敞厅中办公，各部门之间只有矮屏分隔，无论哪级领导都不设单独的办公室。敞开办公室的门，不设置物理屏障，有利于营造平等的气氛，同时也敞开了上下级间彼此合作的沟通之门。

任务二：识别身体语言

情境任务

以小组为单位，搜集整理各种手势，并说明每一种手势在日常沟通中所表达的含义。要求：将搜集成果整理制作成PPT，图文并茂，在课堂上与同学们分享。

知识解析

一、身体语言的识别

在日常生活中，身体语言是人们沟通中常用的一种形式。学会观察和识别身体语言，是实现有效沟通的保证。人们有时会试图隐藏真实情感，但身体语言往往能反映内心的感受。身体语言是沟通中不可忽视的重要部分，善于识别它能够极大地提升沟通的质量和效果。

识别身体语言

（一）肢体动作

肢体动作是指通过身体各部位的运动所展现出来的非语言表达方式。

1. 手部动作

由于手部动作比较灵活，运用起来比较自如，手部动作也就成了肢体动作类身体语言中的核心部分。一般认为，掌心向上，摊开双手，表示真诚、坦率，不带任何威胁性；而掌心向下，表明压抑、控制，带有强制性和支配性，容易使人产生抵触情绪。双手交叉放在胸前，通常表示防御、封闭或拒绝。用食指指向他人，通常带有指责、命令或攻击意味，容易引起对方反感。搓手可能代表情绪紧张或不安，也可能表示期待或兴奋。

2. 腿部动作

虽然腿部动作不如手部动作那么显眼，但它同样能够传递丰富的信息。在等待面试时，很多人会不自觉地抖腿，这是因为他们感到紧张或不安。站立时两腿交叉，往往给人一种自我保护或封闭防御的感觉。交谈中脚尖朝向对方，通常表示对谈话内容感兴趣；如果脚尖朝向门口，可能表示想要离开或对谈话内容不感兴趣。

3. 头部动作

头部动作也是运用较多的肢体动作。点头一般表示肯定、鼓励，摇头则表示否定和拒绝。低头通常表示谦恭、害羞或沮丧，抬头则表示自信、坚定或期待。头部动作往往还需要结合面部表情来解读。

（二）身体姿势

身体姿势是身体语言的重要组成部分，它强调将全身作为一个整体去观察，具体包括走姿、站姿、坐姿等。

姿势除了可以传达一个人的内心感受，还可能透露他的自信程度。例如，一个人的走姿能体现其是否自信：如果背部挺直、眼神坚定、步伐稳健，会给人一种自信从容的印象；如果含胸驼背、眼神飘忽、步伐踌躇，则会让人感觉缺乏自信。

此外，还有两种常见的姿势类型：开放性姿势和封闭性姿势。开放性姿势下，人的躯干是开放的，手臂或双腿没有交叉，做出保护躯干的姿态。通常开放性姿势意味着友好、开放以及交流的意愿。封闭性姿势则刚好相反，双臂或双腿做出保护躯干的姿态，例如双手环抱、双肩向内夹紧、双腿合拢、紧跷二郎腿等。封闭性姿势暗示着紧张、不友好，有时甚至带有一定敌意。

需要注意的是，以上解读并不绝对，因为一些姿势对某些人而言，只是一种习惯性动作，没有任何意义，比如常见的两臂交叉抱在胸前，并不都意味着封闭和拒绝沟通。因此，有时将普遍适用的理论套用在个体身上可能会产生偏差。

（三）面部表情

面部表情是指通过嘴、眼、眉等表达出来的情感、想法和目的。人们的喜怒哀乐都可以通过面部表现出来。例如，仅眉毛就可以传达出丰富的意思："挤眉"表示戏谑，"横眉"表示鄙视，"竖眉"表示愤怒，"低眉"表示顺从，"皱眉"表示不愉快或疑惑等。

人们有超过25万种不同的面部表情，而我们能够进行描述的面部表情却很少。面部表情能传达多种情感，同时人们也能轻易地将情感隐藏。所以，虽然人们经常运用面部表情，但是它们所表达的情感有时并不容易被解读。

事实上，解读面部表情是一个复杂的过程，有时面部表情变化速度非常快，比较难捕捉和理解。一部热播的美剧《别对我说谎》让"微表情"被大众所知晓。该剧的灵感来源于美国心理学家保罗·埃克曼教授的真实研究及其所著的畅销书《说谎》。所谓微表情，是指特别短暂的表情，持续时间约为1/25～1/2秒，表达了人们压抑或试图隐藏的真实情绪。微表情属于应激反应，自然发生，不能被人控制和隐瞒，因而也无法伪造。心理学家研究认为，面部表情是人类共有的，如果你愤怒，不管你是非洲人还是亚洲人，你脸上都会显示出同样的表情。要捕捉到微表情，可以观看人们说话时面部表情的无声录像，观察眉毛的扬起或紧皱、瞳孔的变化、鼻子的张合、嘴唇的绷紧与放松、牙齿合上或紧咬等变化，揣摩其中的含义。

1. 眼神

眼睛是心灵的窗户，目光的接触也是内心的接触。孟子曰："存乎人者，莫良于眸子。眸子不能掩其恶。胸中正，则眸子瞭焉；胸中不正，则眸子眊焉。听其言也，观其眸子，人焉廋哉？"意思是"观察一个人，没有比观察他的眼睛更好的了。眼睛不能掩盖一个人的丑恶。心中光明正大，眼睛就明亮看得远；心中不光明正大，眼睛就昏暗不明、躲躲闪闪。"很多时候，读懂对方的眼神，也就读懂了他的内心。

- 在交谈中对方的视线经常停留在你的脸上或与你对视，说明对方对交谈内容很感兴趣，想了解你的态度和诚意。

- 对方的视线时时脱离你，眼神闪烁不定，说明他对你所谈的内容不感兴趣但又不好打断，产生了焦躁情绪。

- 下颌内收，视线上扬注视你，表明对方有求于你，成交的欲望强，让步幅度大；下颌上扬，视线向下注视你，表明对方认为自己比你有优势，成交的欲望不强，让步幅度小。

- 眼睛瞳孔放大而有神，表示处于兴奋状态；瞳孔缩小无神，神情呆滞，表示处于消极、戒备或愤怒状态。

- 眼神飘忽不定，常被认为是掩饰或不诚实的表现。

课堂互动

> 请说出与眼睛有关的成语或词语，并体会它们表达出的不同情感和含义。

2. 嘴巴

嘴巴的动作可以反映一个人的情绪状态或内心想法。嘴角上扬，通常表示愉悦、满意或轻松；嘴角下垂，通常表示沮丧、失望或不悦。在面试中，如果应聘者抿嘴，可能表示他感到紧张或不确定。在做出重要决定时，很多人会不自觉地咬嘴唇，表示内心的挣扎。

3. 鼻子

当一个人闻到难闻的气味时，可能会皱鼻子，表示厌恶。在激烈的争论中，如果一个人鼻孔扩张，可能表示他感到愤怒或激动。在说谎时，很多人会不自觉地摸鼻子，试图掩饰自己的不安。

4. 微笑

微笑是最常见的面部表情之一，能够传递友好、愉悦和善意。真诚的微笑，需要眼睛和嘴巴的同时参与，嘴角两侧均匀上扬，面部肌肉放松，面颊上抬，眼角会出现"鱼尾纹"。在拍照时，有些人会刻意扬起嘴角，但眼睛没有变化，这样会显得笑容僵硬或不自然。

二、身体语言识别的注意事项

身体语言不像明确的语言文字那样具有固定、清晰和标准化的含义，它往往具有不确定性和多义性，这使得对身体语言的理解和解释容易产生偏差、误解。身体语言的模糊性，给准确解读身体语言带来了挑战。要提高身体语言解读的准确性，可以从以下几个方面入手。

（一）持续关注

在跟别人对话时，时刻保持对对方身体语言的关注。人会不断地通过身体语言来释放各种与情绪和感受有关的信号，通过这些信号可以真正读懂对方想要表达的意思。如果一个销售人员嘴上跟你讲"这已经是我为你争取来的最低价了"的同时，他用手稍微捂了一下嘴，或是挠了一下鼻子，又或是摸了一下后脖子，那可能意味着价格还有下探的空间。

（二）整体把握

把对方的所有表达看作一个整体来理解，也就是说，把语言信息和非语言信息结合起来理解。同时，不要过分强调某一细节，因为身体或面部的单一动作或表情不一定拥有特定的含义。比如，说话时触碰鼻子，不一定表示某人正在说谎，可能是此刻他鼻子痒。还有，对方与你说话的时候眼神躲闪，可能是因为此刻其他东西吸引了他的目光，你不应该匆忙下结论——他在撒谎。但是，如果对方接着又出现了如下几种身体变化，你基本就能判断他没有讲真话：身体突然抖动一下、眨眼的次数明显增多、干咳、眉头紧锁、捂嘴、音量和音调突然变化等。

（三）重点留意"身口不一"

每个人都有言不由衷的时候，我们能选择说话的内容，也可以选择说话的方式，但我们无法隐藏自己的真实感受和情绪，因为身体语言是在无意识中瞬间产生的。如果你发现对方在某个话题上的语言表达和身体表达不一致，那你要特别留意了。比如，对方嘴上说今天心情很好，但却一直盯着地上看，那多半对方是有心事，不妨多关心一下。

（四）困惑时直接求证

非语言行为具有模糊性，因此，如果对对方的身体语言感到困惑，有时不妨直接问一下对方的感受。一个简单的方式就是把你对对方刚才所表达的内容的理解说出来，向对方确认"你刚刚想表达的意思是不是……？"这有助于厘清双方对沟通内容的理解是否一致。有的时候对方的"身口不一"可能是瞬间的走神或是在想另一个问题而导致的，直接求证能帮助对方把思绪拉回来。

（五）注意文化差异

同样的身体动作，在不同的文化中可能会得到不同的诠释，这就需要我们了解对方的文化，特别警惕非语言的差异。不然，很有可能造成沟通障碍，影响沟通目的的实现。例如，在某些国家，"OK"手势可能含有挑衅或侮辱的意味。因此，在跨文化沟通中，我们需要通过学习来觉察其他文化的非语言特性，多一些尊重与包容。

📖🔍 素养课堂

把中国微笑传递给世界

北京冬奥会和冬残奥会期间，志愿者在各自工作领域用饱满的热情、周到的服务为盛会的顺利举办奉献力量，弘扬奉献、友爱、互助、进步的志愿精神，让青春的风采绽放在每个场景中，把中国微笑带给了全世界。

烟花绽放的鸟巢、寒风吹彻的站台、灯火通明的主媒体中心、赛事激烈的场馆……留下了志愿者极致温馨的服务和令人难忘的笑容。

"他们甜美的微笑让我感到温暖，我忍不住想回馈他们一些什么。然而，我什么也没有，只能送他们甜味儿的巧克力。"在冰壶赛事场馆"冰立方"工作的瑞士广播电视集团制作和技术人员塞巴斯蒂安·那奥迪恩说。他出门前，常在口袋里装几块从家乡带来的巧克力，送给遇到的志愿者。

　　志愿者用阳光、活力的面貌和专业、敬业的服务为冬奥盛会注入温暖与感动，向世界展现了中国青年一代的风采。他们的一言一行、一颦一笑，举手投足之间，让全世界知道，中国是一个礼仪之邦，中华民族是友好善良的民族。

　　思考：冬奥会志愿者通过言行举止展示了中国青年蓬勃向上的形象，这给你带来了哪些启示？

拓展阅读

通过身体语言
提升影响力

项目自测9

项目十 倾听：修炼倾听技能，让沟通事半功倍

学习目标

知识目标

- 掌握倾听的定义和意义。
- 掌握倾听的过程。
- 了解倾听障碍的主要表现。
- 掌握提问与积极反馈的类型。

能力目标

- 能克服倾听障碍。
- 能做到有效倾听。
- 能做到有效提问和反馈。

素质目标

- 养成尊重、共情与开放的倾听态度。
- 提升服务意识，养成认真严谨、爱岗敬业、团队合作的工作态度。

案例引入

乔·吉拉德的倾听教训

"世界上最伟大的推销员"乔·吉拉德曾说："世界上有两种力量非常伟大，其一是倾听，其二是微笑。倾听，你倾听对方越久，对方就越愿意接近你。据我观察，有些推销员喋喋不休，因此，他们的业绩总是平平。上帝为什么给了我们两只耳朵、一张嘴呢？我想，就是要让我们多听少说吧！"乔·吉拉德对这一点感触颇深，因为他从自己的顾客那里学到了这个道理，而且是从教训中得来的。

乔·吉拉德花了近一小时才让他的顾客下定决心买车，然后，他所要做的仅仅是让顾客走进自己的办公室把合约签好。当他们向办公室走去时，那位顾客开始向乔提起他的儿子。

"乔"，顾客十分自豪地说，"我儿子考进了普林斯顿大学，我儿子要当医生了。"

"那真是太棒了。"乔回答，一边往前走，一边看着周围的顾客。

"乔，我的孩子很聪明吧，当他还是婴儿的时候，我就发现他非常聪明了。"

"成绩肯定很不错吧？"乔一边应付着，眼睛同时往四处看着。

"是的，在他们班，他是最棒的。"

"那他高中毕业后打算做什么呢？"乔心不在焉。

"乔，我刚才告诉过你，他要到大学去学医，将来做一名医生。"

"噢，那太好了。"乔说。

那位顾客看了看乔·吉拉德，感觉到乔·吉拉德不太重视自己所说的话，说了一句"我该走了"，便走出了车行。乔·吉拉德呆呆地站在那里。

下班后，乔·吉拉德回到家回想今天一整天的工作，总结自己做成的交易和失去的交易，并分析失去顾客的原因。次日上午，乔·吉拉德刚到办公室，就给那位顾客打了一个电话，诚恳地询问道："我是乔·吉拉德，我希望您能来一趟，我想我有一辆好车可以推荐给您。"

"我已经从别人那里买到车了。"顾客说，"我从那个欣赏我的推销员那里买到的。乔，当我提到我对我儿子是多么骄傲时，他是多么认真地听。"顾客沉默了一会儿，接着说，"你知道吗？乔，你并没有听我说话，对你来说，我儿子当不当得成医生并不重要。你真是个笨蛋！当别人跟你讲他的喜恶时，你应该听着，而且必须聚精会神地听。"

这番话点醒了乔·吉拉德。以后面对顾客，无论是否与销售有关，他都认真听对方把话讲完，这让他获得了更多的信任，成为推销界的"神话"。

评析：每个人都希望获得别人的尊重，受到别人的重视。当我们专心致志地听对方讲话时，对方一定会有一种被尊重和重视的感觉，双方之间的距离必然会拉近。乔·吉拉德从自己先前的"失败"中认识到了倾听的重要性，为其以后的销售工作改进积累了宝贵的经验。

任务一：认识倾听

情境任务

请列出你在倾听方面存在的主要问题，并提出改进的办法或措施。

自身倾听存在的主要问题	改进办法或措施

知识解析

一、什么是倾听

很多人认为，倾听技能是每个人都具有的一种与生俱来的能力，不需要训练，所以一谈到沟通，人们自然想到的是说，很少有人想到听。其实人们在沟通过程中产生的许多问题，往往是不善于倾听导致的。

自然赋予人类一张嘴、两只耳朵，是要让我们多听、少说。美国宾夕法尼亚大学尼古拉斯教授和史蒂夫斯教授认为，一般人每天有70%的时间用于某种形式的沟通，而在人们用于沟通的所有时间中，40%用于倾听，35%用于交谈，16%用于阅读，9%用于书写。很显然，倾听在沟通中占比最大，是人们最常用的沟通形式。生活中的沟通高手，都是善于倾听的人。

认识倾听

（一）"听"与"倾听"的区别

很多人以为"听"与"倾听"是一回事，其实两者大不相同。从生理层面上讲："听"是声波传到耳膜引起震动后，经听觉神经传达到大脑的过程；"倾听"是大脑将这些电化学脉冲重构为原始声音之后，再赋予意义的过程。

除了疾病、外伤造成的失聪或使用耳塞之外，你几乎无法停止"听"，不管你想要听或不想要听，你的耳朵都会接收所有声波并将其传送到大脑。而"倾听"不同于"听"，它不是自动的生理过程，你一直在听，却不一定都是在认真倾听。现实生活中，总有不少这样的人，他们假装在听别人讲，眼睛也一直盯着对方，看上去对别人说的话很有兴趣，甚至还点头称是，但实际上他们一句话也没有听进去，这种行为就不能被称为"倾听"。

（二）倾听的定义与特征

所谓"倾听"，是接收语言信息及非语言信息，确定其含义，并对此做出反应的过程。"倾听"必须以"听"为基础，但它是一种特殊形态的"听"。倾听具有如下特征。

① 倾听是人主动参与的听。人必须对声音有所反应，或者说，在这个过程中人必须接收、理解说话者传递的信息，并做出必要的反馈。

② 倾听是有视觉器官参与的听。没有视觉器官的参与，闭上眼睛、只有耳朵的听不能称为倾听。在倾听的过程中，必须理解别人的肢体动作、面部表情、眼神等，即非语言信息。

小游戏

黑熊和棕熊
赛蜜

二、倾听的意义

"说"确实是沟通中不可或缺的重要部分，清晰表达观点需要好口才。但只是说，可以有效沟通吗？答案是否定的。调查研究发现，沟通中占比最大的不是交谈、说话，而是倾听。沟通是信息交流的过程，若不听或听不懂对方的意思，便无法准确反馈，无法达成沟通目的。因此，倾听是人们常用的沟通方式，有着重要的地位。倾听的意义在于以下几点。

（一）全面了解信息

为了解决问题和有效地做出决定，尽可能多地获取相关信息是十分必要的。积极倾听有助于得到说话者全部的信息，这样倾听者就可以在掌握尽可能多的信息的基础上，做出准确的决策。特别是，交谈中很多有价值的信息，说话者常常是无意识说出来的，但对听者却很有启发。在倾听中，听者还可以通过适时提问、澄清不明之处，或启发对方提供更完整的资料。

（二）改善人际关系

人与人之间的很多误会，往往是由于信息不对称或偏差带来的。倾听，有助于我们获得不知或遗漏的信息，修正错误的认知，更真实、全面地了解对方，消除误会。如果拒绝给对方解释的机会，又或者在对方说的时候，自己内心总有一个声音说"我不听，我不听"，或出现不耐烦、目光游移等状况，不仅无法消除误会，还可能会进一步加深矛盾。因为，上述信号都在传达一个信息——"你不尊重他"。而被尊重感是沟通中非常重要的一种感知，是建立良好人际关系的基础。

（三）提高沟通效率

倾听的过程也是厘清思路的过程。在倾听中，我们可以获知和确认对方对问题的了解、分析、态度和建议。带着这些信息，我们能进一步厘清交流的重点，调整和优化沟通的策略及方式。否则，如果双方都只说不听，就难免陷入自说自话的境地。很多失败的沟通、低效的沟通都是由于片面地关注了自己要说什么，而没有仔细分析对方说了什么，以及为什么要这么说。

小故事

三个小金人

三、倾听中的障碍

"传话游戏"生动表明了倾听障碍是客观存在的。这个游戏的规则很简单，通常是让几个人排成一列，第一个人领纸条，记住纸条上面的话并保留纸条。然后，第一个人将记住的话传递给第二个人，第二个人再将听到的话传递给第三个人，以此类推，直到最后一个人将听到的话告诉大家。为了增加游戏的趣味性和挑战性，往往还会设置一些干扰，比如，使用一些生僻词汇或复杂句子，或是在传话过程中大声播放背景音乐。最后，大家通常会发现，最后一个人说的话与纸条上的话有很大的差别。

总体而言，倾听障碍主要存在于环境、倾听者和说话者3个方面。环境对倾听的影响显而易见，由说话者引起的倾听障碍主要表现为说话者编码质量低，而这两方面都不是倾听者主导的。下面主要从倾听者的角度，谈一谈沟通障碍是如何产生的。

（一）倾听的过程

为什么看似简单的传话游戏，最后总是很难得到前后一致的结果？答案就在于倾听过程的复杂性。要实现有效倾听，需要完成3个步骤。

1. 接收

接收是倾听的第一步，首先要保证能听到，也就是信息可以被接收并传送到大脑。这一步属于生理维度，接收过程可能会受噪声、听力受损等因素的干扰和影响。

2. 理解

接收是一个生理的过程，而理解则是一个心理的过程。倾听者接收到信息之后，下一步就是对信息进行理解和加工，这项活动需要倾听者结合自己的知识、经验、角色、价值观等来进行。有时倾听者还会进行价值评判和取舍，毕竟如果对接收到的所有信息都付出100%的注意力，倾听者会非常累。倾听者的愿望、需求、兴趣等决定了其选择关注的焦点。

3. 反馈

反馈是对信息做出回应，即对说话者给予明显的、语言上的或者非语言上的回应。倾听并不是一种被动的活动，在接收到信息、理解信息之后，适时做出反馈行为，是有效倾听很重要的一个步骤。反馈可以以语言的形式做出，比如用自己的措辞重述对方的观点，以便对获得的信息进行澄清和检验；反馈也可以以非语言行为来表达，比如保持目光的接触、频频点头等。

如果以上任何一个步骤没有做好，倾听的有效性就会大打折扣。例如，在一个嘈杂的环境中工作，可能根本就听不到要传达给倾听者的信息；即使接收到了信息，如果倾听者与说话者之间没有共同的语言系统，也可能会导致倾听者所理解的意义与说话者的本意大相径庭；光有接收和理解，没有反馈，有时会让说话者觉得自己在唱独角戏，失去继续说下去的兴趣。

（二）来自倾听者本身的障碍

倾听者本人在整个交流过程中具有举足轻重的作用。倾听者理解信息的能力和态度都直接影响倾听的效果。来自倾听者本身的障碍主要可归纳为以下几类。

1. 用心不专

三心二意、心不在焉是用心不专的典型表现。虽然倾听者身在现场，而且表面上似乎在用心努力地听讲，但倾听者本人心不在焉，所以听取的信息完全未或部分未进入倾听者的头脑中，倾听的效果肯定不好。

2. 急于发言

一般来说，人们习惯于关注自我，总认为自己才是对的。发言被视为主动的行为，而倾听则是被动的，如果要掌握沟通的主动权，那就只有说。在这种思维习惯下，人们容易在他人还未说完的时候，就迫不及待地打断对方，或者心里早已不耐烦了，往往不能把对方的意思听懂、听全。

3. 排斥异议

有些人喜欢听和自己意见一致的人讲话，偏心于和自己观点相同的人。这种拒绝倾听不同意见的人，其注意力很难集中在讲逆耳之言的人身上，往往会选择性忽略或排斥那些与自己观点相左的信息，导致沟通误解甚至引发冲突。

4. 心理定式

人类活动由积累的经验和以前作用于大脑的环境所决定，人们从经历中早已建立了牢固的条件联系和基本的联想。每个人的思想中都有意或无意地含有一定程度的偏见。由于人有根深蒂固的心理定式和成见，很难以冷静、客观的态度接收说话者的信息，这会大大影响倾听的效果。例如，我们常常根据对方以往留给自己的印象，在潜意识中给对方贴上某种标签，如"这人总是说大话、不可靠"，从而影响对对方所传达信息的关注和信任程度，造成倾听障碍。

5. 感到厌倦

倾听者思考的速度比对方说话的速度快许多，所以倾听者很容易在听的过程中感到厌倦，往往会"寻找"一些其他的事做，占据大脑空闲的空间。研究显示，人们有能力在一分钟听600个字，但是通常人们在一分钟内只能说100～150个字。所以当别人说话的时候，人们便有许多多余的时间可以将注意力转移开，去想一些和说话者的说话内容无关的事情，影响了倾听效果。

6. 消极的身体语言

如果在他人说话时东张西望、双手交叉抱在胸前、跷起二郎腿，甚至用手不停地敲打桌面，这些动作都会向对方传递你已经很不耐烦的信息。这些消极的身体语言势必会大大妨碍沟通的质量。

课堂互动

请检查一下，你在倾听过程中，有没有下列坏习惯。

- 说得比听得多。
- 喜欢插话。
- 在交谈时几乎一言不发，对方无法判断你是否在听。
- 发现感兴趣的问题时就问个不停，结果导致对方跑题。
- 你的谈话基本上以自己为核心。
- 别人说话时你经常走神。
- 对方在说话时你在设计自己的反应。
- 你很乐于提出自己的建议，甚至在别人没要求时也如此。
- 你的问题太多，常常打断对方的思路。
- 在对方还没说完时你已经下了结论。

四、如何做到有效倾听

倾听能力是可以通过后天的学习和训练得到提升的。增强倾听意识，掌握倾听策略，能够帮助我们有效提升倾听能力。

（一）建立共情、开放的积极心态

意识指导行为，在沟通中保持共情、开放的积极心态，做好积极倾听的准备，自然会在言行中让对方感受到尊重，产生亲密感和信任感，帮助对话顺利进行。

1. 共情

在倾听的过程中，共情不仅能够帮助我们更好地理解对方，还能建立信任、缓解冲突、促进更深层次的交流。共情能够让对方感到被理解、被尊重，从而建立信任和亲近感。当朋友向你倾诉烦恼时，如果你能回应"我能理解你的感受，这确实让人很难过"，那么对方会感到被支持和理解，从而更愿意敞开心扉。

2. 开放

当我们带着先入为主的观点，或者当我们听到与自己的主观意愿不符的观点时，我们很容易下意识地屏蔽对方的信息。个人偏见会导致我们根据某人的习惯或举止预先判断某人的言辞及其含义，这妨碍了有效的倾听。比如，当我们遇到熟悉的话题时，我们很容易会觉得"之前就已经听过了"，于是就开始不专心，然而事实上说话者提供的都是新的资讯。因此我们要树立开放的倾听心态，不预设立场，放下偏见，全神贯注、不加盲目预判地去进行沟通。

（二）适时提问

在倾听过程中，你可以顺势提出自己关注的问题，向对方展示你在认真地听他说话，积极同步思考。而且，适时提问也有助于双方聚焦问题的关键，提高沟通效率。你可以通过

询问细节来显示对话题的兴趣。提问时，要站在彼此平等的立场上，基于自己的疑问和关注点，向对方抛出问题。要充分考虑对方的心理感受，切实把握好提问的分寸。对对方感到敏感的话题及不愿意分享的内容，要适当规避。

（三）积极反馈

积极的倾听者不仅要做到主动吸收、理解对方传递的信息，还要做出回应，以鼓励说话者有信心和兴趣说下去。这就是倾听中的反馈。有效的倾听不是只"听"不"说"，反馈也不是只有"说"一种表达方式。点头、竖拇指、身体稍向前倾，这些动作都是在表达"你说的有道理""我很认同""确实如此""我对你说的很感兴趣"。你也可以加入有声语言，如"嗯""没错""是这样"等。如果条件允许，还可以拿出纸和笔来，边听边记，这样有助于刺激大脑，形成反馈机制，同时也会让对方感觉到你对他的讲话内容非常重视。

（四）重视非语言信息

交流中很多时候，我们是通过观察行为来"倾听"的。因此，要做到有效倾听，就不能忽略沟通中对方的姿态、动作、表情等非语言信息。比如，你和朋友约着一起去蹦极，在蹦极现场，你问朋友害怕吗，他回答说"不害怕"，但是同时你观察到他脸色惨白、双腿抖动，你还会相信他语言上的不害怕吗？

另外，非语言信息常常比语言信息更加难以正确理解，对非语言信息解读不正确会引起误会，产生不必要的隔阂。有时，真诚地把自己观察到的事实和推测的结论说出来，向对方求证，会减少很多误会。

课堂互动

我来说你来听

两人一组，按照以下情境，进行角色扮演。

情境一：A做说话者，用两分钟时间向B讲述最近烦心的一件事，或者周末的经历。B为倾听者，在听的时候或东张西望，或收拾东西，或玩弄指甲等；打断A的话题并不断说自己的观点。

情境二：A重复之前的话题，B尝试进行有效倾听，如与A进行目光交流、身体微微前倾、在适当的时候微笑或适当提问等。

通过此次活动，你学到了什么？请分享你的学习体会。

案例研讨

做倾听式
CEO

自我测评

倾听能力
测试

任务二：在倾听中提问与反馈

情境任务

此刻，你观察到朋友小白很沮丧，你想知道他到底经历了什么，自己是否可以帮助到他……

两人一组，模拟以上情境，重点关注如何运用倾听技巧，进行有效提问与反馈，并提出有效建议。

知识解析

一、如何提问

倾听，不只是用耳朵听，倾听过程中的提问也非常重要。有人说："世界上最会沟通的人，是会问问题的人。"在商务沟通中，提问常常是我们用来弄清某些事实，把握对方的思想脉络，表达自己的意见或调整沟通策略的重要手段。

倾听中如何提问

（一）提问的作用

提问可以帮助我们更好地收集信息。例如，在进行市场调研时，向消费者提问，可以了解他们的需求、偏好，为企业制定营销策略提供依据。

提问可以引导谈话的方向，使交流更加深入和有意义。例如，在面试中，面试官通过提问，可以引导求职者展示自己的能力和经验。

提问可以改善沟通。提问可以表达我们对对方的关注和尊重，让对方感受到我们在认真倾听他们的意见和想法。例如，如果朋友分享了一次经历，你可以问："那你当时是什么感受呢？"这个问题显示出你对对方感受的关注，尊重他们的内心体验。

提问还可以帮助我们核实信息的准确性，避免误解和歧义。例如，在工作中，如果对领导的工作安排有疑问，及时提问可以确保双方对任务的理解一致，避免出现错误。

总之，在倾听的过程中，恰到好处的提问，不仅可以启发对方的思维，激发对方的兴奋点，控制交谈的方向，也可以表达自己的感受，帮助自己获得新的信息和资料。

（二）提问的类型

开放式提问与封闭式提问的区别在于回答者提供信息量的多少以及提问者对提问过程的控制程度。

1. 开放式提问

开放式提问的内容极其宽泛，允许回答者有相对自由的空间来决定提供多少信息量以及如何回答问题，开放式提问往往也会引出开放的答案。由于回答者回答问题时不受限制，在问题设计中（例如采访中），开放式提问只能占小部分。这类提问的数量增大将会导致收集到的回答的信息量增大，同样也增大了对回答进行分析的难度。

开放式提问通常使用"为什么（Why）""如何（How）""什么（What）"等词，让回答者就有关问题给予详细的说明。带有"为什么"的提问通常可以引出对事件原因的探讨，例如，"你为什么生气了？"带有"如何"的提问往往牵涉某件事的过程、顺序或包含情绪性的事物，例如，"你是如何看待这件事的？"带有"什么"的提问往往能够获得一些事实资料，例如，"你为了解决这个问题曾做过哪些努力呢？"使用不同的提问用词往往会得到不同的结果，因此在准备问题时要根据提问需求来选取合适的提问用词。

开放式提问的优缺点如下。

• 优点：有助于激发对方的谈话热情，得到大量的信息，澄清事物的本质。长时间的回答可以揭示回答者认为什么是重要的，并促使他们主动提供重要的信息。开放式提问不存在威胁，也较容易回答。

• 缺点：由于回答者决定了每个问题的回答量和核心，一个问题可能会占用访谈的大部分时间，也可能只涉及不重要的信息，所以在提问的过程中，提问者需要正确引导回答者，以防跑题。需要注意的是，当提问者同时对几个人进行访谈时，冗长的、漫无目的的回答会使提问者难以记录。

2. 封闭式提问

在封闭式提问中，提问者提出的问题通常已给出了预设，回答者不需要展开回答。封闭式提问常被用来收集资料并加以条理化，一般在提问者想要明确某一问题时使用，旨在澄清事实、获取重点并进一步缩小讨论范围。

封闭式提问通常使用"是不是""对不对""要不要""有没有"等词汇进行提问，而回答往往是由"是""否"构成的简单答案。当回答者的回答偏离主题时，封闭式提问可以适当地终止其叙述并缩小讨论范围，获取谈话内容重点。如果过多地使用封闭式提问，会使得回答者陷入被动回答中，导致其自我表达的愿望和积极性受到压制，甚至产生压抑感。

封闭式提问的优缺点如下。

• 优点：提问者可以通过封闭式提问控制时间的长短，引导回答者提供所需的信息；封闭式提问可以让提问者在短时间内针对更多的领域提更多的问题。事实上，正如我们所熟知的，大多数调查问卷都采用封闭式提问，这样有利于提取答案并将其转换为数据、表格等形式进行进一步的分析。

• 缺点：封闭式提问的答案包含的信息量很少，回答者往往也没有机会针对答案进行进一步的解释和说明。通常来说，一个开放式提问的预期答案需要好几个封闭式提问才能获得。通过封闭式提问得到的答案不能揭示回答者持某种特定态度的缘由，也不能解释回答者只选择某种特定答案的原因。

除了前面两类提问方式，在沟通时，要尽量避免"诱导式"提问方式。比如，"难道你不认为采用这个方案将会缓解我们现有的压力吗？""你和你的同事一样赞成这项政策吗？"对于这样的问题，提问者可能会得到自己偏爱的答案，而非真实的答案。

小游戏

猜人名

（三）倾听中的有效提问技巧

很多时候，当沟通出了问题时，人们从自我的角度去反思，经常会认为是自己的表达能力不行，或说服力不够，或情绪控制不好，而不会想到问题可能出在欠缺问的能力上。倾听中的有效提问技巧如下。

1. 合理选择提问方式

如果没有特定条件限制，想在短时间内得到大量的信息，充分了解对方的想法，应选择开放式提问，比如，"贵公司对我们公司的产品有什么看法？"如果我们有某些特定的需要，希望对方在表态时适当让步，可以选用封闭式提问，比如，"贵方愿意支付现金，享受优惠价格，还是乐于按现有价格成交，实行分期付款？"因此，当我们想获取大量信息时应采用开放式提问，而当我们想确定某个信息的准确性时应采用封闭式提问。

2. 慎重选择提问内容

在以倾听为主的沟通活动中，要慎重选择提问的内容和角度，提问应尽量保持价值中立。要避免采用价值判断的方式进行提问，也要避免引起对方的反感。如提出的问题使对方面有难色或露出不悦的神情，就不必追问而要及时变换话题。

3. 把握提问时机

问题即使提得再好，但不合时机，也同样起不到应有的作用。提问可以选择如下时机。

• 在对方发言完毕之后提问。当对方发言时，要认真倾听。即使发现了问题，很想提问，也不要打断对方，可先把发现的和想到的问题记下来，待对方发言完毕再提问。这样，不仅体现了自己的修养，而且能全面地、完整地了解对方的观点和意图，避免操之过急，曲解或误解了对方的意图。

• 在对方发言停顿、间歇时提问。在商务沟通中，如果对方发言冗长，或不得要领，或纠缠细节，或离题太远，影响沟通进程，可在对方停顿时借机提问："我大概了解你对这个问题的看法了，关于另一个问题……，你能再跟我说说你的想法吗？"

• 自己总结对方的观点之后提问。我们在倾听的过程中，可以适时用自己的语言重述、总结对方的观点，继而向对方进行确认："你的想法似乎是……我这样理解对吗？"

4. 注意提问语气

提问语气要委婉、礼貌，用词要斟酌，不能把提问变成审问。避免使用辩论式、质问式、咄咄逼人的判断式的问句，否则容易给对方居高临下的感觉，使之产生防范心理而不利于敞开心扉。

二、如何反馈

倾听，不只是用耳朵听，还要用心感受，让对方感受到温暖并有意愿持续地讲下去。如果对方唱独角戏，倾听者极少有反馈，很容易让人产生倾听者对这场谈话不感兴趣的感觉，对方很难有继续说下去的欲望。所以在倾听的过程中，不时地给予对方反馈，配合对方持续地说下去才是倾听者的主要责任。

（一）积极反馈的类型

1. 使用积极倾听信号

有时候，倾听者的最佳反应是顺水推舟地让对方继续话题。倾听者可以使用沉默或简短的言论来鼓舞对方多说一些话，比如"嗯""啊""没错""然后呢"等，让对方借由这个过程自己协助自己解决问题。你会发现，有时候其实你不用做太多，当你真诚地与对方相处时，身体稍向前倾、眼神关注对方、不时地点头等非语言行为也可以鼓励对方继续说下去。

2. 提问

通过提问，你可以对事实和细节有更深入的了解，你将清楚对方的想法和感受，同时还会得知对方对你的期待是什么，从而有利于实现沟通目的。比如，"从你的立场出发，你是怎么看待这个问题的？"这样的提问可以激励对方提出建设性的意见。

3. 释义

释义就是用自己的措辞重述对方的观点，以便对获得的信息进行澄清和检验。释义可以传达出倾听者对对方的关切，并且释义所具有的非评价式的本质，会鼓励对方进一步探讨问题。我们要克制住想表达自己的欲望，不要以"我觉得""我认为"等开头，而要用"你觉得""你的想法似乎是"等开头。

4. 表示支持

支持性的反馈可以让对方感觉到你和他是处于同一立场的。在对方有压力和沮丧之时，对方非常需要支持性反馈。比如，"我完全可以理解你为什么会这么难过""你说得很对""如果你需要我，我就在这里"。有时候，像"不用担心"这句话，虽然目的是让对方消除心中的焦虑和恐惧，但这样的建议其实是没有任何帮助的。不如说"我要是你，我也会很担心"，对方会感觉到你是尊重他的感受和需要的。

5. 分析式回应

分析式回应是指倾听者对说话者的说话内容加以解释。帮助对方分析与解释，有时可以让混乱的问题变得清晰明朗。需要注意的是，在提出解释时，使用试探的口气会比绝对性的语气更好。比如，"我想真正困扰你的，也许是……"并且，你提供的分析应该是合乎逻辑、接近事实的。不正确的分析，会让对方感到更加困惑。

（二）积极反馈的步骤

如果在倾听过程中，感知到了对方的不良情绪，我们要特别警惕，并做出积极反馈。举个例子，如果你是一名家电销售企业的客服，现在接到客户投诉电话，客户说他收到的洗衣机外壁有破损，你从客户的语气中可以听出来，他现在很生气，情绪也很激动，你应该如何处理客户投诉呢？你需要耐心地倾听，不要在客户话没有说完的时候打断他，在倾听的过程中，可以按照以下4个步骤进行积极反馈。

1. 响应情绪

我们不用急着判断原因、给出观点或解决方案，现阶段只需要识别对方说话时的情绪，体会并且尊重对方的感受和需要。情绪会影响思考和表达，提高倾听难度，因此只有安抚好对方的不良情绪，双方才有进一步沟通的基础。此时，不要说"您别生气""您别着急"，因为这是在否定对方的情绪，我们要做的是在倾听中捕捉到对方想要强调的情绪，并且替他们将情绪表达出来，如"我知道，这个时候您肯定特别着急"。对方如果感到他的情绪被你接纳，就会慢慢回归理性状态。

2. 引导表达

我们可以通过提问的方式，引导对方充分表达，这既契合对方内心的需求，让对方感觉舒服，同时也便于我们全面深入了解情况，比如，"您收到货时外包装有破损吗？""您现在的诉求是什么？"等。

3. 确认需求

我们需要用自己的语言重述对方表达的信息，继而向对方进行确认。比如，"您刚才说的这些，我的理解是，您希望我们尽快给您办理换货，并且给予一定的经济补偿……，不知道我的理解对吗？"如果理解正确，对方会给你肯定的回答；如果理解不正确，对方会补充更多的信息。如果对方表达的内容我们没有听明白，这时可以借助一系列的提问技巧去追问，比如，"不好意思，我没听太明白，您能再跟我说说吗？"总之，要通过反馈来明确对方的需求，在这一过程中不要加以自己的评判。

4. 明确行动

挖掘出对方真实的期待之后，我们就可以做出正确的反应了。我们要按照前面所获得的所有信息，将对方的期待变成可实施的行动，让对方清晰地感受到，你确实听懂了他的意思。比如，"真是不好意思，这次给您带来了不好的购物体验！我们会尽快帮您办理换货，同时也会给您100元的购物券作为补偿……"当然，也许我们最后提供的方案不完全符合对方的预期，但是我们至少要让对方感觉到，我们在积极解决问题，努力与他协商一致。

素养课堂

"说"与"听"

很多时候，"说"成为更多人选择的沟通方式。被别人误解时，我们经常会打断对方，绞尽脑汁地为自己辩说；想对父母尽孝心时，我们会把心意说给父母听，却很少有耐心去听他们的想法；吵架时，我们常随心所欲地说，畅快地表达自己的情绪……人们愿意用"说"作为沟通方式，却很少意识到，"只有会'听'的人才会'说'"。

思考：你怎样看待沟通中的"说"与"听"？请谈谈你的理解和认识。

拓展阅读

倾听的"珠穆朗玛峰"七层次

项目自测10

项目十一 书面沟通：规范商务文书，树立专业形象

学习目标

知识目标

- 了解书面沟通的概念。
- 掌握书面沟通的优缺点。
- 掌握商务文书写作的表达技巧。

能力目标

- 能在商务文书表达时做到换位思考、强调积极面和尊重对方。
- 能规范撰写电子邮件。
- 能设计制作PPT演示文稿。

素质目标

- 学会文明礼貌、规范严谨的书面表达。
- 树立爱国、敬业、诚信、友善的核心价值观。

案例引入

300个TPO的实验胶圈

　　澳大利亚某公司向我国机电产品制造公司订购300个实验胶圈，并把具体的标准信息用E-mail传给了公司实验负责人。由于是星期五，公司实验负责人口头跟生产主管说需要将300个TPO-000/000的胶圈送到澳大利亚做实验，在下周一之前发货。生产主管接到任务后，就赶紧安排在星期六生产。并且在正式生产之前，生产主管还打电话与实验负责人再次确认了情况。周一上午，当生产主管办好一切出口所需数据的测量工作后，将生产好的实验胶圈送到前台。过了一个多小时，实验负责人打电话给生产主管说："错了。"原来澳大利亚公司需要用新材料进行生产，而公司是用回收材料生产的。由于实验负责人和生产主管在沟通中采用了不恰当的沟通方式，给公司造成了巨大的损失。

　　评析： 工作中经常需要沟通，但采用什么沟通方式很重要。本案例中，虽然生产主管在生产前再次确认了信息，但由于采用了口头沟通的方式，没有将具体信息了解清楚。如果公司实验负责人一开始能够将客户邮件转发给生产主管，也许就不会造成误解和损失。书面沟通，作为一种传统的、常规的沟通方式，有时起着口头沟通无法替代的作用。

　　（资料来源：程庆珊，陈海龙，何衡．商务沟通[M]．3版．大连：东北财经大学出版社，2019．）

任务一：认识书面沟通

情境任务

　　设想一下，你是一名即将进入大学的学生，你进入学校的网站，浏览有关课程设置、社团活动、餐饮住宿等方面的信息，评价一下你所发现的采用换位思考和强调积极面来表达的信息。再访问另一所大学的网站，评价一下同类信息，并与本校进行比较。

　　分小组进行口头讨论、交流，最后选派代表汇报本组的发现。

知识解析

一、书面沟通的概念及优缺点

　　书面沟通是指以书面或电子媒介作为载体，运用文字、图片等形式进行的信息传递，具体包括报告、信件、合同等形式。商务文书就是书面沟通在商务领域的应用。

　　书面沟通一般不受场地的限制，沟通成本比较低，在工作中作为较为正式的一种沟通方式被广泛采用。从个人角度来看，具有较强书面沟通能力的人能够更好地展示自己的想法和业绩，从而具备较强的说服力和表现力，未来获得的晋升机会也会更多。从组织角度来看，有效的书面沟通，有助于和客户建立良好的关系，有助于树立良好的企业形象，从而有利于实现组织的目标。

（一）书面沟通的优点

书面沟通作为一种传统的、常规的沟通方式，具有可复制、可保存、可查阅等特点，在日常工作和人际交往中被广泛采用。

1. 具有较强稳定性

与口头语言相比，书面语言的稳定性较强。口头语言中的很多词汇通常具有一定的流行性，流行性的突出特点就是具有阶段性和地域性。不同时期有不同的流行语，不同地区也有不同的流行语。相比之下，书面语言则要稳定很多，如现代人能够看懂几百年以前的文献，来自不同地区的报告材料的差异性较小。稳定的文字信息便于不同时代、不同区域之间信息的交流。

2. 适合表达复杂信息

有时候口头沟通虽然快捷简单，但并非所有的信息都适合用这种沟通方式。工作中涉及的重大问题，应该用书面沟通方式。一些复杂的内容，特别是数字、图表等用口头语言难以表述清楚的内容，也适合用书面沟通方式详尽、全面、细致地表达出来。还有一些难以启齿或用口头语言表达显得苍白无力的内容，以及出于礼仪规范需要注意的事项，书面沟通方式是更好的选择。

3. 讲求逻辑性和严密性

书面沟通就像盖房子，不能想到哪儿就盖到哪儿，而是应该先画好设计图，按照一定的逻辑顺序，将要表达的内容呈现给读者，这样才能帮助读者更好地把握作者的思路。而且，与口头沟通的即时性相比，书面沟通可以进行反复推敲、斟酌，因此书面沟通更讲究逻辑性和严密性，说理性更强。尤其是一些比较复杂的商务文书，通常都要按照一定的逻辑展开。

4. 可以作为可信的证据

口头语言是稍纵即逝的，而书面材料却是白纸黑字的，信息接收者可以对不易理解的地方进行反复阅读，仔细思考，加深理解。并且，相关的工作告一段落后，书面的文字材料可用于存档备查。当对正在进行的工作进行跟踪时，书面材料无疑是不错的参照凭证。"口说无凭，立字为证"，就是书面材料作为证据的最好诠释。

5. 易于保存和复制，有利于大规模传播

书面沟通的载体形式多种多样，包括信件、报告、电子邮件、传真、通知等。广泛的载体形式使书面沟通可以不受时空限制，从一地传到另一地，特别是随着互联网、计算机等技术的发展，书面文字可以以极低的成本被保存、复制、传播，这样就大大方便了以书面文字为载体的沟通，为商务领域的沟通交流创造了更多可能。

（二）书面沟通的缺点

1. 文本写作耗费时间长

同样的内容，在相同的时间内，口头沟通传递的信息要比书面沟通多。之所以如此，是因为口头沟通不需要花费过多的时间进行构思和修改，语言也比较简洁。而书面沟通需要对文章的结构、内容、表达等进行构思和斟酌，要尽量做到语法规范、用词准确、语言流畅、条理清晰。所以与口头沟通相比，书面沟通难以一蹴而就。

2. 信息反馈速度较慢

口头沟通，尤其是面对面沟通，接收者对其所听到的信息，能及时提出自己的看法，如果有不明白的地方可以及时提出疑问，反馈速度较快。而书面沟通通常缺乏快速的反馈机制，无法确保所发出的信息能被接收者及时接收和反馈。有时发送者往往要花费很长的时间来确认信息是否已经被接收或被正确理解，并且也很难把握接收者的反馈速度，这种反馈的滞后性有时会造成时间的拖延，甚至延误时机。因此当出现紧急情况时，为了确保对方能及时反馈，在书面沟通前后，还需要辅以口头沟通。

3. 缺少非语言信息提示

口头沟通往往是在一定的情境下进行的，双方通过捕捉彼此的表情、动作、语气等非语言信息，能够更全面地理解对方想要传递的信息。而书面沟通却没有这种情境性，在口头沟通中极容易被理解的话语，在书面沟通中要想获得同样的表达效果，则需要花费大量的笔墨去做背景交代。有时由于缺少表情、动作、语气等非语言信息的提示，接收者可能会误解信息。

二、书面沟通的原则

进行书面沟通时要遵循一些基本原则，这些原则可以概括为4C，即正确（Correct）、清晰（Clear）、完整（Complete）、简洁（Concise）。

1. 正确

"正确"是书面沟通的首要原则。也就是说，书面沟通的材料要真实可靠，观点要正确无误，语言要恰如其分。要正确地传递信息，作者在写作前要下一番功夫，明确写作的意图，从而实现有效沟通。

书面沟通的正确性主要取决于表述的准确性。写作不正确，是书面沟通过程中经常出现的问题。"不正确"具体表现在观点不正确、逻辑混乱或没能用适当的语言文字来表达，有时候甚至连作者也不知道自己要表达什么。

2. 清晰

"清晰"是对书面沟通在内容和形式上的要求。书面文字写得清晰易懂，思想表达得明白突出，读者才能理解作者的意思。要确保书面沟通满足清晰原则，应选择贴切的词汇和适当的句型。表述清晰能引起读者的兴趣，更能使读者正确领会作者的意思。

比如，"松下公司这个新产品的厚度给人的视觉感受，并不像索尼公司的产品那样，有一种比实际厚度稍薄的错觉。"这句话中的"那样"指代不清晰。是说松下公司的产品"有一种比实际厚度稍薄的错觉"，还是说索尼公司的产品"有一种比实际厚度稍薄的错觉"呢？

除了在语言表达上力求清晰外，还应注意书面文字整体布局的清晰，包括标题、字体和页边距等。尤其要注意文字间距，若文字间距过窄会影响阅读效果。如果是手写，则字迹不能潦草。文字书写不清晰，不仅影响文章的正确性，还会影响读者对文字内涵的把握。

3. 完整

"完整"是书面沟通的一个重要原则。书面沟通的一大优势就是使人们有充分的时间思考问题，完整地表达观点。人们在电话交谈或当面交谈时，常常会遗漏事项，这是由口头沟通的特点决定的。在进行书面沟通时，为了完整地表述沟通内容，应该反复检查、思考，不断增补重要的事项。

4. 简洁

"简洁"似乎与"完整"相矛盾，但其实只要把握好"度"，它们就不存在矛盾。完整是沟通表达的重要方面，但并不意味着要把所有的事实、观点罗列在纸上。可以通过排序，删除不太重要的事项，对琐碎的、没有太大价值的文字进行删减，使书面文字言简意赅。

三、商务文书写作的基本特点

商务文书写作与一般写作是不同的。在一般写作中，我们可以表露情感，运用描写、抒情等表现手法，但商务文书写作并不注重表现手法的使用，商务文书写作需要的是"表达"，它有着自身的特点。

（一）目的性强

商务文书写作有较强的目的性。我们为什么写作？写作的目的是传达信息，还是解决问题？这些都是商务文书写作中应该明确呈现出来的。比如，你给客户写信，告知客户其需要的货物款式暂时短缺，但又不想失去该客户的订单，这时写信的目的就是既想保住订单，又要使客户能够接受你推荐的其他款式。

（二）有说服力

商务文书文本传递出去后，无论目的是传达信息还是解决问题，都要使阅读对象从接收变为接受，这就需要加强文本的说服力。加强文本的说服力，一是要在细节上阐述清楚，二是要让对方感到真实可信。比如，想保住客户的订单，让客户接受其他的服装款式，就要将其他服装款式的优点与客户需求结合起来介绍，这样才会具有说服力。

（三）清晰准确

商务文书写作需要逻辑清晰、表述准确，不需要过多地渲染情绪、描述细枝末节。因此，在文本写作时，应该首先明确逻辑框架，并努力使表达清晰完整，保证信息准确无误，这样读者（沟通对象）才可以不用费心猜测，就能顺利领会信息发送者的意图。

（四）以读者为重

商务文书写作应从读者角度来看待问题。从读者的角度看问题，注意遣词造句、突出重点内容，想对方之所想，让对方真切地感受到被尊重、被信任。另外，文字应言简意赅，重点突出，从而节省读者的时间，表达对读者的尊重。

四、商务文书写作的表达技巧

掌握商务文书写作的表达技巧，能够提高商务文书的质量，促进商务交流的顺利进行。

（一）换位思考

美国商务沟通领域的专家基蒂·洛克认为，换位思考是从受众的角度来看待事物的一种沟通方式，它强调受众想了解的内容，尊重受众的聪明才智，并保护受众的自尊心。下面是具体应用换位思考沟通方式的5种技巧。

1. 要谈及对方而不是自己

在商务沟通中，换位思考的核心是从对方的角度出发，关注对方的需求和利益，而不是一味地强调自己做了什么或提供了什么。谈及对方而不是自己，能够让对方感到被尊重和重视。

缺乏换位思考：我们与××旅馆签有协议，同意您入住时享受80%的折扣。

换位思考：如果您是××网的会员，入住××旅馆便可享受80%的折扣。

2. 注重对方的具体要求

商务沟通中涉及对方的要求、订单或其他商务文件时，要具体指明对方的要求等信息，而不应泛泛地称"你的要求（或订单）……"而应说明具体内容。

缺乏换位思考：您订的货物，我们已经安排……

换位思考（对个人）：您所订购的西班牙式餐桌……

换位思考（对经常往来的公司）：贵方编号为0706124的合同所订购的……

3. 尽量少谈和不谈自己和对方的感受，而谈事实与结果

在商务场合，除非要表示祝贺或同情，一般情况下过多地谈论自己或对方的感受会显得不够专业且多余。直接陈述事实和结果，不涉及任何情绪化的表达，能让沟通更加高效和专业。

商务文书写作的表达技巧

缺乏换位思考：我们很高兴地批准了您关于白金信用卡的申请。

换位思考：您的白金信用卡的申请已经获得批准了。

4. 涉及正面内容的沟通时，要多用"你"而少用"我"

在传递正面信息时，应当将叙述重点放在对方身上，让对方感到自己是受益者，增强参与感和获得感。而且，多用"你"少用"我"，可以让对方感到自己是在主动获得利益，而不是被动接受"施舍"。

缺乏换位思考：我们为所有员工提供健康保险。

换位思考：作为公司一员，你可以享受健康保险。

5. 涉及负面信息，应避免用"你"，以保护对方的自尊心

当陈述负面信息时，用对方所属群体的名词代替"你"，可以避免对方觉得这是专门针对他。

缺乏换位思考：你在代表本公司与其他任何单位签署合同前，都必须征得总经理的同意。

换位思考：本公司人员在与其他任何单位签署合同前，都必须征得总经理的同意。

当不得不向对方通报失误或坏消息时，采用无人称表达方式，就事论事，不涉及具体的人，这样可以保护对方的自尊心。

缺乏换位思考：你的计划中没有考虑到汇率变动的影响。

换位思考：计划中没有考虑到汇率变动的影响。

课堂互动

> 请改写下列句子，以体现换位思考。
>
> 1. 你会很高兴地获悉下一年的学费不会上涨。
>
> 2. 在商场中，我们可以提供30多种适合你的个性化方案。
>
> 3. 我们正在升级网站，请您谅解。
>
> 4. 你在预算中没有考虑通货膨胀问题。

（二）强调积极面

基蒂·洛克认为，沟通中有时难免会传递一些负面信息，但研究发现，人们对肯定性言语比对否定性言语的反应更积极，而且更有可能对措辞积极的要求采取行动。强调积极面的4种技巧如下。

1. 避免使用带有负面含义的词语

下面一些词语具有强烈的负面含义，应当尽量避免使用，或者用积极的、肯定的词语来代替。

反对　拒绝　差错　失败　忽视　违反　弱点　坏的　担心　不满　不幸

粗心　延误　狡猾　无知　麻烦　失误　不可能　不完整　不方便　不合适　不忠实

要用积极或肯定的词语代替负面或消极词语。

带有负面含义的表达：我们原定在上周交货的计划失败了。

修改得好一些：我们没能完成在上周交货的计划。

采用肯定的词语来表达：到本周三，我们就能完成交货计划了。

2. 要强调对方可以做的，而不是强调对对方的限制

强调对方所受到的限制，只会产生消极作用，令对方沮丧、不满或反感；强调对方可以做的，就是引导对方采取某种对双方都有利的行动，提高沟通成功率。

带有负面含义的表达：因为你没有加入本会，所以你不能享受本会会员的权利。

采用肯定的词语来表达：如果你现在加入本会，你就能享受本会会员的权利。

3. 通过陈述理由或结合受众利益来说明负面信息的合理性

一是说明负面信息产生的理由，帮助对方认识到提供该信息的必要性；二是将它与对方受益处相结合，表明对方是利大于弊的。

带有负面信息的表达方式：对不起，我们不出售单个挂历。

强调对方利益，避免消极影响的表达方式：为了节省顾客的包装和邮寄费用，我们只经营10份及以上挂历的批发业务。

4. 将负面信息置于中间位置，且应简洁明了

在不得不说明负面信息的情形中，应将负面信息放在文书的中间部分，以减少负面信息对对方的冲击力。

另外，信息所占的篇幅越大，越表示强调。如果不想特别强调信息的负面作用，负面信息就应简洁明了，所占篇幅要尽可能小，且只出现一次。

📋⚙ 课堂互动

请将下列句子改写得积极一些。

1. 没有身份证不能办理信用卡。

2. 你必须在本周五前完成这份报告。

3. 对员工的折扣只适用于员工为自己购买的物品，不允许将所购物品转手。

4. 我们今天无法为您安装空调，除非您提前3天通知我们。

（三）尊重对方

语气反映了沟通者对待对方的态度。基蒂·洛克认为，适合在商务文书写作中使用的语

气应当是"专业但不僵硬，友善但不虚伪，自信但不傲慢，礼貌但不卑微"，体现出对对方的尊重。

1. 用礼貌的头衔称呼对方

只有在彼此间已经建立了良好私人关系的情况下，才能直呼对方的名字，一般在商务沟通场合，应当用礼貌的头衔称呼对方。正式称呼大致有3种类型：称呼其行政职务，如"王经理""张局长"；称呼其技术职称，如"刘教授""孙工程师"；泛尊称，如"先生""女士"。

2. 措辞礼貌

沟通时应平等对待沟通对象，且应采取真诚谦虚的态度，即使是上司与下属的沟通。举例如下。

命令（最不礼貌）：下周一把你的调查报告交上来。

礼貌的命令（比较礼貌）：请将你的调查报告于下周一交上来。

提问（更礼貌）：下周一能把你的调查报告交上来吗？

3. 尊重文化的多样性

在经济全球化的浪潮中，不同国家、民族间的商务活动日趋频繁和密切，在沟通中尊重文化的多样性，显得尤为重要。在商务沟通中，我们要有文化差异意识，主动了解对方的文化，提高对对方文化的敏感性和包容性，尊重对方，减少偏见，才能避免沟通障碍，做到有效沟通。例如，在与来自不同文化背景的合作伙伴通信前，要根据对方的文化背景，使用合适的称呼和问候方式，以确保表达出恰当的尊重和友好。

案例研讨

如何回复顾客的投诉

任务二：写一封得体的电子邮件

情境任务

飞雅贸易公司拟对公司中层管理人员进行沟通技巧培训，公司希望通过此次培训，提高中层管理人员的口头沟通能力，从而有效提升管理效率。人力资源部经理王伟打算邀请江海大学教授李大庆前来做员工培训，希望他在培训中少讲理论，多开展实践活动。培训时间拟安排在下周，为期1天，上下午各3小时。参加培训的人数为30人，培训报酬为6000元人民币，教授的差旅费和食宿费由公司承担。

假设你是王伟，请撰写电子邮件，向李大庆教授发出邀请，李大庆教授的邮箱地址是：lidaqing@×××.com。

知识解析

一、电子邮件的撰写原则

电子邮件可以说是商务沟通中的一个重要工具。哪怕现在已经有了很多即时交流工具，电子邮件仍然是必不可少的。比如在一些公司，哪怕已经进行过电话交流，但如果没有收到正式的电子邮件，很多工作仍然没法推进。要写好一封电子邮件，是有方法和技巧的。能写一封规范、得体的电子邮件，可以有效提升你的职业形象。

如何写一封得体的电子邮件

在开始写电子邮件之前，我们需要思考这封电子邮件应不应该写。比如，如果沟通内容不需要留下书面记录，或者问题并不是经过一两轮的书面沟通就能解决的，那么发电子邮件就不是一个明智的选择，应该用电话或者即时通信工具进行沟通。除此之外，如果电子邮件中存在任何对自己或者对公司不利的东西，千万不要发出去，其有泄露信息的风险。因此，在发电子邮件之前，应考虑发电子邮件的必要性和风险性。

如果确定要通过电子邮件沟通，撰写电子邮件时，应遵循以下几点原则。

（一）站在受众角度思考

任何商业活动都是本着友好合作的原则来开展的，所以电子邮件首先要能够体现出对对方的尊重。在商务交往中，要尊重对方，首先就要懂得替对方节省时间，所以写电子邮件不是为了展示文笔，而是向对方精准传达信息或请求，要多站在受众角度思考，充分考虑写作细节，这样才能方便对方快速地处理邮件。动笔写之前，我们要明确读者是谁，以及想明白写这封电子邮件的目的。将我们对对方的期待或者写这封电子邮件的目的写在显眼的地方，可以大大提高对方的办理效率。

（二）主题简短明确

主题是对电子邮件内容的概括，好的主题会切题，富有意义，并可让收件人迅速了解该电子邮件的内容。对于每天都会收到非常多的电子邮件的人，他们通常会快速扫描主题，然后才决定是否要打开该电子邮件或将它删除。发件人务必要确定电子邮件不会因为主题不明确而被对方删除。主题应简明扼要地说明电子邮件的主要内容和目的，提炼关键词。

（三）信息表述准确

电子邮件的信息表达要做到准确无误，条理清晰，易于理解，降低收件人因补充和推测信息而产生误解的可能性。如果信息不完整或模糊不清，那么就不容易得到对方及时而积极的响应，有些收件人甚至可能会做出错误的决定，无法实现沟通目的。

二、如何规范撰写电子邮件

规范撰写电子邮件对个人职业发展、企业运营管理以及商务合作的顺利开展都具有不可忽视的重要作用。

（一）电子邮件的主题

1. 电子邮件不要使用空白或无意义的主题

商务人士通常会收到很多电子邮件，他们一般会快速检索电子邮件、筛选垃圾电子邮件，所以他们通常不会打开无意义的电子邮件。比如你的领导打开邮箱，会看到一堆电子邮件，而这个时候他能看到的只有发送人和电子邮件主题，所以，电子邮件的主题很多时候会决定他是否打开这封电子邮件以及什么时候打开。明确主题指的是把主题写具体，例如，"预算申请，请审批"就不如"×××项目3月预算申请，请审批"。明确主题的好处是收件人可以一眼看出你的电子邮件的目的，并且，如果你和收件人以后想重新查看这封电子邮件，可以轻松地搜索到它，而不是搜索出几十封预算申请邮件。

2. 善用标签，提升打开率

如果某封电子邮件特别重要、紧急，或者想吸引对方的注意力，可以在标题加上"重要""紧急""期待回复"这样的标签。收件人很可能每天收到几十封电子邮件，通过这样的方式可以让对方先看你的电子邮件，以免对方漏掉重要信息，耽误项目进程。

（二）称呼与问候

面对面沟通，需要称呼，发送电子邮件，同样需要称谓。电子邮件正文的第一行不用写"标题"，直接顶格写称谓，独立成行。问候的语句写在下一行，段前空两格。称谓要得体，要符合对方的身份，可以称职称、职务等。有时准确称呼对方不是一件容易的事情，为了保险起见，可以泛称"×××老师"，不管对方是什么职务、职称，称"老师"比较稳妥。当然，应尽量搞清楚对方的身份和职务等信息，以更准确称呼对方。

（三）正文

正文的叙述逻辑可以遵循金字塔原理：先说主题（中心思想），再阐述细节，做到结论先行。表达上尽量简洁，所有信息围绕主题展开，具体要求如下。

1. 正文简明扼要，行文通顺

多用简单词汇和短句，表达要准确清晰，不要使用晦涩难懂的语句。如果是第一次与收件人联系，在问候语之后，应该准确、清楚地进行自我介绍，并说明发件目的，让收件人知道你的来意。避免使用有歧义的语句，如果觉得用文字表达不清楚，可以通过图片、表格、链接等形式加以说明，尽可能让信息表达准确，不会让对方误解。

2. 注意语气，保持礼貌

当我们面对面地与人沟通时，我们可以通过对方的肢体语言、语气和面部表情来判断他们的感受。电子邮件沟通却无法做到这点，这意味着我们无法判断收件人何时误解了信息。因此，在没有视觉信息和听觉信息的提示下，我们发送的文字信息很容易被误解。请比较下面两句话。

"小丽，我需要你今天下午5点前提交报告，否则我会错过截止日期。"

"小丽，感谢你为该报告的辛勤付出。你能不能在今天下午5点前把报告交给我？这样我就不会错过截止日期。非常感谢！"

前一种表达，小丽可能会认为领导有些不满情绪，后一种表达就不会让小丽产生这样的误解。

所以在电子邮件中，我们要注意语气，保持礼貌，不要吝惜"辛苦了""谢谢您""烦请帮忙"等礼貌用语，感谢对方的辛苦付出。

3. 突出重要信息，提醒注意重要信息

如果有重要的信息，可以使用高亮、改变字体颜色、加粗、加下划线等方式提醒收件人注意重要信息。但一封电子邮件里的重点不可过多，如果一封电子邮件里有10个重点，那跟没有重点是一样的。

（四）祝颂语和落款

要写好祝颂语，需分清行文关系，做到有礼有节。祝颂语是结束语，是对对方表示祝愿的礼貌性语言。祝颂语虽然字数不多，却表示一个相对完整的意思。同时也要署名署时，确保电子邮件结构的完整性。不要认为在自我介绍中已提及姓名，就忽略落款。落款的下方，建议设置邮箱签名档，包括个人姓名、职务、工作单位及联系方式，以便对方后续联系。

（五）附件

如果电子邮件中有附件，那么不仅需要在正文中提及附件内容，还需注意附件中文件的命名。试想，当别人发一个附件给你，你下载这个附件后，如何保存这个附件？是否需要重命名？如果收件人对附件的文件名有要求，照做即可；如果没有要求，就需要以换位思考的方式来处理附件中的文件名。文件名要易于理解，如"×××应聘小黄人科技策划运营职位的简历"。如果附件较多，建议采用压缩文件的形式一并发送。如果附件太大，就用超大附件的形式发送链接，请对方从链接中下载附件。

（六）电子邮件签名

签名档对电子邮件的意义，就像你出门社交随身携带的名片一样重要，主要用于提供自己的联系方式，以及统一整体的展示方式。大多数公司对电子邮件签名格式有统一要求，如果没有统一要求，职场人士可自行设置一个固定的格式，包括个人姓名、英文名、公司正式注册名称、部门或者项目组、手机、地址等。

（七）区分发送、抄送、暗送（密送）

在工作中，有些电子邮件可以一对一发送，有些可以在一定范围内群发，有些还可以发送给某人，抄送给其他人，暗送给特定人。因此，我们要根据需要明确电子邮件发送、抄送或暗送的范围。

抄送给一个人，相当于发件人请抄送人站在电子邮件收发双方的交流现场旁观，作为知晓人来了解电子邮件沟通的情况，收件人也知道这位旁观者的存在。例如，领导让你发送一份材料给某个人时，你可以在发送电子邮件给对方的同时，将其抄送给领导，就相当于让领导知晓你做了这件事，也好让他放心。暗送给一个人，就是在发送电子邮件的同时，将电子邮件发送给需要暗送的人，暗送人可以知晓电子邮件的内容，但收件人不知道还有人在旁观电子邮件的沟通情况。暗送在实际工作中使用较少。在职场中，收件人、抄送人、暗送人的处理是十分讲究的，这是为了让相关的人了解事情的进展。

发送邮件模板如下。

收件人	
抄送人	
暗送人	
主题	（概括主要内容，控制字数）

称谓（顶格写）：
　　第1段：问候语。
　　第2段：写上简单的引入语或自我介绍。
　　第3段：说明发信缘由、目的和具体内容。
　　第4段：表达自己的期望。
　　第5段：致谢、致敬与祝福。

署名
日期

（以下是签名部分）
王×× 　销售经理
×××科技有限公司
地址：
电话：
传真：
E-mail：

任务三：制作PPT演示文稿

情境任务

你即将在班会上给同学们推荐一本好书，同时需要制作PPT来辅助说明。现在，请制作一份PPT，展示这本书的主要内容、推荐的理由，以及你的阅读体会等。要求：逻辑清晰、重点突出、版式美观。

知识解析

一、如何设计PPT演示文稿

在商务沟通场合，经常需要制作PPT演示文稿（以下简称"PPT"），如工作汇报、成果展示、产品发布等。在PPT中，我们可以利用文字、图片、数据、视频等，辅助传递我们想要表达的信息。具体、准确的描述容易让观众信任你说的话和做的事，也会让你的表达内容有镜头感，易于将观众带入特定的情境中。一份精美的PPT，可以从视觉上弥补口语表达的空洞感。PPT主要从视觉角度来展示沟通内容，制作时，要思路清晰、逻辑明确、重点突出，兼顾内容美和形式美。

（一）PPT 的内容美

PPT是一种辅助表达的工具，其目的是让观众快速地抓住表达的要点和重点。比如，根据工作汇报的Word文档制作PPT时，我们需要将内容可视化、条理化，呈现整体逻辑，展现讲述思路，提炼关键词，选取重点内容。

1. 呈现整体逻辑

完整的PPT好似一本完整的宣传册，有封面页和封底页，建议在第二页设置目录页，清晰列出各部分的标题，告知观众整体内容的框架，并呈现内容之间的逻辑关系。另外，在每个部分开始前，设置单独的过渡页，再次强调该部分的主题。

2. 展现讲述思路

利用语言表达时，讲述思路难以直观呈现出来，这时就可以借助PPT来揭示不同内容之间的衔接关系，呈现讲述思路。在PPT中，可以运用流程图、思维导图、关系图等直观展示事物的发展、关系和逻辑顺序，帮助观众更好地理解和接受我们所传达的信息。

3. 提炼关键词

PPT和Word的区别在于PPT的文字是精简的，因此在制作PPT时，不是把Word中的内容逐一复制到PPT中，而是需要提炼加工。我们可以根据沟通目的来提炼关键词，在PPT上呈现关键词和重点内容即可。关键词可以用来拟定各级标题，反映观点，有利于观众记忆。另外，关键词还可以用来提示发言者，但不要为了提示发言者而呈现太多文字，要尽量让PPT看起来简洁。

关键词的提炼要言之有物，不仅要简洁，还要能准确传达核心信息，避免空洞、模糊的内容。要通过写简单的完整句来保证信息的完整性，避免过度简化。比如，不要只写"8月份的销售"，可以写"8月份的销售完成了计划的120%"。尽量使用有节奏的语言，多用排比句和对仗句。

4. 选取重点内容

如果用于演讲展示，PPT中的重点内容可以是演讲主题、关键词、视频资料、数据图表等。如果用于工作汇报，可以用问题、观点、数据图表等来呈现重点信息。注意精简PPT中的文字内容，对于不重要的话、不重要的标点符号、过渡性的组织语言、不表达观点的描述性语言等，要大胆地删去。

（二）PPT 的形式美

一份精美的PPT不仅能提升观众的视觉体验，还能增强信息的传达效果。在设计PPT时，我们要注意字体、颜色、排版和留白等方面的细节。

1. 字体字号

字体和字号的选择需要综合考虑多方面因素，以确保内容清晰可读、视觉效果良好。

选择字体时，中文建议选用"微软雅黑"或"黑体"，西文可选用"Times New Roman"或"Arial"。整个PPT最好使用不超过3种字体，以保持风格的统一。

在制作PPT时，要根据具体的演示场景和需求，灵活选择合适的字号，以达到较佳的展示效果。具体考虑的因素如下。

• 演示环境。如果在大型会议室或演讲厅进行演示，观众距离屏幕较远，那么字号应较大。例如，标题可以选择48磅及以上，正文28磅左右。若在较小的空间，如教室或小组会议室，字号可以相应减小一些，如标题36磅左右，正文20～24磅。

• 内容重要性。核心观点、关键数据等重要内容，字号要大，以起强调作用。比如，重点结论可以用36磅以上的字号。辅助说明或次要信息的字号可以适当减小一些。

• 页面布局和信息量。页面内容较多时，可能需要适当调整字号，避免过于拥挤。但字号不能过小，影响阅读。若页面内容较少，为保持平衡，字号可以稍大些。

• 投影设备和屏幕尺寸。不同的投影设备的清晰度和屏幕尺寸不同。在高分辨率的大屏幕上，字号可以相对小一点；而在低分辨率的小屏幕上，需要增大字号。

2. 颜色搭配

PPT本身可以设置背景颜色，要处理好"主色""辅色""点缀色"之间的搭配。主色调要符合内容的整体风格。利用好不同颜色的象征意义，如用绿色代表健康，用红色凸显喜庆，用蓝色表示科技等。

合理的颜色搭配能增强PPT的表现力和吸引力，更好地传达信息。在制作PPT时，颜色搭配应遵循以下原则。

• 协调统一原则。选择的颜色要相互协调，形成整体的和谐氛围，避免颜色之间产生强烈的冲突和不协调感。例如，选择相邻的色相或者同一色调不同深浅的颜色。制作用于商务场合的PPT，要避免过于复杂和花哨的颜色组合。

- 对比度原则。重要的内容（如标题、关键数据等）与背景之间要有足够的对比度，使其突出醒目。例如，深色背景搭配浅色文字，或者浅色背景搭配深色文字。

- 色彩比例原则。确定主色、辅色和点缀色的比例，通常主色占较大比例，辅色和点缀色用于增强视觉效果。

- 主题适配原则。可以根据PPT的主题和内容来选择颜色。例如，喜庆的主题可以用红色、橙色；学术类的主题可以用蓝色、灰色；绿色能给人带来舒适和安心的感觉，适用于环保相关的主题。

- 文化适应性原则。考虑到不同文化对颜色的理解和象征意义可能不同，避免使用可能在特定文化中有负面含义的颜色组合。

3. 排版美观

PPT中的文字、图片、数据等，排版要美观。一般来说，要做到排版美观，需遵循以下3个排版原则。

① 对齐原则

在PPT排版中，对齐原则是确保页面整洁、有序和专业的重要基础。要确保页面中的各种元素（如文字、图表等）有明确的对齐方式，如左对齐、居中对齐、右对齐等。

② 对比原则

在PPT排版中，对比原则是一种非常有效的设计策略，它通过刻意制造差异来突出重点，引导观众视线，并增强页面的视觉冲击力和信息传达效果。我们可以通过调整字体大小、颜色、粗细等方式来区分不同层级的内容，突出重点。例如，在介绍公司销售业绩的PPT页面中，可以将最新一年的大幅增长数据用大字体、鲜艳颜色和加粗的线条展示，而以往年份的数据则用字号相对较小、颜色较淡、线条较细的字体展示，通过这种强烈的对比，清晰地突出最新的数据。

③ 聚拢原则

聚拢原则是指将相关的内容元素组合在一起，形成一个视觉单元，使它们在页面上看起来更具关联性和整体性。把相关的信息聚拢在一起，能够让观众更清晰地理解各个部分之间的关系。例如，在一个页面上同时展示公司的业务范围和发展历程时，将业务范围的各项内容聚拢，与发展历程的部分区分开。

4. 适当留白

不要在一张PPT上呈现太多内容，不能编排得太满，要适当留白。留白有多种作用，它可以让观众的视线聚焦，也可以让观众的大脑有时间思考，还可以让观众的眼睛适度休息。我们可以通过设置左右边距、上下边距，调整行距等方式来留白。

二、PPT制作和演示的注意事项

在制作和演示PPT时，还有一些问题需要注意，以下是一些具体的注意事项。

（一）PPT制作的注意事项

1. 选择合适的页面比例

在制作PPT时，要先了解展示设备和场景，然后选择合适的页面比例。如果选择的PPT页面比例与投影屏幕不匹配，那么可能会出现内容拉伸、变形或无法完全显示的问题，这样不仅影响观众的观看体验，还可能影响你的专业形象。比如，在宽屏的屏幕上展示时，将PPT设置成16∶9的比例会更合适，因为它能更好地适应屏幕，让内容展示得更为完整和清晰。在接近方形的屏幕上展示时，选择4∶3的比例会更协调和美观。

2. 一页PPT一个要点

不需要在一页PPT上塞满所有的想法与图片，每一页PPT应该只包含一个要点或信息，这样能够避免观众分心。简洁明了的一页PPT能够帮助你更好地组织思路，并使观众容易理解和记住你展示的内容。要记住，制作PPT的目的是通过图文并茂的方式传达信息，而不是将所有的内容都放在PPT上。因此，请精简内容，只展示重要的信息。

3. 不要忽略结束页

很多人在做PPT结束页时，总是放上"谢谢"二字，虽然礼貌，却略显无聊，无法让人眼前一亮。以下是PPT结尾设计的4种方案。

- 提供联系方式。在公司介绍或产品发布会的PPT中，可以将联系方式放在结束页，方便有合作需求的客户找到你。此外，在结尾页添加与产业相关的照片以彰显实力，也是一个不错的方案。

- 展示金句。用金句结尾，可以表达一种美好的愿景，适合在发布会场景使用，从而提升演说的感染力。制作方法很简单，就是用好看的背景图，加上合适的金句。金句可以用书法字体，增强设计感。"追求卓越、创造未来""梦想即刻启航""思考启迪智慧"，这些都是简洁、有力，适合用在结束页里的金句。

- 展示公司口号或标志。在结束页加入品牌元素，以树立公司的品牌形象，这常用于公司介绍或发布会的PPT中。还可以直接将品牌标志放在PPT结尾页，加深观众记忆。

- 表示祝福或感谢。在不同的场合使用不同的措辞祝福或感谢大家，会显得你格外用心。比如，年度总结时，对团队的未来表达美好的愿景："团结协作、共创辉煌"；工作汇报时，对同伴表示感谢："感谢团队伙伴一直以来的支持"；公司举办生日会，给员工送祝福："祝大家生日快乐"；等等。

4. 备份文件

在制作完PPT以后，记得备份文件。一方面，建议将文件拷贝到U盘或传输到网盘中。另一方面，建议将PPT另存为PDF和JPG两种格式，万一PPT无法打开，则可以用PDF或者JPG版本应急。

（二）现场演示PPT的注意事项

在现场演示PPT时，需要充分准备、注意细节，并与观众进行良好的互动和沟通，以确保演示成功。

1. 提前做好演示准备

我们应提前到达演示现场，熟悉环境和设备，确保计算机、投影仪、投影屏幕等设备正常工作，并且连接稳定。对于笔记本电脑，需检查电池续航时间是否足够，以避免演示过程中断电。检查投影仪的图像质量和位置，确保投影出的内容在屏幕上清晰可见。提前检查PPT是否能在演示设备上正常打开和播放。

2. 重视与现场观众的互动

无论PPT看起来有多棒，我们都需要考虑如何与现场观众互动。PPT只是一个辅助工具，演示应重视与观众的交流。因此在演示过程中，不要总盯着屏幕，而是要面向观众。要保持自然放松的状态，与观众保持眼神交流，时刻关注他们的反应。

素养课堂

做有素质的数字公民

数字公民是指利用信息技术与他人沟通并参与社会活动的人。良好的数字公民素质，意味着你知道如何在网上做出安全、明智、合乎道德的决定。如果你想利用科技与社会互动，你就必须对上传或发布的内容负责，因为即便你认为发布的内容是私密或临时的，但大多数发布在网络上的信息可能会被传播。

要做有素质的数字公民，我们必须遵守以下网络沟通礼仪。

1. 尊重他人：尊重他人的观点、意见和感受，不随意攻击、辱骂或贬低他人。

2. 语言文明：使用文明、礼貌的语言，避免使用粗俗、冒犯性的词汇。

3. 理性表达：在表达自己的看法时保持理性，不情绪化宣泄。

4. 不传播谣言：不捏造事实，不盲目轻信和传播未经证实的虚假信息，坚守诚信原则。

5. 尊重版权：不擅自盗用他人的创作成果，在转发他人内容时，注意标明出处并取得作者同意。

6. 保护隐私：不随意透露他人的隐私信息，也注意保护自己的隐私。

7. 承担社会责任：对于网络不良现象，敢于发声抵制，共同维护良好的网络环境。

思考：要成为一名有素质的数字公民，还有哪些网络沟通礼仪是我们必须遵守的？请谈谈你的看法。

拓展阅读

SQ3R 阅读法

项目自测11

项目十二　跨文化沟通：知己知彼，打造国际影响力

学习目标

知识目标

- 掌握影响跨文化沟通的主要因素。
- 理解行为差异背后的文化维度理论。
- 熟悉世界主要国家或地区的文化特点，掌握沟通要点。

能力目标

- 能以开放的心态面对沟通中的文化多样性。
- 能运用文化维度理论解决跨文化沟通中的实际问题。
- 能实现有效的跨文化沟通。

素质目标

- 培养同理心，尊重语言和文化多样性。
- 树立文化自信，滋养家国情怀，拓宽国际视野。

案例引入

跨文化沟通之惑

某跨国公司的一名美籍人力资源副总裁与一位被认为具有发展潜力的中方员工进行交谈，他很想听听这位员工对自己今后5年的职业发展规划以及期望达到的位置。中方员工并没有正面回答问题，而是谈论起公司未来的发展方向、公司的晋升体系，以及目前他本人在组织中的位置等，说了半天都没有正面回答副总裁的问题。副总裁有些疑惑不解，没等他说完就已经不耐烦了。同样的事情之前已经发生了好几次。

谈话结束后，副总裁忍不住向人力资源总监抱怨："我不过想知道这位员工对自己未来5年发展的规划，想要在公司做到什么样的位置而已，可为什么就不能得到明确的回答呢？"

"这位副总裁怎么这么咄咄逼人？"在谈话中感受到压力的中方员工也向人力资源总监诉苦。

评析： 在这个案例中，美籍人力资源副总裁与中方员工的沟通出现了障碍，障碍产生的深层原因，其实是双方的文化差异。不同地区和国家的人们在语言表达方式、生活习惯、价值观念等方面都可能存在显著差异。在跨文化沟通中，我们不能想当然地以自己的文化标准去衡量和评判他人，而要以开放和包容的心态去理解和接纳这些差异。虽然彼此间有时会因为文化上的差异产生一些矛盾或误解，但只要互相理解和尊重，跨文化沟通就没有跨越不了的鸿沟。

任务一：认识跨文化沟通

情境任务

《别告诉她》讲述了一个华人家庭中，奶奶身患癌症，家人为了让奶奶安心度过余生，决定隐瞒病情，假借一场婚礼让所有家人回家见奶奶最后一面的故事。影片中，从小在美国长大的孙女比莉则认为，应该告诉奶奶真相，中美两种文化观念的冲突在家庭中展开。电影通过细腻的情感描写和真实的场景呈现，让观众感受到了跨文化交流中的困难与挑战，以及相互理解和包容的重要性。

观看影片，分析影片中所反映的中美文化差异，以及这些差异是如何影响角色的具体行为的。

认识跨文化沟通

知识解析

一、跨文化沟通与跨文化沟通能力

我们生活在一个互相联系、互相牵制、互相依赖的世界，跨国交流、访问、贸易逐渐成为生活中不可或缺的部分。21世纪是一个跨文化沟通的世纪，没有任何人能跳出这一世界性的潮流。试想，有多少中国的城市没有外资的存在？又有多少外国的消费者没有享受中国产品所带来的便利？经济全球化对在跨文化语境中从事商务活动的人产生了巨大的影响。在激烈的全球市场竞争中，跨文化沟通能力已被视为提升竞争力必不可少的因素。

（一）跨文化沟通的界定

跨文化沟通与一般的沟通不同，其关键是沟通的对象来自不同的文化背景。跨文化沟通理论认为，在跨文化沟通中，文化对沟通起到举足轻重的作用。人们是在一定的社会文化环境中成长的，必然受到该文化环境的影响和熏陶，从而形成相应的价值观、思维方式。如果沟通双方的文化背景存在差异，双方在信息编码和解码的过程中会受到文化因素的干扰，很容易出现沟通障碍。

（二）跨文化沟通能力

跨文化沟通能力就是能够与来自不同文化背景的人进行有效交流的能力。沟通能力包括了解自己和理解对方的能力、激励他人的能力、说服能力、号召力和团队合作能力。在国际商务交流中，仅仅懂得外语是不够的，还要了解不同文化之间的差异，接受与自己不同的价值观和行为规范。

二、影响跨文化沟通的主要因素

影响跨文化沟通的因素是多方面的，概括起来主要如下。

（一）语言差异

就语言要素与文化的关系来说，词汇与文化的关系是最直接、最密切的。在语音符号和书写符号都截然不同的语言交流中，词汇的一对一现象是很普遍的。这种对应现象，是语言的本质特点，也是跨文化沟通中语言互通的基本条件。这是因为人类生活在同一个星球上，很多事物、情感与现象是全人类所共有的。比如，mama（妈妈）差不多是全世界的人都能够理解和表达的一个词。如果不同类型的语言互译很顺利，双方运用语言就能较轻松地达成交际目的，彼此理解与接受。

语言差异的显著特点就是在语言符号转换过程中（不同民族、不同国家间的语言互译）会产生下面几种交流障碍。

1. 语义误差

前面已经提到，词汇的对应特点是不同文化间语言交流的基本条件。即使是这样，由语言导致的理解误差仍然比比皆是。这主要由于语言归根结底蕴含在文化结构之中，受民俗环境与文化背景等方面的影响或制约，一个国家的大众语言到了另一个国家就有可能令人百思不得其解，甚至成了十分敏感的禁忌。中国人有敬老的传统，往往喜欢在称谓之前冠以"老"字，如老同志、老李、老师傅等，或者将德高望重的人称为于老、严老等。而英语中"老"的对应词"old"却是西方人的敏感词，它和收入、婚姻状况一样触及他们的隐私。在不同的社会背景下，同样含义的语言会产生大相径庭的诠释。

另外，同样意境的语言也会受文化环境和语言创造者不同的文化心理的影响。比如，汉语言追求"神似"，而西方人的语言写实的特点比较显著。语言的文化环境和语言创造者的生活经验赋予了语言显著的民族特色，体现了各国语言创造者独特的匠心。

2. 语言指代空缺

中国人亲属间的结构关系复杂，区分十分严格。性别、年龄、长幼、血统关系在亲属称谓语中一览无余。英语中的亲属称谓语就简单很多。比如，伯父、叔父、姑父、姨父、舅舅，这些称谓对应的英文都是uncle。中国文化高度重视血缘关系，强调等级的差异，在长幼有序的道德规范下，个人对家庭有着明确的道德责任和义务规范，从而产生了界限特征分明的亲属称谓。而在西方，核心家庭（夫妻两人及未婚孩子）是他们的主要家庭模式，除子女之外，与其他亲属的关系并不十分亲近。

3. 表达方式差异

不同文化之下，人们习惯的表达方式不同。中国人比较含蓄，而西方人比较直接。在称赞自己亲人方面，中国人和美国人的表达方式是不一样的。比如，中国人不习惯在外人面前说自己的子女多聪明、学习成绩多好以及获得过什么奖励，如果这样说了，通常会被看作炫耀而令对方反感。但是，美国人却恰恰相反，他们很愿意在别人面前夸奖自己的太太、子女，以示尊重和欣赏。这就是语言使用的文化差异之一。

（二）非语言差异

一些非语言信息在不同文化中有着一定的共性，比如，在各种文化中，微笑均能用来表达开心、喜悦、友好，传达善意。但一些非语言信息只局限于特定的文化区域范围内，在很大程度上受当地文化的影响。由于各国、各民族的文化差异，非语言信息有时可能造成跨文化沟通的误解与冲突。

1. 手势差异

由于文化差异，在不同国家或文化中，同一个动作或行为会被理解为不同的意思，由此引起的误会屡见不鲜。比如"OK"手势，在美国广泛适用于各种场合，表示"好"或"是"。但一位美国商人与日本商人谈判结束之后，在签订合同时向对方做了"OK"手势后，却发现日本商人的态度突然变了。在西方人看来"OK"表示"很高兴我们谈成了这笔交易"，但日本人却理解为"他在向我们提出要钱"，因为在日本，"OK"手势表示"钱"的意思。

2. 表情差异

当一个美国人走进麦当劳时，其对工作人员友好热情的微笑不会感到有什么不自在。当麦当劳试图在海外延续这一企业文化，让俄罗斯工作人员也学会露出微笑时，却得到了当地顾客出乎意料的反应，似乎对俄罗斯人来说，陌生人无端的微笑并不是什么友好的表现，他们的政治领导人就常常一脸严肃出席各大场合。

3. 距离差异

不同文化背景的人在沟通中习惯保持的距离也不尽相同。西方文化体现了离散性，西方人崇尚自由，他们严禁他人侵犯自己的领域，在交流时习惯保持一定的距离。对阿拉伯、西班牙等国家的人来说，他们喜欢缩小彼此间的距离进行近距离对话，因为在他们看来，远距离对话会给人冷淡的印象。在公交车上，大多数东方人可以容忍素不相识的人挤在一起，但西方人则几乎无法忍受。

（三）文化价值观差异

跨文化沟通中的文化价值观差异是影响国际交往、商业谈判以及个人互动的重要因素。不同文化背景的人在沟通方式、行为规范、思维方式等方面存在显著差异，这些差异源于各自的文化传统、社会历史、宗教信仰、教育方式等。例如，个人主义和集体主义是跨文化沟通中最常见的价值观差异之一。个人主义文化（如美国、欧洲部分国家）强调个人的独立性、自由和权利。在这种文化中，个人的需求、意见和成就通常被视为最重要，沟通方式倾向于直接、开放。个人主义文化下，人们通常认为每个人都有权利为自己的利益做决策，强调个人目标的实现。集体主义文化（如中国、日本、韩国等东亚国家）更强调群体的利益和和谐，个体往往服从于家庭、团队或社会的整体利益。沟通时可能更加含蓄、间接，避免直接冲突和对抗，强调尊重、协作和群体责任。集体主义文化中的人更倾向于通过集体讨论和达成共识来做决策。

三、行为差异背后的文化维度理论

根据心理学家麦克利兰提出的"冰山模型"，一个人的"自我"就像一座漂浮在水面上的巨大冰山，能够被外界看到的行为表现，只是露在水面上很小的一部分，而隐藏在水面之下的更大的山体，则是难以测量的人的内在。语言和非语言的差异，露在水面上的，属于显性文化差异；藏在水面之下的，包括特质、动机、价值观等，不太容易受外界影响而改变，但却对人的行为和表现起着关键性作用。

行为差异背后的文化维度理论

文化决定人的行为标准，我们在判断"何为对，何为错""什么该做，什么不该做"时，都得依赖自身文化所提供的判断标准。以下两种文化维度理论，可以揭示冰山下的隐形文化价值观差异，帮助我们深度理解跨文化沟通行为，指导我们进行跨文化沟通实践。

（一）高低语境文化维度理论——爱德华·霍尔

1976年，美国文化和人类专家爱德华·霍尔在其出版的《超越文化》一书中提出"高语境"和"低语境"这两个概念，并且根据信息传播依赖语境的程度将文化分为高语境文化和低语境文化。

1. 高语境文化

在高语境文化中，大部分信息存在于物质语境，或内化于交际者的思维记忆深处，信息的传递和编码取决于社会文化环境和交际者所处的具体情景，显性清晰的编码所负载的信息量相对较少，人们对交际环境的种种微妙的提示较为敏感。非语言交际在沟通过程中发挥着重要的作用。谈判节奏缓慢，协议建立在信任的基础之上。受传统和历史影响，受高语境文化影响的人长期生活在固定地方，人们的生活经验和人际网络单一，交际行为的模式固定。中国、日本等属于典型的高语境文化国家。

2. 低语境文化

在低语境文化中，人们在交际时，大量的信息通过显性直白的编码承载，隐性的环境传递出相应的信息和情景，暗示的信息较少。人们依赖详细的语言解释，非常重视语言表达，信息大多存在于语言里而非语境里，且人们倾向于高效率谈判。美国是一个典型的低语境文化国家。

3. 高低语境文化下的沟通障碍

受高语境文化影响的人在交流时，较多的信息置于交际的环境中而不是包含在语言的传输中，交际中的大部分信息是由肢体语言、环境语言来传递的，明显的语言代码则负载较少的信息量，一切"尽在不言中"；低语境则相反，绝大部分的信息由明确编码的语言来传递，只有少量的信息蕴含在隐性的环境中。当来自两种文化的人一起交流时，难免出现矛盾和冲突。高语境文化中，交际风格委婉，追求和谐，重"意会"；低语境文化中，交际风格直接明确，重"言传"。例如，在商务谈判中，日本代表可能会通过委婉含蓄的语言表达"不"，比如"这有点困难"或"我们需要再考虑一下"，或者通过沉默、表情等非语言信息来表达意见，而不是直接表明立场。美国代表通常会明确表达自己的意见和需求，如果对某个提议不满意，他可能会直接说"我不赞同这个方案"或"这不可行"。在谈判过程中，日本代表可能会认为美国代表过于直接，缺乏礼貌和耐心；美国代表则可能会认为日本代表含糊其辞，不够坦诚。

世界每一刻都处在变化当中，高语境文化与低语境文化不是一成不变的。随着全球化的发展，低语境文化成为当今国际社会交流的趋势，高语境文化正在经历向低语境文化演变的过程。我们应该先培养自己的多元文化意识，了解高低语境的文化差异，克服高语境的交流障碍，从高语境逐渐转变为低语境。这样，才能达到高低语境下，不同交际习惯的"异源合流"，提高跨文化沟通效率。

小故事

请给我一张飞机票

（二）文化五维度理论——霍夫斯泰德

荷兰学者吉尔特·霍夫斯泰德对国际商业机器公司的11.7万名员工做了跨文化的价值观分析，将文化差异划分为五大维度。

1. 权力距离

权力距离是指某一社会中地位低的人对权力在社会或组织中不平等分配的接受程度。高权力距离的文化中，人们普遍接受权力和权威的不平等分配，等级制度较为严格，下属对上级的服从性较高，管理者常常采取集权化决策方式并拥有特权。在低权力距离的文化中，人们追求平等，管理者与下属之间的权力差距较小，下属广泛参与影响他们工作行为的决策，对权力的服从意识较弱。

课堂互动

中国人开会时往往留出离主席台最近的位置，领导者往往坐在主席台或者与众不同的位置上，试分析权力距离在这种行为中所起到的作用。

2. 不确定性规避

不确定性规避用来度量不同文化中成员对不确定情形的接受程度，即是否能容忍未来的模糊性和变化性，是否希望一切行为都有具体的规定、规则、方针和政策来指导与制约。受高不确定性规避文化影响的人将工作安全、职业类型、退休待遇等放在优先地位，他们更需要规章制度，以及上级清晰的指令。受低不确定性规避文化影响的人则表现出愿意冒险和对变革的抵触情绪较少的特性。

3. 个人主义还是集体主义

个人主义还是集体主义主要涉及文化是强调个人成就、自主性、独立性，还是强调集体成就、相互依赖和人际关系。个人主义文化把个人的重要性排在首位，个体间的人际关系较为松散。而集体主义文化则强调集体和社会的重要性，比较容易维持和保护亲密的自然亲属关系。相对而言，集体主义文化较多地强调家庭的重要性和对家庭成员的责任感。这种差异在对亲属的称谓上表现的尤为明显。中国人对亲属的称谓非常详尽、细致，因为家庭的关系及长幼之分具有非常明确的道德责任和义务规范。但是英语中的亲属称谓则简单得多。

可以看到，中美的一些电影也体现了两国文化在集体主义和个人主义上的不同倾向。中国文化注重集体协作和集体利益，在危机和任务面前强调集体的力量，这在电影《中国机长》《集结号》中都有充分的体现；而美国文化则更倾向于突出个人的能力和个人的价值选择，比如《蜘蛛侠》《超人》。

课堂互动

你觉得中国人是个人主义倾向明显还是集体主义倾向明显？请举例说明该倾向对小组工作的影响。

4. 男性价值还是女性价值

男性价值还是女性价值主要涉及文化强调的是传统的男性价值观念，如攻击性、竞争、权力、地位和影响力，还是强调人际关系的和谐、个人欲望的满足和幸福。男性价值感比较强烈的社会，通常性别歧视比较明显。在这种文化背景下，男性通常有很多的社会资源和很高的权力地位，女性的生活通常受男性的控制和支配。以女性价值文化为主的社会，通常强调男女平等，反对性别歧视。

5. 长期导向还是短期导向

长期导向还是短期导向用于表明一个民族对长期利益和短期利益的价值观。长期导向面向未来、动态、注重储蓄、留有余地；短期导向面向过去与现在、注重眼前的利益、尊重传统、在意此时的利润、上级对下级考核周期短。在强调长期导向的文化背景中，人们注重长期的人际关系，如在中国、日本等国家，人们重视长期的商业伙伴关系。在商业合作中希望建立长期稳定的联系，并且愿意投入时间和精力去维护这些关系，在信任的基础上再去谈利益。这一点与强调短期导向的国家有着巨大的差别。短期导向将目光聚焦于当下的交易和直接的利益，注重即时回报。谈判者认为只要本次交易能够满足双方的短期利益，关系就是良好的。一旦交易完成或者出现不利于短期利益的情况，关系可能就会受到影响。

任务二：实现有效的跨文化沟通

情境任务

以小组为单位，搜集整理世界主要国家（如美国、英国、德国、法国、澳大利亚、俄罗斯、日本、韩国、印度等）的文化特征、沟通要点、礼仪之道。每一小组选择一个国家进行研究，将小组研究成果整理制作成PPT，要求图文并茂，在课堂上与同学们分享。

如何实现有效的跨文化沟通

知识解析

一、跨文化沟通的原则

文化差异几乎是不可能消失的，因为文化传统与文化价值观所决定的文化态度与文化行动是历史与风土民俗的产物。对待跨文化沟通，我们不能以"文化优势"的强迫者的姿态去试图改变对方的文化属性，而应该在互相理解且尊重不同文化传统的前提下与对方展开积极的对话、沟通与合作。"求同存异""和而不同"向来是中国文化所主张的。

（一）尊重原则

在经济全球化的浪潮中，不同国家、民族、文化间商务活动日趋频繁和密切，在沟通中尊重文化的多样性，显得尤为重要。尊重是进行有效跨文化沟通的基础。不同文化背景的人有各自的风俗习惯、思维方式和宗教信仰。要想与具有不同的文化背景的人进行有效沟通，就必须尊重对方的文化，比如尊重对方的人格、尊重对方的思想感情和语言、尊重对方的风俗习惯。

（二）平等原则

跨文化沟通应当在平等的基础上进行。平等原则是指在跨文化沟通的过程中，沟通主体既要注意克服文化优越感，也要克服文化自卑感。文化没有优劣之分，每一种文化都有自己的特色。

（三）属地原则

属地原则就是"入乡随俗"。在沟通的时候，要和沟通对象所在地的文化习惯保持一致。在进行跨文化沟通时，从有利于沟通的角度出发，可以有选择地在饮食、着装、礼仪等方面迎合属地文化。适合属地文化可以使对方产生亲切感，有利于建立友谊与合作关系。

（四）适度原则

在跨文化沟通中，要做到既不完全固守，又不完全放弃本土文化，力求在本土文化和对方文化之间找到平衡点。这就要求掌握好度，过或不及都会给跨文化沟通造成障碍。

二、跨文化沟通的策略

跨文化沟通策略总体上讲，是提高对文化差异的敏感度，尊重对方的文化和沟通习惯，具体包括以下几个方面。

（一）深刻了解文化差异

在实施跨文化沟通之前，我们要了解对方的文化特点，以及对方文化与我方文化的差异，只有充分了解文化之间的差异，预测文化差异对沟通可能造成的影响，才能有针对性地实施沟通对策和技巧。要做到这一点，我们必须在了解我方文化的基础上，通过学习和训练，有意识地提高自己对文化差异的敏感度和认知度。

> 小故事
>
> 福耀玻璃在美国建厂

（二）克服文化优越感

人们普遍会有这样的倾向，即觉得自己的文化是最好、最文明和最优秀的，其他文化都不如自己的文化好，这就是"文化优越感"。在跨文化沟通中，我们应当注意，文化差异是普遍存在的，不存在优劣之分。评价对方文化好坏与对错的行为，本身就是错误的。培养接受、尊重和认同文化差异的意识，正是拓展跨文化沟通视野的良好开端。我们要理解并尊重对方的文化，做到"和而不同"，防止因价值观不同而产生沟通障碍。

（三）培养移情能力

只是认识和尊重差异还远远不够，我们还需要学会如何调和这些差异。在跨文化沟通中，移情是有效沟通的重要抓手。培养移情能力，多站在对方的角度看待问题，可以有效调和差异。比如，中国属于高语境文化，高语境文化的特点是编码信息较少，注重沟通中的语境，是一种直觉性的思维方式，而英美等国家属于低语境文化，沟通中编码信息较多，注重沟通中的内容，是一种理性思维方式。在与英美客户的商务交往中，我们应当尽量直入主题，避免使用委婉的沟通方式，因为对方很有可能难以理解我们的隐晦表达，导致产生沟通障碍。

（四）提高灵活应变能力

每种文化中都有个体差异，即便是在高语境文化中，也并非所有人都是高语境沟通者，有些人可能是低语境沟通者。遇到这种情况时，我们要灵活应变，多从对方角度考虑问题，及时调整沟通对策。只有灵活地选择自己的语言和行动，顺势而为，才能实现有效的跨文化沟通。

🔍 素养课堂

中国传统文化崇尚"和而不同"，在人际交往中强调"以和为贵"。因为不同，才需交流；唯有和睦，方能沟通。

思考：请结合你的沟通经验，谈谈你对"和而不同"的理解。

拓展阅读

跨文化沟通中
如何开始对话

项目自测12